泰州学派研究

第二辑

中国社会科学院哲学研究所
泰州市人民政府 主办

张志强 刘霞 主编

中国社会科学出版社

图书在版编目(CIP)数据

泰州学派研究. 第二辑 / 张志强, 刘霞主编. —北京：中国社会科学出版社, 2023.7

ISBN 978-7-5227-2161-3

Ⅰ.①泰⋯　Ⅱ.①张⋯②刘⋯　Ⅲ.①泰州学派—研究　Ⅳ.①B248.35

中国国家版本馆 CIP 数据核字(2023)第 119009 号

出 版 人	赵剑英
责任编辑	彭　丽
特约编辑	涂世斌
责任校对	王佳玉
责任印制	王　超

出　　版	中国社会科学出版社
社　　址	北京鼓楼西大街甲 158 号
邮　　编	100720
网　　址	http://www.csspw.cn
发 行 部	010-84083685
门 市 部	010-84029450
经　　销	新华书店及其他书店
印　　刷	北京君升印刷有限公司
装　　订	廊坊市广阳区广增装订厂
版　　次	2023 年 7 月第 1 版
印　　次	2023 年 7 月第 1 次印刷
开　　本	787×1092　1/16
印　　张	18.75
字　　数	305 千字
定　　价	108.00 元

凡购买中国社会科学出版社图书, 如有质量问题请与本社营销中心联系调换
电话：010-84083683
版权所有　侵权必究

《泰州学派研究》

学术顾问

　　张立文　陈　来　杨国荣　郭齐勇　李存山

编辑委员会

　主　编

　　张志强　刘　霞

　编　委（按姓氏笔画为序）

　　王月清　刘　丰　朱　莹　许益军　任蜜林
　　杜保瑞　吴　震　吴根友　陈述飞　陈寒鸣
　　周　群　钱　明　董　平　窦立成　颜炳罡

编辑部

　　胡海忠　王　正　龙涌霖　张永龙　张荣良

序

张志强*

习近平总书记在给《文史哲》编辑部全体编辑人员的回信中指出："增强做中国人的骨气和底气，让世界更好认识中国、了解中国，需要深入理解中华文明，从历史和现实、理论和实践相结合的角度深入阐释如何更好坚持中国道路、弘扬中国精神、凝聚中国力量。回答好这一重大课题，需要广大哲学社会科学工作者共同努力，在新的时代条件下推动中华优秀传统文化创造性转化、创新性发展。"这一重要论断从办刊使命的角度，深刻阐明了中华民族伟大复兴必然需要文明历史层面的勇敢探索。把中国文明历史研究引向深入，推动全党全社会增强历史自觉、坚定文化自信，是建设中国特色社会主义现代化强国的必然要求，同时也是广大哲学社会科学工作者的光荣职责。

在我们看来，理解中国的历史及其传统是理解当代中国的必要前提。历史不是尘封高阁的一堆故纸，她总是面向未来，并以日用寻常而不自知的方式影响和塑造着当下。我们要从现代中国的问题背景进入历史和传统中的中国，又站在传统中国的角度审视当下中国，通过这样一种"源流互质"的方法论自觉探索"中国"之所以为"中国"的原理，通古今之变，探究中华文明得以生生不息之根本，以及能够开创出人类文明新形态的源泉。

泰州学派之所以值得重视，不仅由于其学派宗旨和哲学思想处于宋明理学的

---

* 张志强，中国社会科学院哲学研究所所长、研究员。

重要发展阶段,更重要的是,泰州学派可以说体现了"晚明"这个时代的"人民儒学"精神气象。从一方面看,晚明固然只是中国历史某个朝代的衰败期而已,但从另一方面看,明朝晚期的政治、经济、社会等方面的新变动,使得这一时期又具有深邃宏阔的世界史意义。晚明的时代变动,实际上与16世纪之后世界体系的转换处于紧密交织的互动关系。其中的一个重要表征,就是众所周知的"商品经济萌芽"的问题。而这个问题的背后,实际上牵连着诸多中国传统社会的复杂变动因素,诸如白银货币化并导致农民进一步脱离土地而流向雇佣市场,玉米、甘薯等作物的引进刺激明清人口的暴增,脱离旧宗法秩序的流民增多导致庶民社会的出现和民众结社活动的增多,这些问题共同造成了那个时代的精神主题——人的欲望的解放。因此,儒家要面对的问题和挑战是,如何安顿脱离了旧宗法秩序的孤绝的情欲个体?儒家的义理学又如何能在与佛道二教的竞争中,在旧有基盘上发展出新的主体状态和伦理生活的有关论说,重建其礼乐教化,并安顿情欲个体的心灵?晚明这些时代课题所具有的现代性特征,使得彼时儒家思想的新发展,就包含着反思当代种种精神困境的有益启发。王阳明的"良知"学说正是对这个时代问题的初步回答。阳明将儒家道德伦理的超越性基础从"天理"拉回"吾心",重新在孤绝的个体上发现了自然德性。在阳明那里,"良知"的主体通过存在的感应不断创生着主体,从而与世界建立"天地万物一体之仁"的联系。由于这种一体之仁是从每个道德主体身上自然而然的思亲爱亲之"良知良能"推扩而来的,所以,"良知"学实际上等于肯定了情感本身的独特价值,由此突破了宋代理学以来天理/人欲和性/情二分的架构。泰州学派正是沿着阳明学所开辟的具有文明史意义的方向,把阳明学所蕴含的"情本体"的维度彻底激发出来。泰州学人的诸多宗旨主张,从王艮的"百姓日用即道"、罗汝芳的"赤子良心"说到李贽的"童心"说,无不彰显着一种真诚可贵的人情味。泰州学人在肯定人的情欲的价值上比王阳明走得更远,以至于提出了一些在当时自居正统的道学家看来相当离经叛道的说法。这些思想变动,无不反映出那个时代的社会新气象,并且蕴含着一条从中国文明自身出发来应对现代精神危机的道路,至今仍然具有巨大的理论探索空间。

  我们坚信《泰州学派研究》的创办,对于深入贯彻落实习近平总书记关于

"两个结合"的重要论述，推动中华优秀传统文化创造性转化和创新性发展，构建中国特色哲学社会科学的学科体系、学术体系、话语体系将发挥重要作用；我们坚信《泰州学派研究》的创办，能够不断引领创新，向学界展示高水平的研究成果，为有潜力的学术人才提供成长的平台，让马克思主义、中华优秀传统文化、国外哲学社会科学优秀成果在这个平台上达到深度碰撞和交融；我们坚信《泰州学派研究》的创办，将为充分发挥中华文明核心价值以回应新时代课题提供重要的理论支撑，为探索人类文明新形态贡献极具生命力的思想方案。

目　　录

▼ 泰州学派整体研究

论泰州学派的民生思想
　　——以王艮、颜钧、罗汝芳的欲望观为中心的考察 ……………… 朱义禄（3）
泰州学派的平民思想 …………………………………………………… 吴　宁（16）
泰州学派的立本安身工夫 ……………………………………………… 杨　鑫（23）
阳明学与泰州王门 ……………………………………………………… 陈寒鸣（36）

▼ 王艮专题

王艮"明哲保身"说的历史叙事 ………………………………………… 胡发贵（69）
王艮"大成学"思想发微 ………………………………………………… 唐东辉（78）
论王艮对《中庸》"未发""已发"问题的思考 …………… 叶　达　马爱菊（91）
王艮"乐学"思想探论 …………………………………………………… 申祖胜（103）

▼ 泰州学派人物研究

阳明心学的实践特色：以颜钧与罗汝芳为例 ………………………… 张天杰（123）
小议赵贞吉与泰州学派的学问传承 …………………………………… 刘琳娜（136）
草根学者良知学实践的启示
　　——以中晚明的安福学者为例 ……………………………………… 张卫红（145）

李贽与泰州学派思想的传承
　　——以童心说为例 ································· 李万进（158）
王学的内在张力与王门后学的衍化 ······················ 杨国荣（169）
乾元与阳明学派之龙象 ································ 翟奎凤（180）

▼ 泰州学派的教化实践
明代基层教化实践与当代乡村文明建设 ·················· 颜炳罡（197）
泰州学派的现代性特征及其影响 ················ 何　俊　丁少青（226）
泰州学派的"讲学"特质及其现代价值 ···················· 张舜清（245）

▼ 泰州学派研究综述
泰州学派近三年学术史述评 ···························· 魏彦红（257）
泰州学派研究的省思与定位 ···························· 常　新（275）

泰州学派整体研究

论泰州学派的民生思想

——以王艮、颜钧、罗汝芳的欲望观为中心的考察

朱义禄[*]

摘　要：王艮的身本论，为泰州学派的民生思想奠定了理论上的基础。作为泰州学派中承前启后的人物，颜钧的"制欲非体仁"与"大聚以遂民欲"，发展了王艮的民生思想。泰州学派中官位最高的罗汝芳，把王艮的民生思想付诸任上。泰州学派从王艮始，就对王阳明"存理灭欲"禁欲主义依违其间，颜钧以"大聚以遂民欲"为其心目中的理想社会，罗汝芳以"向民所欲"担当精神作为施政的方针。三人的民生思想虽有差别，但在关怀民生、满足人的欲望上是一致的。如何看待人的欲望，是泰州学派民生思想的核心，是泰州学派让王阳明心学出现"风行天下"与"渐失其传"的缘由。

关键词：身本论　百姓日用是道　制欲非体仁　向民所欲　担当精神　欲望观

一　王艮：身本论与"百姓日用是道"

民生思想的核心是人的需求，需求来自人的欲望。王艮独创的身本论，为泰州学派的民生思想奠定了理论基石。身本论对中国哲学史来说，是一种崭新的本体论。他多次宣称身本的重要：

---

[*] 朱义禄，同济大学哲学系教授。

立吾身以为天下国家之本。①

是故身也者，天地万物之本也，天地万物，末也。②

身与天下国家一物也，惟一物，而有"本末"之谓。"格"，絜度也，度于本末之间，而知"本乱而末治者否矣"此"格物"也。"物格"，知本也。③

今人习称王艮格物说为"淮南格物"，这是不符合王艮本意的。深知其师宗旨的王栋说："况先师原初主张格物宗旨，只是要人知得吾身是本。"④ 王艮断言"身"为"天下国家""天地万物"的"本"。王艮把"身"比喻为"矩"，为衡量天下所有事物的标准与法则。有了"矩"作标准，才能衡量"天下国家"这个"方"。"吾身是个矩，天下国家是个方，矩则知行方之不正，由矩之不正也。是以只去正矩，却不在方上求。矩正则方正矣，方正则成格矣。故曰'物格'。"⑤ 中国古代哲学经历了数千年的独立发展，到了宋明时期积累了丰硕的思想资料。哲学论争的中心，由先秦的"天人""礼法""名实"之辩，演变为宋明的"理气""道器""心物""知行"之争，形成了三个主要哲学派别，即气本论、理本论、心本论，代表人物分别是张载、二程与朱熹、陆象山与王阳明。这些派别难以囊括所有的哲学理论，但它们都与这三个派别有千丝万缕的关系。王艮向世人展现了崭新的"身本"论，是时人称王艮自立门户的缘由。这种新形态的本体论，是从王阳明"心身"之辩中脱胎出来的。

按照"身本"论的逻辑，就会得出重视血肉之躯的感性欲望的观点来。王艮说：

即事是学，即事是道。人有困于贫而冻馁其身者，则亦失其本而非学也。⑥

---

① 王艮：《语录》，《王心斋全集》，陈祝生等校点，江苏教育出版社2001年版，第4页。
② 王艮：《答问补遗》，《王心斋全集》，第33页。
③ 王艮：《答问补遗》，《王心斋全集》，第34页。
④ 王栋：《会语续集》，载《王心斋全集》，第173页。
⑤ 王艮：《答问补遗》，《王心斋全集》，第34页。
⑥ 王艮：《语录》，《王心斋全集》，第13页。

"学"与"事""道"是等同的。王艮断言，民众物质生活的事情不能解决，就是"失其本"；能够解决民众物质生活方面的事情，就是"道"。王艮的身本论作为生存论哲学，强调的是人的感性需求的满足。身本论的面世，是同他早年参与煮盐活动相关的，灶丁生存的艰难是他揭櫫出身本论的个人缘由。据《东台县志》卷18《盐法》中记载，明代灶民有"七苦"："居食之居""积薪之苦""淋卤之苦""煎办之苦""征盐之苦""赔盐之苦""遇潮之苦"。这是灶丁生活的实录。王艮家乡所在的安丰场是两淮地区最大的产盐地之一。灶丁的生活"七苦"，青年时代的王艮都经历过。① 对任何人来说，青年时代留下的烙印是历久弥新的。于常人，在晚年就会诉之于回忆；于哲学家，就会把无法忘怀的早年感受熔铸到自己的思想体系中去。

身本论与王阳明"去人欲，存天理"的禁欲主义主张是对峙的。王阳明说："德一而已，仁者见之谓之仁，智者见之谓智。释氏之所以为释，老氏之所以为老，百姓日用而不知，皆是道也，宁有二乎？"② 王阳明认为，"德"是对学问有所自得，佛、道之不同仅是见仁见智罢了。"百姓"天天与佛、道打交道，不知内中的真谛。对"日用"的理解，王阳明是从学术角度说的。王艮是从民生角度来说的，王艮的"日用"是指包括穿衣、吃饭在内的人的物质需求。尽管王艮声称，"多指百姓日用以发明良知之学"③。但王艮"之学"已跳出了理学禁欲主义的窠臼。王艮强调，百姓们的生存是人生的头等大事，是天经地义的大道所在。王艮对人的感性欲望的重视，同王阳明的"良知之学"是有别的。

"百姓日用是道"，是王艮依据他对现实的剖析而得出的："所谓一人耕之，十人从而食之；一人蚕之，百人从而衣之。欲民之无饥寒不可得也。"④ 嘉靖二年，淮扬大饥："先生故所游真州王商人，居积富雅，敬重先生。于是先生贷其米二千石以归，请官家出丁册给赈，时有饥甚不能移者，则作粥糜食之。"王艮从富商处弄到粮食后，发给民众时想借助官府力量，以精准地解决饥民的困难。这引起官府

---

① 参见朱义禄《论王艮身本论及其对罗汝芳的影响》，《教育文化论丛》2019年第4期。
② 王阳明：《寄薛谦之》，《王阳明全集》卷6，吴光、钱明等点校，上海古籍出版社1992年版，第181页。
③ 董燧：《年谱》，载《王心斋全集》，第71页。
④ 王艮：《王道论》，《王心斋全集》，第64页。

的疑心："既谒巡抚抚公请赈，因以其所赈饥民状对，抚公疑其言。""抚公"先将王艮关起来，又派人侦探王艮的行动，"并与往来言者"。"侦者以实告抚公"，之后"取赈册至抚公，览之，大悔"。在实地调查与赈册核实后，官府才知王艮是在做解决百姓"冻馁其身"大实事。①"百姓日用是道"从提出到完成，是在嘉靖三年至嘉靖七年之间（王艮 42 岁到 46 岁），即在淮扬发生饥灾之后，可见"百姓日用是道"是在赈济灾民的实践中产生的。

王艮一生践履"百姓日用是道"的主张而不辍。嘉靖十七年，他出谋划策解决安丰盐场"贫者多失业"的事。②依据王艮《均分草荡议》残稿，"灶产"包括草荡、灰场、宅基地、粮田、坟墓等。草荡是水中能生长蒿草的湿地。蒿草是煮盐不可缺少的，为灶户的生计所系。以往的解决方案是"摊平"，但如何"摊平"缺乏良策，几十年议而不决。王艮搬出了孟子"定经界"的办法。"是故均分草荡，必先定经界，经界有定，则坐落分明。上有册下给票，上有图下守业，后虽日久再无紊乱矣。"③王艮主张，平均分配草荡就要先划定界限。官府制册，民众持票；官府绘图标示草荡的位置，民众据位置守护好草荡。"上"与"下"均知自身的界限，再也不会发生"紊乱"了。耿定向在王艮去世后不久到过他家乡，"尝闻先生两策救海滨饥，所活人几万计。夫以荜门儒生，功侔富相"④。"几万计"有点夸大，但在古代即使能救活几千人，也是民众津津乐道的事情啊！

二 颜钧："制欲非体仁"与"大遂以聚民欲"

颜钧先是师承刘邦采，未有所得，转而拜王艮弟子徐樾为师。王艮弥留之际，颜钧代师徐樾前往探望。颜钧在病榻前直接向王艮请教，大约三个月。李颙述及王艮的门人时说，"无虑数十百人，咸传承其学，转相诏导，而布政徐子直、布衣颜山农尤最著"⑤。对罗汝芳一生中触动最大的一件事，是颜钧"制欲非体仁"的一

---

① 董燧：《年谱》，载《王心斋全集》，第 71 页。
② 董燧：《年谱》，载《王心斋全集》，第 75 页。
③ 王艮：《均分草荡议》，《王心斋全集》，第 66 页。
④ 耿定向：《耿定向集》卷 14《王心斋先生传樵朱陶韩二子附》，傅秋涛点校，华东师范大学出版社 2015 年版，第 546 页。
⑤ 李颙：《二曲集》卷 22《观感录》，陈俊民点校，中华书局 1996 年版，第 277—278 页。

番话：

> 庚子，会考省中。缙绅士友大举学会，见吉中山农颜公钧。山农出泰州心斋先生之门，而解演说"致良知"义旨。师因述已昨觏危疾，而生死毫不动心；今失科举，而得失绝弗撄念。山农俱不见取，曰："是制欲，非体仁也。吾侪谈学，当以孔孟为准。志仁无恶，非孔氏之训乎？知扩四端，若火燃泉达，非孟氏之训乎？如是体仁，仁将不可胜用，何以制欲为？"师闻之悟曰："道自有真脉，学原有嫡旨也。"遂师事之。①

颜钧不信罗汝芳落第后的心态会平静如水。落榜后给士人带来的是椎心泣血的伤痛，是多年努力刹那间破灭的彷徨失落的感受。落第士人的心火，会一下子蹿上来。颜钧告诉罗汝芳，节制欲望不合孔子"仁"的本意。以前罗汝芳依据理学家薛瑄所说，静坐于村里的福田寺中，以防私欲萌生，结果得了重病。② 颜钧强调，"制欲"与"体仁"是两个不同的路向，"制欲"不能达到"体仁"的目的。颜钧不赞成为学是沿着抑制恶的路向发展（"志仁无恶"），认为是顺着为善的路向去行进（"知扩四端"）。前者与孔子"仁学"相合，后者同孟子"性善论"一致。"仁将不可胜用"与"扩四端"，就像火一样燃烧、像泉水一样通达。罗汝芳听后一下子醒悟了，遂拜颜钧为师，体认到"道自有真脉，学原有嫡旨"。"制欲体仁"是"存理灭欲"的同义词，这对后世学者的影响是深远的。先笃信王阳明禁欲主义主张，之后反悔且进行激烈批判的，一个是与王阳明关系密切的黄绾，另一个是清初颜李学派的创始人颜元。黄绾的"红黑工程"为学术界所熟知，不再赘述。颜元早年主张，"制欲为吾儒第一功夫"③。"制欲体仁"的流行，更多的是体现在广大士人身上，似水银泻地般地沁入他们的心灵深处。宣德八年的状元曹鼐，先前任江西泰和县典史时，"因捕盗，获一女子，甚美，目之心动。辄以片纸书'曹鼐不可'四字火之，已复书，火之。如是者数十次，终夕竟不及乱"。对姣美女性的"心动"，曹鼐觉得这是万恶的人欲。他的内心在"天理"与"人欲"间交织了几

---
① 曹胤儒：《罗近溪师行实》，载《罗汝芳集》，方祖猷等点校，凤凰出版社2007年版，第834页。
② 曹胤儒：《罗近溪师行实》，载《罗汝芳集》，第834页。
③ 颜元：《颜习斋先生言行录》卷上，《颜元集》，王星贤等点校，中华书局1987年版，第644页。

十次，最后是"天理"战胜了"人欲"。①

与"制欲非体仁"相配套的是，颜钧对"仁"的肯定。他期望"天下兮归仁"，②"上下四旁兮同囿仁"是他的理想。③理想是对现实不满而生的，颜钧对明朝政局有尖锐的指责：

> 今天下四十年，上下征利，交肆搏激，刑罚灭法，溢入苛烈。赋税力役，科竭蔀屋。逐溺邦本，颠覆生业。触变天地，灾异趵突。水旱相仍，达倭长驱。陈战不息，杀劫无厌。海宇十室，九似悬磬。圩野老稚，大半啼饥。④

"今天下四十年"，为嘉靖四十年。时明王朝处于内乱外患中。嘉靖帝追求长生，不理朝政已多年。严嵩、严世蕃父子乘机窃柄弄权，加上宦官染指政局，官僚相互倾轧，国事弄得一塌糊涂。西北边境和东南沿海常年遭受蒙古与倭寇的侵扰，民不聊生。颜钧敏锐地指出，统治者以猎取利益为信条。严法酷刑，变本加厉，苛捐杂税，劳役加派，让贫民濒于破产。"蔀屋"，指草席盖顶的屋子。"圩"指用堤围住的、中央低四边高的地区。官吏们文恬武嬉，海防设施久遭破坏，为倭寇活动猖獗提供了可乘之机。嘉靖二十三年，倭寇在山东、南直隶、浙江、福建、广东沿海等地烧杀掳掠，江浙一带民众遇难者达数十万。造成了"海宇十室，九似悬磬"。

为实现"天下归仁"的理想社会，颜钧提出了解决方案，即"大赉以足民食，大赦以造民命，大遂以聚民欲，大教以复民性"⑤。涉及经济、法律、民生与教化四个方面，其核心为"大遂以聚民欲"。其具体措施为："次查怨女旷夫，激逐漂流，三种无告者，尽行四方，富豪士民各量力，命其周护以为之所，欲与聚在在人人而得所，所谓匹夫匹妇咸被尧舜之泽。"⑥"怨女旷夫"源于《孟子·梁惠王下》："内无怨女，外无旷夫。"孟子对齐宣王说，你"好色"不要紧，关键是社会

---

① 焦竑：《玉堂丛语》卷1《行谊》。
② 颜钧：《歌乐学》，《颜钧集》，黄宣民点校，中国社会科学出版社1996年版，第63页。
③ 颜钧：《衍歌》，《颜钧集》，第63页。
④ 颜钧：《耕樵问答·急救溺世方》，《颜钧集》，第53页。
⑤ 颜钧：《耕樵问答·急救溺世方》，《颜钧集》，第53页。
⑥ 颜钧：《耕樵问答·急救溺世方》，《颜钧集》，第53页。

上没有老处女与单身汉。与百姓同心同德，实行仁政而一统天下有什么困难呢？"无告者"出自《孟子·梁惠王下》："老而无妻曰鳏，老而无夫曰寡，老而无子曰独，幼而无父曰孤；此四者，天下之穷民而无告者。"颜钧有笔误，错记为"三种"。"欲与聚在在人人而得所"，出自《孟子·离娄上》："得其心有道：所欲与之聚之，所恶勿施，尔也。"这是孟子在总结历代兴亡教训中得出的。颜钧的"所欲与聚，所恶毋侵"，是从"所欲与之聚之，所恶勿施"衍生出来的。颜钧的意思与孟子一样，民众所希望得到的，统治者要为民众聚集起来让他们满足。"大遂以聚民欲"，与王阳明的禁欲主义是背道而驰的。

三 罗汝芳："向民所欲"的担当精神

罗汝芳在给友人季雁山的信中说：

> 某闻之先辈云：人在仕途，自作郡以往，资级渐尊，去民益远。凡所施措，类多弥文而鲜实惠。求如作郡之朝发而夕至，念举而泽流，何啻倍蓰而千万也哉！故达者于此三年之间，一刻无令虚过。凡民之所望于我，而我之所加于民者，真若家人父子之相需，骨肉恩义之兼至，则功力止在三年，而誉闻足绵没齿。……是以有识者虽处临民之位，实笃亲民之心。所最贵者，无分远近大小，使之皆洞见我上人公平正大之心，向其所欲为，背其所欲去。明如照烛而弗疑，信若断金而不易。①

罗汝芳以为，官职上升时人的心态会发生变化，"去民益远"，所行措施类多装潢门面，"而鲜实惠"。这是其一。其二，官员应当是个"达者"，官民关系应像父子关系一样，是骨肉之情。"达者"源自孟子的"穷则独善其身，达则兼善天下"（《孟子·尽心上》）的胸襟。罗汝芳希望季雁山要有"达者"的胸襟。其三，期望季雁山成为有"亲民之心"的"识者"，做到"向其（民）所欲为，背其（民）所欲去"。他在太湖、宁国、云南任官期间，对"向民所欲"是身体力行的，

---

① 罗汝芳：《书牍·柬季雁山郡守》，《罗汝芳集》，第664—665页。

强调为官要有"达者"的宏大志向,要有"识者"的"亲民之心",对百姓施以"恩义"。以为"上人"("处临民之位的有识者")的"公平正大之心"能够被百姓感到,如同烛火照得通明那样显露出来。"向其所欲为,背其所欲去"在另一处表述为,"夫民所欲得,上之人所当为之兴聚者也,民所欲去,上之人所当为之却除者也"。① 值得注意的是"所当"二字,这就是现今流行的担当精神。

"担当"一词在泰州学派中颇为流行。王艮《送友人》一诗中有"数年心事一朝触,着实担当乐无穷。上赖圣师陶冶力,下承贤友切磋功"②。王栋接着说:"可见人为学,须是勇往担当,模糊着终不济。"③ 为人们熟知的是黄宗羲的话:"诸公赤身担当,无有放下时节,故其害如是。"④ 罗汝芳是从为政的视域去论述并实践担当精神的,这与王艮、黄宗羲从治学角度上去理解,有明显的差别。

任宁国知府时,为民众免除"额种官马"差役,罗汝芳的担当精神有着尽情的显露。他的学生曹胤儒记述了此事:

南陵额种官马,百姓苦之。师引通州旧例,请于抚按,而自具奏请罢之。兵部禺坡杨公恐照例者纷纷,欲不允。存斋徐公谓杨公曰:"罗子好人,必能知人,吾欲就之。南考功徐转而北将重托焉,不意外补,今初作郡,经济方新,宜成厥美。"杨公乃允。⑤

在冷兵器时代里,马的多寡是衡量国力强弱的重要标志之一。历朝都设立了专门来管理马匹的机构,这就是马政。明代的马政起初是官马官牧,后来发展为官马官牧与官马民牧并存。民牧是百姓代政府护育官马,谢肇淛记载为应对这种差役而百姓倾家荡产之事:"江北马俵之役最称苦累,而寄养之户尤多数败困,要其所以,则侵渔多而费用繁也。山东大户每金解马,编审之时已有科派,俵解之时又有使用,轮养有轮养之害,点视有点视之费,印烙有印烙之弊,上纳有上纳之耗,无

---

① 罗汝芳:《荣封并寿序》,《罗汝芳集》,第 504 页。
② 王艮:《送友人》,《王心斋全集》,第 59 页。
③ 王栋:《会语续集》,载《王心斋全集》,第 187 页。
④ 黄宗羲:《明儒学案》卷 32《泰州学案一》,《黄宗羲全集》第 7 册,浙江古籍出版社 2012 年版,第 820 页。
⑤ 曹胤儒:《罗近溪师行实》,载《罗汝芳集》,第 839 页。

不破家亡身者。"① 为官家养马"无不破家亡身"的缘由，是"侵渔多而费用繁"，这是"南陵额种官马，百姓苦之"的原因。

南陵作为宁国府下辖的六个县之一，人多田少，让草场有发展是十分困难的。罗汝芳知晓后，他"引通州旧例，而自具奏请罢免"。主管此事的官员杨禹坡不同意。罗汝芳把此事上禀徐阶，徐阶介入后，杨禹坡才答应了下来。这里有罗汝芳是徐阶青睐的学生的缘由，但更重要的是，罗汝芳为南陵民众请求罢免差役的炽热之心和"向民所欲"的担当精神，从这一事件中充分体现出来了。结果，"岁省民间七八千金，民至今颂之"。② 一个经济并不发达的农业县，一年省下七八千两银子，是一笔不小的数字。去除了"额种官马"这一差役后，出现了"宛陵六邑，一时有三代之风，六郡亦闻归化"的景象。③ 他的学生曹胤儒为他写传记时，当地百姓还齐声称颂。这离罗汝芳去世的1588年，有26个年头了。

担当精神的本质，是个人对天下的事有强烈的责任感，自身要有浩然正气、胸怀坦荡。在罗汝芳身上，"所当"的内涵就是把"向民所欲"当作义不容辞的责任，把民众希望的"兴聚"起来，把民众厌恶的"却除"掉。"所当"的实质就是要求官员在民众需要时挺身而出，有胆识并贡献出自己的能力。在云南任职期间，罗汝芳不顾上司云南巡抚王凝的不作为，完成金汁、银汁二沟的水利工程与担任军事指挥官打败缅甸酋长的进犯，最能体现他的"所当"。④ 担当精神是一种责任感。责任感有高低层次之分，低层次是自我约束，即自身不做危害他人与社会的事情，对自身的行为负责任。高层次是指一个人对他人、民族与社会所承担的责任，时刻把天下的事情放在心中，不忘在条件许可的情况下践行有利于民众的事情。罗汝芳期望的"向民所欲"的"达者"与"识者"，就是这种有高层次的责任感的人。

四 余论

黄宗羲以一段精悍的文字，勾勒出泰州学派对阳明心学传播的正反两方面的

---

① 谢肇淛：《五杂组》卷四，载《明代笔记小说大观》第2册，上海古籍出版社2005年版，第1562页。
② 曹胤儒：《罗近溪师行实》，载《罗汝芳集》，第839页。
③ 詹事讲：《近溪罗夫子墓谒》，载《罗汝芳集》，第926页。
④ 参见曹胤儒《罗近溪师行实》与杨文举《云南军功疏略》，载《罗汝芳集》，第844、1001页。

影响：

> 阳明先生之学，有泰州、龙溪而风行天下，亦因泰州、龙溪而渐失其传。泰州、龙溪时时不满其师说，益启瞿昙之秘而归之师，盖跻阳明而为禅矣。然龙溪之后，力量无过于龙溪者，又得江右为之救正，故不至十分决裂。泰州之后，其人多能赤手以搏龙蛇，传至颜山农、何心隐一派，遂复非名教之所能羁络矣。顾端文曰："心隐辈坐在利欲胶漆盆中，所以能鼓动得人，只缘他一种聪明，亦自有不可到处。"羲以为非其聪明，正其学术也。所谓祖师禅者，以作用见性。诸公掀翻天地，前不见有古人，后不见有来者。释氏一棒一喝，当机横行，放下柱杖，便如愚人一般。诸公赤身担当，无有放下时节，故其害如是。①

本文于王畿不论。泰州学派的崛起与发展于阳明心学起到了双刃剑的作用，即"风行天下"与"渐失其传"。前者与泰州学派重视平民化教育这一特征相关。王阳明在世时并不走运，官方对他学说是反感的。迨王艮开创泰州学派后，"即事即学"，注重平民教育后，情况发生了变化。有人统计了泰州学派后学的人数，计得487人。② 黄宗羲晚年，在绍兴、宁波、海宁等地，恢复证人书院，讲学二十余年。据统计，宁波的学生有66人，海宁有12人。清代学者戴望的《颜氏学记》，记颜元学生有108人，李塨学生有97人。泰州学派在气势与规模上，要较清初黄宗羲与颜李学派大得多。颜钧打着王阳明与王艮的旗号，"日以阳明为造，时以心为斋明"③，"将所学而东西南北，述通未闻之人"④。罗汝芳是把生命化作了讲学的学者，做官与讲学在他心目中是一体的："仕学，原是一事。"⑤ 他晚年因讲学一事参劾而罢官，丝毫没有懊悔的心情。颜钧与罗汝芳都是江西人。王士性游历到江西时，得出了"家孔孟而人阳明"的结论。⑥ "阳明先生之学，有泰州、龙溪而风行

---

① 黄宗羲：《明儒学案》卷32《泰州学案一》，《黄宗羲全集》第7册，第820页。
② 袁承业：《明儒王心斋先生遗集》卷6《王心斋先生弟子师承表》，清宣统二年刻本。
③ 颜钧：《急救心火榜文》，《颜钧集》，第1页。
④ 颜钧：《告天下同志书》，《颜钧集》，第4页。
⑤ 罗汝芳：《近溪子集》，《罗汝芳集》，第92页。
⑥ 王士性：《广志绎》卷4，《王士性地理书三种》，周振鹤编校，上海古籍出版社1993年版，第337页。

天下"，这一论述是正确的。

再说"渐失其传"。泰州学派以欲望观为核心的民生思想，与王阳明的主张有很大的差距。王阳明说："学者学圣人，不过去人欲而存天理耳。"① "存理灭欲"为王阳明的人生目标所在，仅《传习录上》里，王阳明关于"存理灭欲"的主张，多达22处。他以为，圣人之学不能流行，是人们受"功利之毒"侵蚀之故。战胜"功利之心"，不能靠佛老之说，不能靠以朱熹为"群儒之论"。朱熹的重外遗内，烦琐得很，不如他的"致良知"来得简易明白。"致良知"学说创立，是要去除"功利之毒浃于人之心髓"的毛病。② 任何人的功利心，都是起源于人们的欲望，那是一个颠扑不破的真理。

黄宗羲引顾宪成的话，出自《小心斋札记》：

> 何心隐辈，坐在利欲胶漆盆中，所以能鼓动人者，缘他一种聪明，亦自有不可到处。耿司农择家僮四人，每人授二百金，令其生殖。内一人从心隐问计，心隐授以六字，曰："一分买，一分卖"，又益以四字，曰："顿买零卖"。其人用之起家，至数万。试思两言，至平至易，至巧妙，以此处天下事，可迎刃而解。③

何心隐有高超的理财术。"顿买零卖"，是一次性大量买进，然后零星卖出。赚取的是批发与零售之间的差价。"一分买，一分卖"，是说进货与销货的比例要平衡。既要有上家，还要有下家，不因货物积压而出现资金滞呆的困境。以"二百金"增殖到"数万金"，不能"鼓动人"才是咄咄怪事了。何心隐的"聪明"，使"天下尽市道之交"的李贽钦佩不已。"李卓吾以何心隐为圣人"。④ "坐在利欲胶漆盆中"的何心隐，与主张"存理灭欲"的王阳明是大相径庭的。

活生生的人都是有欲望的，欲望是人对物质利益或精神生活的一种需求。不同阶层的人们，对欲望的需求是各异的。在等级社会里，一些人的欲望能得到最大限

---

① 王阳明：《传习录》上，《王阳明全集》，第28页。
② 王阳明：《传习录》中，《王阳明全集》，第56页。
③ 黄宗羲：《明儒学案》卷58《东林学案一》，《黄宗羲全集》第8册，第743页。
④ 黄宗羲：《明儒学案》卷58《东林学案一》，《黄宗羲全集》第8册，第743页。

度的满足，另一些人的欲望被限制在狭小的范围里。一些哲学家为这种悬殊差别做了理论上的论证。① 到了理学那里，达到了相当精致的程度。他们以抽象的思辨，把等级制度与伦常秩序形而上地建构为"天理"，又把"天理"上升为君临天地、人类社会的绝对真理。理学家把"天理"当作人们不可违抗的天命，无非是要说明现存的社会秩序是合理的。实现这一目的手段是"存理灭欲"的禁欲主义。禁欲主义，要求人们在一定程度与范围内，克制自身的欲望以达到宗教理想、道德完美与一定的社会目的。程朱理学与陆王心学，在许多问题上是有分歧的，但在对待欲望的态度上，是完全一致的。程颐有"饿死事小，失节事极大"的贞节观。王阳明倡导"作圣之功"而以灭"人欲"为前提："必欲此心纯乎天理，而无一毫人欲之作，此作圣之功也。"② 二程以为，民众追求改善生存条件的物质欲望，是与等级秩序相对抗的，即"好胜者灭理，肆欲者乱常"③。"常"就是现存的社会秩序。理学家把一切违反专制秩序的、对欲望的希冀与追求，视为"人欲"膨胀的结果，是罪恶的体现。这与王艮等泰州学者倡导的生存论是截然对立的。

王艮由身本论而得出的"百姓日用是道"、颜钧因"制欲非体仁"而推导出的"大聚以遂民欲"、罗汝芳身体力行"向民所欲"的担当精神，无不是对民众需求的充分肯定，是对现存统治秩序的强力抗议，是同理学禁欲主义背道而驰的。这是阳明心学"渐失其传"的缘由所在。

对欲望的追求，不仅对人的主体能力的发展有重要的作用，而且对人类文明由中世纪走向近代有着关键性的推动作用。到目前为止，没有一个社会能让人们欲望得到充分的满足。因此，存在一个如何把握人的欲望及其实现的可能性问题。要承认欲望之火是与生俱来的，这是支撑着人们生命之途跋涉的原动力，是照耀着人们前进之路的明灯。没有对金银、珠宝与香料占有贪欲的冲动，哥伦布不会航海到今天的拉丁美洲。伴随地理大发现而来的，是欧洲殖民者对美洲的疯狂大掠夺，使发展资本主义所需的原始积累得以很快地完成。从这一意义上，恩格斯得出一个结论："自从阶级对立产生以来，正是人的恶劣的情欲——贪欲和权势欲成了历史发

---

① 这是封建等级制度在人们头脑中的体现。依照君臣、尊卑、上下、贵贱等不同的身份，从法律上规定了居室、器具、仪仗、墓葬等方面的差别。
② 王阳明：《传习录》中，《王阳明全集》，第66页。
③ 程颢、程颐：《二程遗书》卷25，《二程集》，王孝鱼点校，中华书局1991年版，第319页。

展的杠杆,关于这方面,例如封建制度的和资产阶级的历史就是一个独一无二的持续不断的证明。"① 中华民族对香料、象牙与域外民族对丝绸、瓷器的嗜好以及随之而来的获得欲,是促成古代丝绸之路形成的原因之一。② 戴震的"凡事为皆有于欲"这一判断,包含这么一个思想,即人的欲望的满足,对人的生存与发展、对社会历史发展的推动有着重要的作用。法国著名思想家卢梭说:"我们的欲念是我们保持生存的主要工具。"③ 列宁在《哲学笔记》中,记下了黑格尔的一句名言:"没有情欲,世界上任何伟大事业都不会成功。"戴震"凡事为皆有于欲"的主张,道出了一个朴素的真理,即欲望是推动着人们进行一切活动的原动力。

在现实生活的原野里,可供欲望之火燃烧的材料和其燃烧的范围受诸多因素制约。个人欲望的无限制膨胀,会造成人与人之间的相互冲撞。泰州学派并未走向纵欲论,他们的宗旨是鞭挞为当时专制统治服务的禁欲主义。他们心目中考虑的是如何让民众的生活有所改善,这是历史上思想家多次探索未得到满意答案的课题,也是人们当前与今后讨论的永恒命题。泰州学派希望让民众得到福祉并付之于实践的思想与行动,其积极意义是毋庸置疑的,这是泰州学派留给中华民族的一份宝贵的精神遗产。

---

① 《马克思恩格斯选集》第4卷,人民出版社2012年版,第244页。
② 参见朱义禄《略论物缘与古代丝绸之路》,《福州大学学报》2007年第2期。
③ 李榆青编:《卢梭哲理美文集》,安徽文艺出版社1997年版,第131页。

泰州学派的平民思想

吴 宁[*]

摘　要：泰州学派为王艮所创立，因其为泰州人，所以涉及他及泰州诸人都统称为泰州学派。泰州学派在演变过程中，平民意识是泰州学派最鲜明的表达，即泰州学派的创始人王艮以"百姓日用即道"说为其目的论、"安身说"为其本体论、"格物说"为其方法论，阐明了自己的民本思想，批判了宋明理学。学术界对泰州学派的研究大都聚焦于泰州学派与王学的传承及其后学们的学术发展方向，有必要研究泰州学派的平民思想。

关键词：泰州学派　平民思想　百姓日用

泰州学派是一个源于王守仁心学的主观唯心主义思想流派，创始人为王艮（1483—1541），是王守仁的入门弟子。好读儒家经典，有疑难，逢人便问；对儒经的解释，不拘泥于传注，常常自有发明。王守仁巡抚江西，讲"良知之学"聚徒众多，王艮也拜王守仁为师。王艮家学由其子王襞承传。其弟子及再传弟子有徐樾、韩贞、颜钧、赵贞吉、罗汝芳、何心隐等。王艮先世原居苏州，后落户于泰州安丰场，以烧盐为生，世代为灶户，始祖名王伯寿。王艮生于明宪宗成化十九年，为"灶丁"（烧盐的苦力），"七岁受书乡塾，贫不能竟学"；十一岁时家贫辍学，随父兄淋盐；十九岁时随父王守庵经商至山东，在山东拜谒孔庙时，得到很大启发，认为"夫子亦人也，我亦人也，圣人者可学而至也"，于是日诵《孝经》《论语》《大学》，置书于袖中，"逢人质难，久而信口谈解，如或启之"。在十多年的

---

[*] 吴宁，上海师范大学马克思主义学院教授。

自学中，他一方面不耻下问，一方面"不泥传注"，强调个人心得。他在学旨上坚持己见，并热心将王守仁的良知理论推广到普通百姓的人伦日用之中。王守仁死后，王艮就开始独立讲学，四方向他求学的人日益增多，完全形成一个以"相与发挥百姓日用之学"为主题的泰州学派。泰州学派在传承王学传统的基础之上，汇集四方之学，熔铸新说，是一个贯彻平民意识、注重自我价值追求的思想流派。

一 泰州学派平民思想形成的社会背景

王艮所处的晚明时期，是一个动荡的时代，同时也是一个斑驳陆离的过渡时代。在这个时期，思想上占主流的不再是纲举目张、粲然大备的程朱理学，而是多种新思想交织在一起所形成的阳明后学，社会风气也由重农抑商变为经商成风。在这样的社会环境下，王艮的平民化思想也就形成了。

王艮出身灶丁，王氏的始祖可上溯至六代始祖王伯寿，出身为盐丁，此后的家系传承大致如下：王伯寿—王国祥—王仲仁—王文贵—王僖—王艮，到王仲仁这里，王氏家族已由最底层的灶丁上升为百夫长，到王文贵这一辈开始着手从商，从事私盐买卖，家境富裕之后开始做一些修桥修路等善事，从王心斋的曾祖辈开始，由于经商逐渐积累起了一定的经济实力。虽然心斋出身于灶户家庭，但从其曾祖父一辈开始，已渐渐从"煎盐"的劳作中抽出身来，开始从事贩盐活动。由心斋这个小家的发展轨迹可以看出当时社会的发展趋势，明朝中期以后，商业方面的收入已经成为明政府财政收入不可或缺的一部分。就心斋生活的安丰盐场来说，至万历年间，每年缴纳的盐税数额已占据全国各种税收的一半左右，就是所谓的"两淮盐和甲天下"，商业在社会经济中的地位明显提高，最直接的证明是明代出现了大量与商业相关的书籍，如《士商类要》和《天下水陆路程》等，书中详细地记录了各地的交通路线，以便于行商访友。商业规模的扩大以及经商人数的增加，日益打破社会阶层之间的界限并由此造就了新生的社会力量。王氏家族的发展到了心斋这代，行商规模逐渐扩大，使得心斋获得了时间上的余暇以及经济上的条件，可以关心学术问题，这是其平民化思想产生的基础。

心斋作为阳明后学的重要人物之一，其思想与阳明也是一脉相承。早期心斋主要是从事贩盐活动，心斋25岁时，行商山东之余拜会了孔子庙，有感于儒家之经典，开始轻商重学，时刻不离《孝经》《论语》，遇人便与之探讨其中经义。到了29岁那年，发生了一件对心斋一生的思想有着决定性影响的大事。"先生一夕梦天坠压身，万人奔号求救。先生独奋臂托天而起，见日月列宿失序，又手自整布如故，万人欢舞拜谢。醒则汗溢如雨，顿觉心体洞彻，万物一体、宇宙在我之念，益真切不容已。自此行住语默，皆在觉中。题记壁间，先生梦后书，正德六年间，居仁三月半于座右。时三月望夕，即先生悟入之始。"[①]这个梦也正是心斋悟入之始，即心斋开始在学问上有了真正的觉悟。这场梦虽然对心斋的思想形成有重大的影响，但并不是其思想形成的最终原因，由于因缘际会，心斋拜师阳明，继承并发展其"良知"学说，才最终形成其平民化的思想主张。

　　明代正德年间，乡约得到国家的大力提倡，阳明更是亲手起草制定了《南赣乡约》，同时，乡约也由民间自发变为官民合力，官方力量日益显现。按照传统的要求，乡约的主要职能是处理官府无法解决的事情并负责乡里的全部事务。作为社会上最基础的组织形式，乡约有敏锐地把握社会变迁的功能以及适时调整管理策略的能力，从而促进基层管理自我更新并更加适应社会发展。阳明逝世以后，心斋开始在家乡泰州一带推动讲学，开门授徒。由于心斋的后半生主要从事讲学和授徒，家业的管理以及出游讲学的经费，则由其长子王衣承担，到了晚年，心斋不仅在家乡一带，而且在阳明门中也有了一定的声望，阳明门下的一些大弟子还经常到安丰拜访心斋。在地方管理等问题上，心斋也得到了地方官的认可，嘉靖十七年，安丰场的草荡分配出现严重不均的状况，需要重新划定，地方官要求心斋出面协助解决，结果顺利解决了这一难题。像这种大规模的类似重新分配土地的工作，涉及当地住户的切身利益，如何做到既能安定民情，又能顺利解决重新分配，对于地方官来说是一个非常棘手的工作，需要得到当地士绅和社会名流的积极配合和支持，若心斋非当地名流，也不可能被邀请担此重任。心斋社会声望日益提高的同时，心斋家族的经济实力也日益壮大，得以与当地的富豪大户联姻。随着王氏家族势力的不断壮大，在各大家族的基础上联合起来组成宗族会，就被提上日程。在王艮族弟王栋的积极推动下，终于成立了王氏宗会，并规定在宗会的统一管理之下，"修族谱""建家庙""置义田""立义学""树立木坊""建立宗规"。王氏一族显然成了

[①] 袁承业编校：《明儒王心斋先生遗集》卷3《年谱》，清宣统二年东台袁氏刻本，第1—2页。

当地的一大宗族。心斋晚年作为地方的一位长者，受到了地方官和乡里族党的尊敬和信赖，为其学说的推广和传播提供了很好的环境，使之推广儒学，启发愚蒙等活动更能够为普通大众所接受，这也是心斋晚年讲学的主要途径。

二　泰州学派思想的主要特点

泰州学派最突出的特点，是具有浓郁的平民化色彩和狂者品性，并注重对自我价值的追求。思想的核心是从属于"心学"，主要倡导"百姓日用之道"和"安身立本"的"淮南格物"。王艮的"百姓日用之道"，把圣人之道与百姓日用等同起来。强调只有合乎百姓日用的思想学说，才是"圣人之道"，倡导平民化儒学。而"安身立本"的"淮南格物"则认为"安身"是立天下之根本，首先是生活上能吃饱穿暖，其次才是维护人的尊严，把身和道都看作"至尊者"，不能受到侮辱和损害。

泰州学派的后继者有何心隐、罗汝芳等，他们都对泰州学派的发展做出了贡献。何心隐从王艮的"天地万物一体"出发，发展了他的思想，提出"师友说"，强调人与人之间均为"师友"关系，应互敬互爱，提倡以仁率教，反对互相残杀，向往平等社会。罗汝芳在人心论方面，提出了"赤子之心"，并把"赤子之心"看成是自然具备着"知"和"能"的"浑然天理"，具有反对传统封建伦理思想的进步意义。

泰州学派继承了孔子和先秦儒家"有教无类"的平民传统，致力于发展平民教育。王艮的传道宗旨是：不以老幼贵贱贤愚，有志愿学者，传之。王栋更强调儒学的平民传统，他说孔子开创的儒学本是士农工商共同共明之学。但自秦汉以后，此学为少数经生文士所垄断，孔子儒学的平民传统反而被泯灭了，所幸心斋夫子将其恢复过来。事实上，在泰州门下，士农工商都有，而占多数的还是来自社会底层的灶丁、农夫、佣工、陶匠、商贩等。"大学士李春芳（扬州兴化人）曾在安丰场向王艮求学月余，他亲见乡中人若农若贾，暮必群来论学、时闻逊坐者。先生（王艮）曰：坐，坐，勿过逊废时。"[①] 这是一个活生生的普通平民百姓的儒学课

[①] 徐春林：《生命的圆融——泰州学派生命哲学研究》，光明日报出版社2010年版，第41—42页。

堂。在这里，没有师道尊严，教学又不重记诵章句而是着力于"澡雪其胸，发其天机"。王艮死后，泰州后学中有一部分人走向民间，或周流天下、传道讲学以启市井愚蒙，或深入田间、与农民班判跌坐，以倡道化俗为己任。泰州学者力图将经生文士的章句儒学转化为普通百姓的日用之学，激发人们对王道社会的追求，这是历史的进步。

泰州学派的理想社会即儒家所谓人人君子、"比屋可封"的王道社会。首先，这个社会以伦理为中心，父子有亲、君臣有义、夫妇有别、长幼有序、朋友有信，伦常秩序井然无犯。其次，这个社会没有剥削和压迫，统治者施行仁政，对人民养之有道、教之有方，衣食足而礼义兴，以至"刑教育"，既以道德仁义为美，又以道德仁义为教。自朝廷以至闾间上下举贤，普及道德教育，使天下之人皆知所以为善，愚夫愚妇皆知所以为学，士则以德行为重，六艺为轻，皆能自趋于道德仁义之域。① 由此可见泰州学派的社会理想包含了道德救世主义和社会改良主义的改革主张。泰州后学颜钧、何心隐等继承了这一传统，深入民间，宣讲伦理大义。何心隐还参与了人民反抗官府的活动，于是他们的道德救世主义也就变成了为平民百姓打抱不平的侠义之风，最终成为不受名教羁络的反叛者。罗汝芳则把儒家伦理大义带到了边陲云南，企望各民族间以此化干戈为玉帛，实现普天之下老安少怀的社会理想。

泰州学派上述特点反映出明代平民儒学的发展状况及其历史风貌，自明代以后，平民儒学并没有获得进一步发展。泰州学派在承受王学传统的基础之上，汇集四方之学，熔铸新说，是一个贯彻平民意识、注重自我价值追求的思想流派。清末以降，虽有以周太谷为代表的新泰州学派出现，但后者更倾向于道教而非承传于王艮的平民儒学。

理学在南宋后期逐渐取得了官方的认可，在与科举制度融合后，开始了意识形态化的进程。这时，它的本质也在被逐渐扭曲，程朱理学在官方意识形态化下逐渐走向了僵化、空疏。理学思想原本是士大夫阶层用以对抗政治权力和抵抗世俗思想的武器，本是超越的、富于革命性的思想学说，但当它一旦为官方认可、进入官方意识形态并成为士人考试内容之后，也就被那些充满世俗欲念的人所不断复制。对

---

① 王艮：《王心斋全集》，陈祝生等校点，江苏教育出版社2001年版，第71页。

此，王阳明提出"良知说"并从主体意识中引申出道德原则，为僵化的理学注入生机。在王阳明看来，圣人与凡人别无二致，圣人也并非完美无瑕，只是善于发现自己的良知。凡人向圣人的转变只有一步之遥，关键在于能否"致良知"。王阳明的"满街都是圣人"的结论在一定程度上蕴含了儒学发展的平民化方向，而真正将此理论转化为现实行动的则是王艮以及泰州学派的后续哲人。王阳明在士大夫之外同时也直接向士大夫说教，但阳明本人仍然是士大夫。王艮则出于小商人的背景，其弟子和私淑门人中有樵夫朱恕、陶业匠人韩贞、商人林钠等，还有七十人仅具姓名、不详里居事迹，可见，他们不全是士大夫阶层中人，还有不少社会大众。随着晚明社会阶层的变化，官方学说也日益平民化，加之有王阳明、王艮等儒学大师顺应时代发展对儒学所做的继承与发展，儒学已打破官方的垄断、走进社会大众的生活。官方学说与民众互相促进、良性互动，一方面，作为主流意识形态的官方学说在思想上指导民众按照儒家传统思想为人处世，另一方面，广大民众也在身体力行地对儒家学说进行丰富和改造，使之与社会现实更加紧密地结合，达到两者互通互融的状态。儒学平民化思想由此蔚为大观。

　　王艮和他所创立的泰州学派，以其"百姓日用之学"和"淮南格物"的独特风旨，构成它不同于前人，也不同于王阳明的独特思想体系，自成一家。其门墙之盛，并不逊于浙中、江右诸王门；而其影响之大，则有逾于王门诸派。《明史·王艮传》说："王（守仁）氏弟子遍天下，率都爵位有气势。艮以布衣抗其间，声名反出诸弟子之上。然艮本狂士，往往驾师说上之，持论益高远，出入于二氏。"《王畿传》也说："泰州王艮亦受业守仁，门徒之盛，与畿相垺。"在我们看来，布衣王艮之所以能在学术上超过王门诸子中的封建官僚士大夫，首先在于他始终如阳明所说"圭角未融"，保持了平民性格和特色，保持了他和下层群众的联系。从学风来看，王艮自诩为"东西南北之人"，没有正宗儒学的严格道统观念。王艮治学不重师教，兼收并蓄，亦儒亦释亦道，即使在儒学内部也不严守门派家法，认为朱、陆之争并无是非可分。王艮对王阳明与湛若水之间的争论也采取折中调和的态度。而从王艮标举"自然"来看，则又多少汲取了陈献章、湛若水的思想。因其不拘守师说，才能"往往驾师说上之"，形成自己的独立学派。这是学问本身发展的一条规律。泰州学派是一个具有鲜明的战斗风格的学派。李贽称赞王艮是位有"气骨"的人，记他是"真英雄"，而他的后学也都是"英雄"。王艮的学生徐樾

"以布政使请兵督战而死广南",徐樾的学生颜钧"以布衣讲学,雄视一世而遭诬陷",颜钧的学生罗汝芳"虽得免于一难",但终被张居正所排斥,而何心隐"以布衣倡道",又遭到明朝统治者的杀害。何心隐之后,还有钱怀苏、程学颜"一代高似一代"。李贽感慨地说:"盖英雄之世,不可免于世而可以进于道。"至于李贽本人的"叛逆"精神更是泰州传统的继承。黄宗羲对泰州学派的批评是很尖锐的。他在《明儒学案》卷首引《师说》,指责王艮违背阳明的"良知"学宗旨,使得"末流蔓衍,浸为小人之无忌惮"。在《泰州学案·序》中,他做了全面的批评,说:"阳明先生之学,有泰州、龙溪而风行天下,亦因泰州、龙溪而渐失其传。泰州、龙溪时时不满其师说,益启瞿昙之秘而归之师,盖跻阳明而为禅矣。然龙溪之后,力量无过于龙溪者,又得江右为之救正,故不至十分决裂。泰州之后,其人多能以赤手搏龙蛇,传至颜钧、何心隐一派,遂非名教之所能羁络矣。顾端文公曰:'心隐辈坐在利欲胶漆盆中,所以能鼓动得人。只缘他一种聪明,亦自有不可到处。'羲以为非其聪明,正其学术也。所谓祖师禅者,以作用见性。诸公掀翻天地,前不见有古人,后不见有来者。释氏一棒一喝,当机横行,放下柱杖,便如愚人一般。诸公赤身担当,无有放下时节,故其害如是。"黄宗羲虽然从传统偏见出发,称泰州学派为"小人之无忌惮",但说他们"掀翻天地","非名教之所能羁络",即指出泰州学派的"异端"思想家具有坚强不屈的战斗性格,他们是破除名教的无忌惮的封建"叛逆",这颇道出了泰州学派的本质,也道出了泰州学派与阳明心学的根本区别。封建叛逆精神是泰州学派最可宝贵的传统。从明清之际的早期启蒙思潮到五四新文化运动,我们仍能看到这一传统给予不同时期的进步思想家的深刻思想影响。

泰州学派的立本安身工夫[*]

杨　鑫[**]

摘　要："立本安身"是泰州学派的核心要义。王心斋的淮南格物说认为，"己身"和"天地万物"之间存在着千丝万缕的联系，一切工夫的前提，在于格度体验到天地万物是一体的，身心家国天下是一个血脉相连的整体，而"己身"是这一整体中的根本，这就是格物。"本在吾身"，安身就是返回到自身，任何事都在自身寻找根源和动力，挺立、安顿我们的身，作为家国天下的根本，这样就能"主宰天地，斡旋造化"。天地万物是一个大身体，共同浸润在生生不息的"仁体"之中。安身的人，气息是通畅的。安身或返回自身，并非隔绝于世界，而是要与万事万物"通气"，让仁体在天地万物一体的大身体中润泽无碍。泰州学派的立本安身之说，主张"天地万物依于己，而非己依于天地万物"，强烈反映了以身任道、觉民行道的淑世济民精神。

关键词：泰州学派　王心斋　淮南格物　万物一体　立本　安身　通气

要做泰州学派的工夫，首先须了解什么是"身"。心斋说："立本，安身也。"安身是做一切工夫的根本。在学心斋的时候，对"身"没有准确的把握，会造成实践上的巨大偏差，不可不慎！

---

[*] 本文为杨鑫《大人造命》（待出版）的第二章，章名原为"立本安身"，本刊收录时略有修改。
[**] 原中山大学博雅学院博士生。

一 万物一身

万物一体，是宋明理学十分强调的思想。其实说它是一种"思想"，这就有点不恰当。听到这句话的人，会把万物一体理解成某种"知识"，而不是一种切身感受。在讲学的过程中，有一类人，听到万物一体是儒家的一个共识，就记下来了，至于什么是万物一体，他脑子里没有清晰的体会。他就是这样学了成千上万种概念，这些概念，A和B，B和C，C和D……彼此之间有各种各样的关联。他熟悉了这个关联。这些概念之间的关联给他一种什么都理解了的错觉。他就像一只蜘蛛，在一个杯子的杯口织出了一张细密的网。整杯水都在蜘蛛网的笼罩之下。这只蜘蛛十分得意，认为整杯水它都了解——蜘蛛网结得越密集，它就越觉得了解。其实，这杯水根本不是他想象的那个味道。

第一章，我们讲，学心斋的时候一定不能有太多的意见，太多的概念思维，太多的矜持心。我们不要在自己前进的道路上结满蜘蛛网。学心斋，重在体会、感受。

万物一体，它固然是宋明理学十分强调的思想，但是它更是一代代儒者通过自己的人生实践得到的一种体会，一种活着的基本感受。

宋代的明道先生讲："仁者，浑然与物同体……识得此理，以诚敬存之而已。"① 儒者讲的仁，也就是己身和万物为一体的感受，体会到了这个感受，在心中诚敬地存养它便可。

心斋先生，把这个万物一体的感受称作万物一身。万物是一体，那就没有万物，只有这一个大物。这个大物，就像一棵树一样，有根本，有枝叶。这个大物的根本，只在"我"身上。

所以心斋认为：身心家国天下，一身也。吾身为本，家国天下为末。

我们试着来感受一下这句话。夫妻之间吵架，"我"是丈夫，"我"觉得妻子太固执，"我"明明是一片好意，给妻子说一些生活中的经验，妻子不但不领情，还不停地反驳。她越反驳，"我"就越觉得她固执。"我"心中想，如果她不这么

---

① 程颢：《识仁篇》，载黄宗羲、全祖望《宋元学案》，中华书局1986年版，第540页。

固执，这事情也就很顺畅了。这是我们生活中常常发生的事情，这种生活方式，就是没有体会到家人和自己是一身。要体会万物一身，首先须体会到家人和自己是一身。

心斋说，人不信我，必有我不信处。妻子不能接受"我"的建议，这就是"人不信我"。这时候，我们就要回到自己身上来，想一想，"我"在给妻子提出建议的时候，发心是否是纯正的。你跟妻子说："我让你多加一件衣服，今天很冷，你就是不听，你看你感冒了，明天加班，你怎么办？"这样的言辞，除了对妻子的关心，还有另外的一层意思——你要听我的，你总是自以为是，不听人说，你看，感冒了吧？这层意思是很不对的。妻子感冒了，明天还要工作，都到了这个时候，"我"心中居然还有借此机会树立威信的念头，这真是麻木不仁！这是太过自私了，凡事想着自己，而没有真实地想着别人，而且还做出一副全身心为别人考虑的姿态。这一点，是很让妻子反感的，妻子自然会很排斥。

我们要时不时地体会这些事情，去体会身边的人，父母，妻儿，他们的一举一动，常常是和我们的身心状态联系在一起的。家人的固执，急躁，在"我"这里一定有其根源。体会到这个"本在吾身"，就是往万物一体的感受上进了一步。在一家，体会到吾身为一家之本。家人的一些身心问题，其实都是可以"我"这里为起点，慢慢扭转的。当然，可能要十年，可能要二十年，扭转的过程是相当漫长的。但是吾人首先要体会到家人的根子在"我"身上。就像此刻雾霾背后的星空，那些星星，你直接看去，彼此是不相关的，但如果看了一整夜，就知道满天繁星都在绕着北天极转动。（《论语》讲："北辰，居其所而众星拱之。"）我们直接看过去，家人是家人，自身是自身，家人和自身是不相关的。可是我们长久地看下去，不带着成见地、心平气和地看下去，就会发现，家人跟我们是连着的。如果我们站稳脚跟，立定根基，家人是会在我们的带动下旋转起来的。就像揭开锅盖，我们自身就是那个锅盖的把柄。就像开门，全家人就是一扇门，我们自身就是门把手。心斋说，立得我们的身，作为家国天下的根本，那么就能"主宰天地，斡旋造化"[①]。在一家，我们是一家的根本，在一国，我们是一国的根本，在天下，我们是天下的根本。这是儒家修身齐家治国平天下的一条大路，一条坦途。一切工夫，都可以在

[①] 王艮：《心斋语录》，载黄宗羲《明儒学案》，中华书局2008年版，第711页。

这条大路上找到对应。而一切工夫的前提，就是体会到这个"身"，真实地去体验"天地万物依于己，而非己依于天地万物"①。

心斋有一段语录：

> 格物，立本也。立本，安身也。安身以安家而家齐，安身以安国而国治，安身以安天下而天下平也。故曰，修己以安人，修己以安百姓。修其身而天下平。不知安身，便去干天下国家事，是之谓失本也。②

格物，这是《大学》提出的儒门修行的一个工夫。历代儒者，尤其是宋代以来的儒者，十分看重它。心斋认为，格就是一种"絜度"。一庵称之为"格度体验"。心斋有个比方，这个格，就像个矩尺（我们可想象成直角三角尺）。木匠做桌子，就拿这个矩尺去锯木头。最后桌子做出来了——歪的！不是长方形，而是个不规则的四边形。你能怪桌子吗？问题不在桌子，而在于你用的矩尺不方。我们自身就是一个矩尺，家国天下就是方桌。譬如在家里，家人言行举止有问题，不方，那还是矩尺不正。我们要在这种家庭生活中，在生命实践中体会到自身和外部的一体相关的联系。前文举的例子，妻子固执，她固执的行为，其主宰者、发动者，可能在我身上，能体会到这一点"关联"，就是格，就是"格度体验"。

物，也就是前文所说的万物一体之大物。格物，就是格度体验到身心家国天下是一个整体，一个血脉相连的整体，是一个大物。这个大物有根本，有枝叶。心斋说，《大学》"格物"的物，也就是《大学》"物有本末"的物，而物之本在吾身，末在家国天下。心斋的格物说，也就是淮南格物说，格物二字，即这个体验，也就是明道先生所说的"识仁"。

心斋认为，格物，就是立本。立本，就是安身。凭借安身来安家，就可以做到齐家；凭借安身来安国，就能做好治国；凭借安身来安天下，就能做到天下平。所以，在《论语》里面，子路问孔子怎么做君子。孔子说，以诚敬来修己身。子路问，这就够了吗？（恐怕还不够吧？）孔子说，修己身达到安顿好别人的效果。子

---

① 王艮：《心斋语录》，载黄宗羲《明儒学案》，中华书局2008年版，第713页。
② 王艮：《王心斋全集》，江苏教育出版社2001年版，第34页。

路问，这就够了？（恐怕还不够吧？）孔子说，去修己身就好了，己身修好了，可以安定天下的老百姓。这一点，不要说你了，也许尧舜这样的圣人也还不能十全十美。（参见《论语·宪问》）

不知道安己身，就想着要去干天下大事，这就是失了根本。

二　安身是返回自身

前面说到，要真实地感受到身和家国天下的一体关系。这个感受，不是人为创造出来的一种感受，而是人与生俱来的一种感受。反倒是因为人各种各样的安排、造作，这种感受才日渐消失。

心斋常常引用经典里关于鸟的例子，来指点出安身本是人自然而然就能做到的。之所以觉得难以做到，那是因为社会生活使得我们迷失了真实的自我，失去了赤子之心。现在，我们要通过一些儒门的修身工夫，回到那个状态中。

"自天子以至于庶人，一是皆以修身为本"也。修身立本也，立本安身也。后文引《诗》释"止至善"，曰："缗蛮黄鸟，止于丘隅"，知所以安身也。孔子叹曰："于止，知其所止，可以人而不如鸟乎？"要在知安身也。①

《大学》中讲，从天子，到普通老百姓，都是把修身当作根本。修身，可以树立人生的大根本，树立了人生的根本，就是安顿人生。《大学》接着引用诗经中"缗蛮黄鸟，止于丘隅"这句诗，来解释"止至善"，这就是要我们知道靠什么来安身。你看，那叽叽喳喳的黄鸟，它们一飞一停，没怎么费事，就稳稳妥妥地停在了一块小山丘的一个小小的角落上。它多扑棱一下翅膀，可能都得摔了。古人对此十分震撼，所以写进了诗里。孔子也十分感慨，他说，在止于至善这件事情上，知道停止在什么地方，鸟都做得这么精妙，人难道比不上鸟吗？人和鸟，其实是一样的。天地造化出万物，给万物都有一个很好的安顿。鸟儿在飞的时候，没有什么私心杂念，所以十分精妙地止于至善之地。人平日里各种私心杂念，憧憧往来，有的

---

① 王艮：《王心斋全集》，第34页。

时候，在人行道上走路，想着年终奖的事情，"哐当"一声，撞上电线杆了。人难道没有能力在有电线杆的路上"安身"吗？人有这个能力，只是各种事情扰乱了自己，以至于对生命缺乏一个整全的把握。

所以，我们说安身，不是把人生安顿到一个创造出来的地方，而是安顿到原本就具备的地方。用阳明先生的话，即是安顿在良知上。这个良知，出自《孟子》中的"人之所不学而能者，其良能也，所不虑而知者，其良知也"，这个良知，你摸摸自己的心口就知道，不用考虑就知道，不用学习就有这个能力。我们如果真能体会到这个良知，那我们依照心中本有的这个良知去做事情，就好了，并不需要借助外力。心斋说的安身，也就是反身，返回自身。孟子说："万物皆备于我，反身而诚，乐莫大焉。"安身，即是返回到这里。

心斋常引的另一个关于鸟的例子出自《论语》。《论语》说山梁之雌雉，这些鸟，他们一抬头，翅膀一扑，腾空而举，接着在空中翱翔，而后稳稳停下来。（"色斯举矣，翔而后集"）这一切都是如此精妙，一点窒碍都没有。所以孔子感叹道："时哉，时哉！"

所以，安身不是那么难，常人往往有那么一些瞬间，做事情很有状态，很带劲，能体会到安身的那种美妙感受，但不能时时如此。心斋曾经指着一旁砍树的人，同弟子说，他没有做儒家的工夫，砍树也砍得非常好。这就是在指点弟子，做工夫不是去追求某个外部的东西，只是返回自身，回到本心。这个东西，你告诉老百姓，老百姓能明白，而且他们也常常能做到（比如此时砍树），但是圣人尚不能在这件事情上做到十全十美。

《中庸》说："君子之道费而隐。夫妇之愚，可以与知焉，及其至也，虽圣人亦有所不知焉。夫妇之不肖，可以能行焉，及其至也，虽圣人亦有所不能焉。"君子之道，十分广大，又十分隐微。这些东西，你告诉愚夫愚妇，他们也能知道，也能做到，但是到了极致精微处，圣人也有不能知道、不能做到的地方。安身，返回自身，便是如此。

心斋通过鸟的例子，给我们指明了工夫的方向。我们朝着这个方向走，就上了一条大路，搭上了通往春天的列车。但具体如何反身，心斋有十分详尽的工夫指导。这也是我们所关注的核心内容。目前，我们须在日常生活中格度体验吾身和家国天下的一体关系。感受一种安身的可能性即可。

三　安身与通气

猫头鹰看到一只田鼠，便俯身冲下去捕捉。整个过程是一气呵成的。在他俯冲的时候，总会做各种微调，比如根据风向做一些微调，比如临时闪开一段细长的枝条。这些微调，并不会影响它这个行为的主要方向（俯冲）。《孟子》："先立乎其大，则其小者不可夺也。"安身也是如此，先要知道轻重，先要把握大端。

如今是个巨变的时代，这个时代，父母在信息获取上常常不如子女。老人到了菜市场，看到有小商贩卖不粘锅，说这个不粘锅节能环保，有益健康，对高血压、糖尿病都有好处。关键还便宜！商场卖888元，超市卖288元，今天厂家直销，回馈客户，只卖188元。许多老人，生活比较单调，全部身心都放在子女身上。但是子女生活又很不错，基本不需要老人帮衬太多。这时候，老人一听这吆喝，就想要买了。其中固然有诸多私心，比如爱贪图便宜。但这件事根本的基调，还是父母对子女积攒已久的深情。188元的锅，让这个深情得到了一个抒发的通道。

老人把锅买回家了。子女一看，不高兴了。责备老人尽是买这些东西："你看看网上，这个牌子的锅，才卖88元，还包邮。"老人只好认错呀，因为确实买贵了。久而久之，老人就觉得子女嫌弃自己，也变得患得患失。子女觉得自己侍奉父母尽心尽力，有点钱都想给父母买点什么东西，可是父母就是顽固不通，也不大领情。如此一来，家人之间就不通气了。小时候孩子离不开父母，父母离不开孩子，疼在子女身，痛在父母心。这就是家庭的畅通。如今，家庭之中，人情阻塞，就像血液不通畅，经脉不通畅，各种疾病就产生了。

这样的事情，我们需要知道轻重。从人的一生来看，多花了100元钱，这实在是太微不足道了。而父母对子女的深情，这实在让人不忍伤害！前两年，有个电视广告。一个老人，得了老年痴呆症，什么都不记得了。有一次和家人吃饭，他就把水饺往口袋里装，嘴里念叨："我儿子爱吃这个，这个给我儿子吃。"他儿子就坐在他旁边，他已经痴呆得认不出来了。这个广告十分动人。父母对子女的这份真心，子女竟然因为多花了点钱，就完全忽略。子女的脑子全都钻进知识、意见、概念中，对更加根本的亲子之间的孝慈完全无视。这就是对"身"的体会出现了严重的偏差。

我们这个时代，是急速变化的时代，吾人常被一些枝节末端的东西所控制，失掉了对人性最根本的事情的体会。心斋告诉吾人立本安身，吾人首先要真实地感受身在家国天下中的位置。这个感受真实了，我们的身体就通畅了，这个感受被阻碍了，我们就麻木不仁。程子讲"切脉体仁"，我们摸摸自己的脉搏，它一刻不停地跳动。父母与子女之间的孝慈也是一刻不停地跳动。程子又有个说法"手足萎靡不仁"，我们有时候，蹲厕所看手机，腿就麻了。其实我们早就麻了，只是先前没有意识到。孝慈也是一样，很多时候麻木了，但是没有意识到。一旦意识到，已经积累了很多问题了，气息已经阻塞不通了。

安身的人，气息是通畅的。这个贯穿整个家庭，乃至整个天地的东西，就是一个字：仁。春生夏长秋收冬藏，都是这个仁在不同的情景中的展开。这个仁，在孩子身上就是孝，在父母身上就是慈。这个仁，在天地万物上开显，天地万物整个在一团气息中，在一个大身体中。这个大身体是生生不息的，它最大的特征就是"乾乾"。《易》说："乾道变化，各正性命。"万物都在一身之中，都共同浸润在这个"仁体"之中，同时，仁体在万物上开显的形式又各不相同。这一点，可以先提出来。通过日后泰州学派的工夫实践，会越来越真切。

这个仁体，这个生生不息的乾道，就像是一条地下河。这条地下河的上方，有若干口井。我们每个人，都是一口井，生生不息的仁体，会在每个井口里"发窍"，地下水会从井口出来。这个发窍的仁体，也就是前文所说的良知。

吾人私欲少时，矜持心小时，一言一行，都是这个良知发出的。我们的气息是通畅的，身是安顿的。反之，井口堵住了，身不安，天地万物和己身的交往都会出问题。更加重要的是，这个仁体，是万物，包括人生命力量的根源。井口堵住了，人会觉得虚无，生命缺乏力量。

一位学习心斋的朋友，自述教育子女的失误。这位朋友是知识分子。他教育小孩的时候，学了许多教育学、心理学的方法。他根据各种各样的方法，培养小孩子的品性、才华。他对自己要求十分严格，在孩子面前，再怎么急躁，也做出一副不急不躁的样子，再怎么愤怒，也要做出一副温文尔雅的样子。这位学友希望通过这种方式熏陶孩子。

孩子其实是十分敏感的。他能感受到，你这副温文尔雅的模样背后，可能压着怒气。他能感受到父母对自己刻意的"安排"。这并不能真正让孩子感受到温文尔雅的价值，只会让孩子觉得，父母想让他变成那个样子。更加严重的是，孩子没有感受到父母对自己真实的、本能的、充沛的爱。父母是非常爱孩子的，可这种爱的方式，阻隔了真情的流通。

现在孩子上初中了，觉得人生没有什么意义，人死了之后都一样。孩子不知道为什么要活着。这把父母吓坏了。

这就是没有安身，天地间的生意（即仁体）阻绝的结果。父母对子女的安排，固然不可尽非，但这个安排不能阻断仁体流行。仁体流行是最根本的。一个患得患失的妈妈，她爱孩子的时候，一定带着她患得患失的特征。孩子也一定患得患失。这个是一时没法改变的。真要改变，只有父母去修身，去变化自己的气质。自己强行做出一副干脆果断模样给孩子看，孩子能感受到这种刻意的安排，也不会从心底去向往这种人生模式。

而这个患得患失能不能改变呢？当然可以改变。变化气质，本身就是做工夫的目的。但是这绝对不是做工夫的方式。你越是要改变气质（不管是要求自己，还是要求孩子），越是改变不了。要自己一下变好，这是要做圣人的欲望；要孩子做好，这是求全责备的欲望。从这个欲望出发，结出的果实一定是恶果。如何改变气质呢？这个过程充满着快乐。我们耐心地学习心斋的工夫，自能知道道路。但这里，我们先要看到问题，先要去感受，体验到身（包括家国天下，首先是家）的不通气之处。真实感受到问题所在。以后做工夫，始能一步一步，笃实前行。

四　定静安虑得

反身，反己，在心斋这里，不是自我批评，而是返回自身，返回本己。身心家国天下是个大身体，这个大身体的根子在我身上。所以反身首先是返回吾身。在本（自己）上求，不在末（别人）上求。

《大学》开篇："大学之道，在明明德，在亲民，在止于至善。知止而后有定，定而后能静，静而后能安，安而后能虑，虑而后能得。"定静安虑得，是儒门重要的工夫。心斋对此有个十分特别而精密的阐释。我们可以通过这个阐释，来理解何为真实的安身，何为真实的止于至善。

一位广告设计师，在单位和同事吵架了。回到家，问问自己，是不是定下来了。她也许说，我定下来了，不是气得面红耳赤了。但这在心斋看来，还不是定。心斋的定是"不求于末"（己身为本）。你跟对方吵架了，即便是对方错了，你也应当了解，在那个时候，不管怎样和其争论，都不会改变对方的主意，那都是些意气之争。你要从自己身上找原因。不求于末，求诸本心，这个是心斋说的定。这个"定"，是每个人回家都能拿去检省自己的。

而"静"呢？你确实已经做到了定，已经不在心里责备那位同事，而是反省自己。这个时候你丈夫碰碎了一个杯子，你的气就不打一处来了。你平常不是这样的，现在这样，显然是受到吵架一事的影响。心斋讲"万物不能挠己"，这个是静。

如果这个设计师已然做到静了，她不再埋怨同事，不再被他事轻易扰乱心境。她一个人在家里坐着，悠闲无事地看着肥皂剧。这个还不是安。因为真正安，是安于乾道。心斋讲"首出庶物，至尊至贵，安也"，首出庶物就是《易》里面的乾道。乾道刚健有力，生生不息。如果你真的没有被同事干扰，你的心应该是安顿在乾道上。这个时候，你一定充满活力，把剩下的设计图画好。

当然，这个设计师，吵完架回家，可能就在画设计图，也没有想过一点吵架的事情。但她画图的时候，不似从前，灵光四射，充满想象力。这个就没有做到"虑"。心斋解释"虑"说"知几先见，精义入神，仕止久速，变通趋时"①，因为真正做到安于乾道，一定充满创造力，灵光四射。

而"得"呢？如果你真能做到定静安虑了，那么吵架这件事情随即转化成你生命中的一个正向的力量。如果第二天上班，你能坦然面对那位同事，并且觉得你生活中的一切都井然有序，那就是得了。如前文所说，就像一只鸟，一抬头，一飞，一停，一切都恰到好处。这就是"得"！

按照心斋这个说法。你若没有做到得，说明那个虑只是光景假象。如果没有做到虑，那么安只是假安，没有真的安于乾道。如果没有做到安，那么静也是假的静，你在潜意识里还是被外物所挠扰。如果没有做到静，那么定也只是表象。

所以这个定静安虑得，心斋讲得极好，极其严密。语录只记了几句话，我们读书时如能通俗地、生动地把定静安虑得讲出来，即便是中学毕业生，他们也能对照

---

① 王艮：《心斋语录》，载黄宗羲《明儒学案》，第713页。

自己的生活，反思自己。这些道理，我们读中哲专业的，还可能没有一个水果小贩理解得深刻。因为他们可能对生活的体会更深。

我节录心斋的话，整理出一个表格，学友们可以常常拿来自省：

定	不求于末
静	不能挠己
安	首出庶物
虑	精义入神
得	缗蛮黄鸟

这个表，只是在茶余饭后时，对照自己的身心，了解自己的状况，体会何为万物一身。这个表不能当饭吃。比如，我感受到我的日常生活中，常常是做不到静的。做不到就是做不到，怎么做到呢？那就需要接下来的工夫。我们目前有这个体会即可。定静安虑得只是给我们的工夫指明一个方向，还不是具体的转化人生的方法。我们带着这个方向，带着定静安虑得的视野，继续跟着心斋走便是。

五　安身的效验

真的安身，真的通气之后，人应对事情会变得截然不同。比如面对梦境。有的人，梦到地震了，天塌下来了，或许在梦中受到惊吓，甚至惊醒，或者在梦中奔走呼号。而心斋遇到这样的梦，则是只手托天。

心斋有很长时间的修身实践。到了二十七岁，心斋"夜以继日，寒暑无间"地体仁。如此经过两年，到了二十九岁，心斋在梦中真切地体会到了"万物一身"。

> 一夕，梦天坠，万人奔号，先生独奋臂托天起，又见日月列宿失次，手自整布如故，万人欢舞拜谢。醒则汗溢如雨，顿觉心体洞彻，而万物一体、宇宙在我之念益切，因题其壁曰："正德六年间，居仁三月半。"[1]

---

[1]　王艮：《王心斋全集·年谱》，《四库全书》本。

一天晚上，心斋梦到天塌下来，千万人奔走哀号。心斋先生见此，奋臂把天举起来。又看到日月、星宿，都乱套了，于是亲手整理，让它们按照往常的方式运行。千万人欢欣鼓舞，拜谢心斋。心斋醒来，挥汗如雨。顿时觉得心体透彻。而且，万物一体，宇宙在我，这些感受更加真切。于是心斋在墙上题写："正德六年间，居仁三月半。"

心斋先生，三个半月，终日只是发挥仁体，没有丝毫人欲掺杂。这样的心境，睡梦中，忽有一个感触，产生了天塌下来的梦境。在这个梦境中，仁心发用，没有丝毫闪躲犹豫，只手承当。

正是这个体验，让他真实地感受到了身心家国天下一体之"大身"是如何发用的。

自此以后，心斋先生的动静语默，都在这个本体之中。他对人的爱，是发自这个本体。这个爱发出去，人人都能感受到，于是人人爱之。他对人的信，也是发自这个本体，所以人人信之。所以，很多事情，别人做不了，心斋却能很轻易地做到。

> 时诸弟毕婚，诸妇妆奁厚薄不等，有以为言者。先生一日奉亲坐堂上，焚香座前，召昆弟诫曰："家人离，起于财务不均。"令各出所有，置庭中，错综归之，家众贴然。①

心斋先生三十四岁的时候，各位兄弟都结婚了。可是诸位新娘的嫁妆却厚薄不均。你觉得你吃亏，我觉得我吃亏。就这样，家人有了一些是非。心斋先生知道这个情况，便在一天把父亲守庵公奉在堂上，在父亲座前焚香，把众兄弟叫过来，告诫他们说："家人的疏离，从财务不均匀开始。"心斋让众兄弟把自家的财产都拿出来，心斋自己去分配。大家都心服口服。

这样的事情，能做成，实在是太不一般了。这样的事情也就心斋可以做到，换个人，哪怕分配财务比心斋分配得公平，都做不成。心斋在和家人长期的相处过程中，一言一行，皆从天理良知上发出，没有一毫人欲之私。所以他做出的安排，在

---

① 王艮：《王心斋全集·年谱》，《四库全书》本。

家人之间不会受到任何质疑，没有人觉得他会跟别人串通好，欺瞒自己。即便重新分配的时候，可能让一些人吃亏，但大家就是完全不生怨怼。这就是心斋所说的"安身以安家则家齐"，"信人直到人亦信"。

不仅在家中如此，在乡民中亦如此。心斋生前，安丰一带民风彪悍。安丰有许多草荡，土地歪歪斜斜，民众常常因为争夺田产发生争斗。均分草荡、平息争斗的事情，地方官员无能为力。而心斋，因为立本安身，在乡民中有极强的人格感召力，因而能把田地分好，而且上百年都没有变动。心斋可以把这件事情做成，不在于他分得多么公平，只在他的立本安身上。心斋在《均分草荡议》中说，他把土地分成若干块，并且根据土地的好坏分给众人，可能给一些人分10块，可能给一些人分15块，可能给一些人分20块（"十段二十段不拘"）。这种分法，完全依赖乡民对心斋的尊信。经过这一变化，安丰一带，流民遂减少很多，社会治安、社会生产、社会风化皆极大地改善。这即是心斋常常引用的"身安而天下国家可保也""利用安身"（《易》）。

以上是心斋立本安身的一些事情。了解这些事情，我们立本安身的工夫并不会有什么变化。但这个道路，五百年前有人走过，脚印还在。我们如今再走，可以循着先儒的脚印，有一点亲切踏实的感觉。

阳明学与泰州王门

陈寒鸣

摘　要：阳明学是中晚明最具生命力和影响力的思潮，而泰州则因有起自草莽、亲受阳明教诲的王艮，崛起海滨，毅然揭扬"百姓日用之学"，开创了绵延近百年的泰州学派。该学派不仅与中晚明的阳明学思潮有至深至密的关系，而且成为其时阳明学重镇之一，并有力推动了儒学的社会化和大众化。泰州学派是中国历史上著名的平民儒学学派。

关键词：中晚明　王阳明　王艮　泰州学派　平民儒学

一提起阳明学与泰州的关系，便使人想到王艮在阳明殁后开门授徒，逐渐形成、发展起泰州王门或泰州学派。这是一个以推扬"百姓日用之学"为主要特质的思想流派。在阳明后学中，泰州学派门墙之盛并不逊于浙中、江右诸王门，而影响之大则有逾于王门诸派。泰州学派的形成与发展，在中国儒学史上具有十分重要的意义。自汉武帝实施"罢黜百家，独尊儒术"政策以来，儒家由先秦诸子百家中的一家升入庙堂，儒学也由私学成为替君主专制统治服务的官学。迨至明代中后叶，与社会生活中商品经济的发展、平民阶层的崛起相适应，儒学呈露出由庙堂返回民间，从"经院哲学"向大众化、通俗化方向发展的迹象，以至于产生了同官方儒学迥然有别的平民儒学。而其标志，就是泰州学派的形成与发展。正是泰州平民儒学的兴起与平民儒者的努力，有力地推动了儒学的社会化、大众化，使儒家的

---

* 基金项目：本文为"第三届中国阳明心学课题成果"（课题编号：2019ZW0202）的阶段成果。
** 陈寒鸣，天津市工会管理干部学院教授，南京大学泰州学派研究中心研究员，中国哲学史学会理事。

核心价值观念与普通民众的日用社会生活有机结合在一起。而作为王艮家乡和主要讲学之地的泰州,不仅形成了平民儒学的传统,而且成为中晚明阳明学的重镇之一。

一 泰州王门的形成

泰州位于江苏省中部,南部濒临长江,北部与盐城毗邻,东临南通,西接扬州。泰州秦称海阳,汉称海陵,南唐时(937—975)为州治,取"国泰民安"之意,始名泰州。元末明初,由于长年战乱,田地荒芜,人烟稀少,生产凋敝。战事平定之后,各地的人口相当不均,明朝政府为了平衡地方发展,稳定社会秩序,发起大规模的移民运动。明廷为了剥离大宗大族的势力,对人口众多、势力强大的宗族分而治之,不许移民兄弟居住在一起,民间称为"赶散"。因事情发生在洪武年间,故又称"洪武赶散"。"洪武赶散"是中国历史上最大规模的移民运动,移民人口占当时全国总人口的百分之十五。苏北地区(今江苏省长江以北、陇海铁路以南的大部分平原地区)是明初移民的重要输入地之一。移民的主要来源是苏州地区,以及其他苏南各县及浙江北部。泰州地处长江北岸的里下河地区,经过明初的大迁徙,洪武移民几乎遍及整个泰州地区。王艮的先祖伯寿就是从苏州迁徙到泰州安丰场来的。由伯寿而国祥而仲仁而文贵而公美而纪芳,纪芳名玨,别号守庵,是王艮的父亲。其家自国祥起即占灶籍,煮海熬盐,直至王艮和他的儿子们均仍系安丰场灶籍,是从事盐业生产的灶户,① 故其世世代代除了应办盐课外,还必须承担亭丁身份的各种杂役。②

王艮(1483—1541),原名银,字汝止,号心斋,泰州安丰场(今东台)人。他在37岁前,学无师承,但"奋然有任道之志",故在"商游四方"的过程中,

---

① 自秦汉以来,盐业为国家专营,国家对盐业生产者进行户口编制管理,称为"灶户"。由于食盐生产过程极为复杂,从海水提炼成盐需要设亭立灶进行煎熬,故从事盐业生产的劳动者被称为"灶丁"、"亭子"或"亭丁",占有灶籍者则被称为"灶户"或"亭户"。据朱廷立《盐政志》卷4,明廷规定"每盐场有团有灶,每灶有户有丁,数皆额设"。

② 依明廷制度,凡被编入灶户的灶丁,年满十五岁开始"办课",即按规定向国家缴纳一定数量的盐产品,直到六十岁方可"优免名盐"。此外,灶丁还要承担官府的种种杂役,心斋年少时即曾"以身代役",替他父亲去从事官府的徭役。

将《孝经》《论语》《大学》置于袖中,"逢人质义"①,怀着为"万世师"的愿望发奋学习儒家经典。他"讲说经书,多发明自得,不泥传注,或执传注辨解者,即为解说明白"②,"信口谈解,如或启之,塾师无能难者"③;更"默坐体道","以经证悟,以悟释经"④,渐至"心体洞彻,万物一体"之境,而"行住坐默,皆在觉中"⑤,毅然以先觉者而有天下之志。

38岁时,王艮听说江西巡抚王阳明的学说与自己的观点很类似,遂往南昌求证。《心斋年谱》记曰:

> 时,阳明王公讲"良知"之学于豫章,四方学者如云集。先是,塾师黄文刚,吉安人也,听先生说《论语》首章曰:"我节镇阳明公所论类若是。"先生讶曰:"有是哉?方今大夫士汩没于举业,沉酣于声利,皆然也。信有斯人论学如我乎?不可不往见之,吾俯就其可否,而无以学术误天下。"即买舟以俟,入告守庵公,公难之。长跪榻前至夜分,继母唐孺人亦力言于公,乃许之行。得令,即起拜登舟。舟中方就枕,遂梦与阳明公拜亭下,觉曰:此神交也。舟次大江,会江寇掠舟中,先生揖寇,听取其所有。寇见先生言动,乃舍去。抵鄱阳阻风,舟移日不得行,先生祷之,辄风起。既入豫章城,服所制冠服,观者环绕市道。执海滨生刺以通门者,门者不对,因赋诗为请。……阳明公闻之,延入拜亭下,见公与左右人宛如梦中状。先生曰:"昨来时梦拜先生于此亭。"公曰:"真人无梦。"先生曰:"孔子何由梦见周公?"公曰:"此是他真处。"先生觉心动。相与究竟疑义,应答如响,声彻门外,遂纵言及天下事。公曰:"君子思不出其位。"先生曰:"某草莽匹夫,而尧舜君民之心,未尝一日忘。"公曰:"舜居深山,与鹿豕木石游居,终身忻然,乐而忘天下。"先生曰:"当时有尧在上。"公然其言,先生亦心服公。稍稍隅坐,讲及致良知,先生叹曰:"简易直截,予所不及!"乃下拜而师事之。辞出,就馆舍,

---

① 陈寒鸣编校:《王艮全集》卷4《年谱》,上海古籍出版社2022年版,第82页。
② 陈寒鸣编校:《王艮全集》卷4《年谱》,第84页。
③ 陈寒鸣编校:《王艮全集》卷4《年谱》,第79页。
④ 赵贞吉:《泰州王心斋墓志铭》,《赵贞吉诗文集注》,巴蜀书社1999年版,第579页。
⑤ 陈寒鸣编校:《王艮全集》卷4《年谱》,第83页。

绎思所闻，间有不合，遂自悔曰："吾轻易矣。"明日复入见公，亦曰："某昨轻易拜矣，请与再论。"先生复上坐，公喜曰："善有疑便疑，可信便信，不为苟从。予所甚乐也。"乃又反复论难，曲尽端委，先生心大服，竟下拜执弟子礼。公谓门人曰："吾擒宸濠，一无所动，今却为斯人动。"居七日，曰："父命在，不敢后期。"先生既行，公语门人曰："此真学圣人者，疑即疑，信即信，一毫不苟。诸君莫及也。"门人曰："异服者与？"曰："彼法服也。舍斯人，吾将谁友？"①

由此可见，在王艮初见阳明时，阳明以曾子"君子思不出其位"之语相诫，希望他能像舜耕于历山那样安心从事生产劳动，忻然自乐，而王艮却认为舜之所以耕于历山，乐而忘天下，是因为当时有尧在上，如今的现实政治生活中既然没有尧这样的圣君，那么，草莽匹夫就不可能像舜那样安心于生产劳动，只能为了摆脱社会现实的苦难而"未能一日而忘"尧、舜君民之心，去追求尧、舜时代的理想政治。尽管王艮和阳明在政治思想上有这样的分歧，但他们在哲学思想上仍有不少相似之处。王艮尤其折服于阳明的"简易直截"之学，"竟下拜执弟子礼"，从此成为阳明的学生。阳明取《易·艮卦》之义为他更名艮，字以汝止，并且为自己能得到这样一位学生而颇感高兴，说："吾擒宸濠，一无所动，今却为斯人动。"又说："吾党今乃得一狂者！"②

王艮归省七日后，又往南昌从阳明学。途过金陵，他在太学门前聚诸友讲论，六馆之士都在现场。他说："吾为诸君发六经大旨。夫六经者，吾心之注脚也。心即道，道明则经不必用，经明则传复何益，经传，印证吾心而已矣。"六馆之士皆悦服。大司成汪咸斋闻其言，延入质问，见所服古冠服，疑其为异，问道："古言'无所乖戾'，其义何如？"王艮答："公何以不问我无所偏倚，却问无所乖戾。有无所偏倚，方做得无所乖戾。"出，汪咸斋心敬而惮之。③

嘉靖元年二月，阳明因父亲王华卒，回绍兴居丧守孝，王艮亦随至绍兴。当时各地前来向阳明求学的人很多，以致绍兴的道院僧房容纳不下。于是，王艮为构书

---

① 陈寒鸣编校：《王艮全集》卷4《年谱》，第87—88页。
② 欧阳德：《奠文》，载《重镌心斋王先生全集》卷5，耿定力等海陵刻本。
③ 陈寒鸣编校：《王艮全集》卷4《年谱》，第89页。

院，调度馆谷以居，并鼓舞开导，多委曲其间。当然，他们师生间也有矛盾，乃至发生过公开冲突，这就是王艮北行讲学而被阳明召回并痛加裁抑之事。据《年谱》记载：

> 一日，入告阳明公曰："千载绝学，天启吾师，倡之，可使天下有不及闻此学者乎？"因问孔子当时周流天下车制何如，阳明公笑而不答。既辞归，制一蒲轮，标其上曰：天下一个，万物一体。入山林求会隐逸，过市井启发愚蒙。遵圣道天地弗违，致良知鬼神莫测。欲同天下人为善，无此招摇做不通，知我者其唯此行乎？罪我者其惟此行乎？……沿途聚讲，直抵京师……比至都下，先夕有老叟梦黄龙无首行雨，至崇文门变为人立。晨起，先生适至。时阳明公论学与朱文公异，诵习文公者颇抵牾之。而先生复讲论勤恳，冠服车轮，悉古制度，人情大异。会南野诸公在都下，劝先生归，阳明公亦移书守庵公（王艮父亲），遣人速先生。先生还会稽，见阳明公，公以先生意气太高，行事太奇，欲稍抑之，乃及门三日不得见。一日阳明公送客出，先生长跪曰："某知过矣。"阳明公不顾。先生随入至庭事，复厉声曰："仲尼不为已甚！"于是阳明公揖先生起。时同志在侧，亦莫不叹先生勇于改过。①

王艮之所以要有此次北行讲学，看起来是要倡导"绝学"，伸张师说，但实际上则是借此"周流天下"，从事自己的传道活动。他在行前作了篇《鳅鳝赋》，以"复压缠绕，奄奄然若死之状"的缸鳝来形容现实社会中遭受压迫的人民大众，而以"若神龙然"的泥鳅来自况。束景南说："心斋此赋乃为其北上入京、遍行天下而作，是以'鳅'（神龙）隐喻阳明，以'道人'自况，欲效法当年孔子周游列国行道，遍行天下播洒阳明'良知'雨露。只因其行事怪异，过于乖张招摇，卒不为阳明首肯也。"② 此说不甚确切，因为由《鳅鳝赋》透露出的信息来看，王艮是为了拯救苦难民众而决意"周流四方"进行讲学传道活动的。这就使他的这次北行讲学活动与那些正襟危坐的正言儒者迥然有别，其"讲学形

---

① 陈寒鸣编校：《王艮全集》卷4《年谱》，第90—91页。
② 束景南：《王阳明年谱长编》（三），上海古籍出版社2017年版，第1466页。

式,已经离开了传统的书院,而以社会为讲坛,以'山林隐逸''市井愚蒙'这些下层群众为宣讲对象。在讲学内容上,王艮也背离传统,'言多出独解,与传注异'。这种所谓'独解',不但不同于注重传注的朱熹理学,而且也表现出与其师说的歧异"①。

如此张皇的北行讲学活动,自然备受关注,也引起了身踞庙堂的卫道士们的警觉。黄直《祭王心斋文》说:"兄忽北来,驾车彷徨。随处讲学,男女奔忙。至于都下,见者仓皇。事迹显著,惊动庙廊。同志曰吁,北岂可长?再三劝谕,下车解装。共寓京师,浩歌如常。"② 所以束景南评曰:"其后遂有程启充、毛玉、向信、章侨等纷起攻阳明学为'异学''邪说',实因王艮是次入都意气太狂,行事太怪有以容之;阳明之不胜危惧,促其速归,盖亦以此也。自是而后,斥阳明学为'异学''邪说'而欲禁之之说起矣。王艮此行,乃'学禁'之导火线也。"③

虽然存在分歧,乃至发生冲突,但这丝毫没有影响阳明和王艮之间的师生关系。从正德十五年到嘉靖七年的八年间,王艮大部分时间是和阳明、同门友一起度过的。如据《年谱》所记,嘉靖二年春,他"在会稽,侍阳明公朝夕"④。阳明向他和其他几位弟子点示"狂者胸次"⑤。束景南《王阳明年谱长编》谓阳明是这年的正月在绍兴论"狂者胸次"的,王艮受其鼓舞"旋又驾车北上入都,随处讲学,惊动朝廷,融'学禁'大忌"⑥。三年春,在会稽"请阳明公筑书院城中以居同志。多指百姓日用以发明良知之学,大意谓:'百姓日用条理处,即是圣人条理处。圣人知,便不失;百姓不知,便会失。'同志惕然有省。未几,阳明公谢诸生不见,独先生侍左右,或有谕诸生,则令先生传授"⑦。其父守菴公生日将至,他欲返泰州安丰场祝寿,"阳明公不听,命蔡世新绘《吕仙图》、王琥譔文具上,因金克厚

---

① 侯外庐、邱汉生、张岂之主编:《宋明理学史》下卷(一),人民出版社1987年版,第426—427页。
② 陈寒鸣编校:《王艮全集》卷5《谱系》,第113页。
③ 束景南:《王阳明年谱长编》(三),第1485—1486页。
④ 陈寒鸣编校:《王艮全集》卷4,第91页。
⑤ 《传习录》卷下、《传习录栏外书》及钱德洪《阳明先生年谱》均对阳明与心斋等弟子谈谤议日炽与狂狷、乡愿之说有所记载。
⑥ 束景南:《王阳明年谱长编》(三),第1504页。
⑦ 陈寒鸣编校:《王艮全集》卷4,第92—93页。

持往寿守菴公，并为歌以招之。于是，守菴公至会稽，与阳明公相会"①。四年春，他"奉守菴公如会稽，并诸子侄以从"②。《传习录下》所记他与阳明有关"满街都是圣人"的对话就发生在这时。③ "时，邹东廓守益以内翰谪判广德，建复初书院，大会同志，聘先生与讲席。作《复初说》，……东廓子书院成，因名曰复初，刻先生说于其中"④。五年，王臣（瑶湖）"守泰州，会诸生安定书院，礼先生主教事"⑤。六年，"至金陵，会湛甘泉若水、吕泾野柟、邹东廓、欧南野聚讲新泉书院"⑥；秋"在会稽，送阳明公节制两广"⑦。七年，"在会稽，集同门讲于书院。先生言'百姓日用是道'，初闻多不信。先生指童仆之往来，视听持行、泛应动作处，不假安排，俱是顺帝之则，至无而有，至近而神。惟其不悟，所以愈求愈远，愈作愈难。谓之有志于学则可，谓之闻道则未也。贤智之过与仁智之见，俱是妄。一时学者有省"⑧。"冬十月，阳明公讣闻⑨。先生迎丧桐庐，约同志经理其家⑩"。八年"冬十一月，往会稽。会葬阳明王公。大会同志，聚讲于书院，订盟以归"⑪。

阳明和王艮师生间之所以有如此密切的关系，是有原因的："一方面，王守仁为了破除'山中贼'和'心中贼'，需要王艮这样一个出身微贱而和下层社会有较广泛联系的'真学圣人者'，也就是要通过教育把王艮变成他的学说的忠实信从者，使王学在社会上发生更加广泛的影响。另一方面，王艮需要凭借王守仁在政治上和学术上的显赫地位来提高自己的社会声望，发展自己的思想学说。因此，王艮虽然'时时不满其师说'，而他仍愿成为王守仁门下的学生，甚至还把自己年少的

---

① 陈寒鸣编校：《王艮全集》卷4，第93页。
② 陈寒鸣编校：《王艮全集》卷4，第93页。
③ 嘉靖四年三月，董萝石携子董谷亦来绍兴受学。《传习录》记："（阳明）先生锤炼人处，一言之下，感人最深。一日，王汝止出游归，先生问曰：'游何见？'对曰：'见满街人都是圣人。'先生曰：'你看满街人是圣人，人到看你是圣人在。'一日，董萝石出游而归，见先生曰：'今日见一异事。'先生曰：'何异？'对曰：'见满街人都是圣人。'先生曰：'此亦常事耳，何足为异？'盖汝止圭角未融，萝石恍见有悟，故问同答异，皆反其言而进之。"吴光、钱明、董平、姚延福编校：《王阳明全集》卷3，上册，上海古籍出版社2015年版，第102页。
④ 陈寒鸣编校：《王艮全集》卷4，第93页。
⑤ 陈寒鸣编校：《王艮全集》卷4，第94页。
⑥ 陈寒鸣编校：《王艮全集》卷4，第94页。
⑦ 陈寒鸣编校：《王艮全集》卷4，第95页。
⑧ 陈寒鸣编校：《王艮全集》卷4，第95页。
⑨ 据《阳明年谱》，阳明卒于是年（1528）十一月二十七日。
⑩ 所谓"约同志经理其家"即门人协助经理阳明家事，可参《王阳明全集》卷39《世德纪·附录》。
⑪ 陈寒鸣编校：《王艮全集》卷4，第96页。

儿子王襞带到浙江就学于王门。"① 对于王艮来说，从学于阳明，不仅仅使他有机会与上层社会的官僚、学者交游，社会声望因此而有所提高，更重要的是他通过阳明的教育而提高了自己的文化修养，通过接受阳明心学而提高了自己的理论思辨水平。正是由于文化修养和理论思辨水平有了大幅度提高，王艮才会写出《鳅鳝赋》《复初说》《明哲保身论》《乐学歌》《天理良知说》等名篇。王艮在阳明殁后又撰写了《格物要旨》《勉仁方》《大成歌》《与南都诸友》《均分草荡议》《王道论》《答徐子直书》等，除了继续发挥其"百姓日用之学"，又阐发了他以"安身立本"为主要内容的"格物"说以及具有社会改良意义的"王道"论，从而发展成为一位真正具有独特个性的平民思想家。应该说，如果没有亲炙王门，接受阳明心学的熏陶和濡染，很难想象他会有这样的思想文化上的成长。阳明心学是王艮及其后学思想的核心，也是泰州学派平民儒学的理论前提。同时，又正是由于有了王艮及其所开创的泰州学派，不仅阳明心学风行天下，而且儒学真正实现了大众化、平民化和社会化。

二　泰州王门的代表人物

袁承业编纂《心斋弟子师承表》，"计得诸贤四百七十八人，可谓盛矣！上自师保公卿，中及疆吏司道牧令，下逮士庶樵陶农吏，几无辈无之。②……考诸贤所出之地，几无省无之"③。他在该表的序中赞道："心斋先生毅然崛起于草莽鱼盐之中，以道统自任，一时天下之士率翕然从之，风动宇内，绵绵数百年不绝，自觉之人非言语莫为功，孰谓空言无补于世教哉？"④ 泰州学派的传承有两大特点："一是泰州学派的传授对象十分广泛，但仍以下层群众为主，尤其在泰州本地，受学者多数都是劳动人民；二是泰州学派并非囿于一隅的地方性学派，其思想学说的传

---

① 侯外庐、邱汉生、张岂之主编：《宋明理学史》下卷（一），人民出版社 1987 年版，第 427 页。
② 原注：据表中，以进士为达官者三十六，以孝廉为官者十八，以贡士为官者二十三，以樵陶农吏为贤士入祀典者各一人，余以士庶入乡贤祠者不乏其人。然弟子中载入《明史》者二十余人，编入《明儒学案》者三十余人。
③ 原注：据表中，江西得三十五人，安徽二十三人，福建九人，浙江十人，湖南七人，湖北十一人，山东七人，四川三人，北直、河南、陕西、广东各一人，江苏本省百数十人。考明之行省，所缺广西、云南、甘肃三省耳。且弟子中为三省之官者甚多，岂肯安得无三省之人耶？余搜罗未广，遗漏颇多。
④ 陈寒鸣编校：《王艮全集》卷 7，第 239—240 页。

播地区，主要是在长江中下游，尤其是在长江三角洲和赣水流域等商品经济发达的地区"①。

如以社会等级观加以分疏，由这四百七八十人组成的泰州学派，其成员大体可析为两大类：第一类是进入王朝政治体制中的仕人，其中包括由科举正途而进士出身者和贡仕为官两部分。前者，"上自师保公卿，中及疆吏司道牧令"，职位分布甚广，殿元、会魁不乏其人，赵贞吉、李春芳等更官至台阁辅臣，他们并不因享有极高社会声誉看不起同一学派中出身寒微并一直处于社会底层者，如李春芳未及第时与陶工韩贞"同游心斋王先生门。休沐在里，造其庐，访之。先生谓曰：'公以书生中状元，书生知遇之极也；以状元为宰相，人臣知遇之极也，山林、庙廊，岂两事耶！愿公与人为善，使匹夫匹妇化为尧舜之民，则今日状元宰相，当为万世状元宰相，可谓不负知遇之极矣。'文定公为之首肯，曰：'向闻先生讲学邑中耳，不意所造乃若此明扬侧陋之典，老夫实有愧矣。'"②后者人数不少，如王栋、朱锡、陈芑、戴邦等，岁贡前生活于民间，岁贡后所授多是像训导、教谕之类的地方微职，且升迁有限，至多官及府佐等而止，属于王朝官僚体制中最下等的阶层，社会地位、经济收入都无法与进士出身为仕者相比。

第二类是始终身处民间的布衣之士，即一直未曾踏入仕途的士农工商，这类人在泰州学派中人数最多。泰州学派之所以成为中晚明社会生活中产生广泛影响的平民儒家学派，就与参与其中者以这类人最多有关。这类人中，又包括农工医商和游学之士两部分。前者是最典型的底层民众，泰州学派的开创者王艮二十六岁时，冬日见其父"守菴公以户役早起，赴官家，方急取冷水盥面。会先生见之，深以不得服劳为痛，遂请以身代役"③。他后来经商（贩盐）、行医，才得以摆脱家境贫困状态，并为通向学者的道路提供了必要的物质条件，所以，他的一生由灶丁而商贾而学者，经历十分艰难曲折。由于王艮着重对"山林隐逸""市井愚蒙"宣讲"百姓日用之学"，故其后学中，就有许多出身农工医商的底层普通民众，如朱恕、韩贞、李珠、林讷、夏廷美等。后者游学之士是指那些并未担当确定的生产劳动而以游学、修行、隐居、任侠等为其生平主要活动的民间士人，他们的生活状况好坏不

---

① 侯外庐、邱汉生、张岂之主编：《宋明理学史》下卷（一），第428页。
② 黄宣民点校：《颜钧集》附《韩贞集》，中国社会科学出版社1996年版，第195页。
③ 陈寒鸣编校：《王艮全集》卷4，第82页。

等，但都游离于官僚体制之外，并都不以科考、仕途为意，思想上很有个性特征，如心斋之子王襞九岁即随父至会稽从学于王阳明，年二十归娶后又寓阳明宅八年之久，后侍父讲习，是心斋讲学传道过程中的重要助手。心斋殁后，他遵父命不事科举不入仕途，也没有从事体力劳作，一直从事讲学之业。此外，颜钧、何心隐、耿定理、邓豁渠等都是这种民间社会的游学之士。这些在正德后大量出现的游学之士，"就其在社会结构中的位置来看，由于以儒为业的知识人特征，在整个民间社会中仍是地位相对最高的，处于贵族化、官宦化的传统知识分子等主导型阶层与农工商吏等劳力型阶层之间。也正是这种特殊的社会定位，使其一方面能够接受儒学思想体系的规导，并据此建构出一种成形化的学术表述模式，而单纯的劳民阶层则往往很难做到这点，另一方面又能汲取民间社会各层次上的价值需求，将正统儒学的固有观念与民间社会理念加以新的整合，使其理论有别于贵族儒学的谨持、繁琐、保守，及具有开放性、活跃性、简明性，甚至实用性、叛逆性的特点"[①]。

当然，以上对泰州学派成员身份的归属只是相对的而并不是，也不可能是绝对的，实际的情况要比这种相对分类复杂得多，如林春本是出身于农工医商的社会底层普通劳动民众，嘉靖十一年（1532），会试第一，登进士第，正式成为官僚阶层中一员，吏部文选司郎中，这就跃升到上层士绅行列。自登进士第后，所广泛交游的对象皆属士绅精英阶层。从其所留下的书札来看，他与这些士绅精英的交往深入到思想、仕宦以及生活各个层面，相互印证、切磋与影响也至为深巨。与此相反，从现有文献中，除心斋外，我们基本没有发现林春与泰州学派其他平民学者（如朱恕、韩贞、林讷、李珠、夏廷美等人）深入交往、论学的记载。显然其身份已由贫民入仕而上升为士绅阶层，其所形成的思想无疑为士绅儒学，而离开了作为主脉的泰州平民儒学传统了。

从学说思想的角度来看，"王艮的弟子后学大致可以分为以下几类：一类是主要以研究学问名世者，思想相对来说比较正统，这一类主要有徐樾、王襞、王栋、罗汝芳等；二类是继承发展了王艮勇于造道的作风，对正统思想进行批判和冲击的，比如李贽、何心隐等；三类是布衣贫民闻风而起者，如朱恕、韩贞、夏廷美等，这体现出泰州学派的平民性；四类是高官显贵而服膺泰州之学的，如耿定向、

---

① 万明主编：《晚明社会变迁问题与研究》，商务印书馆2005年版，第577—578页。

赵大洲、曾朝节等"①。这些人并非尽隶籍泰州，但都是泰州学派的重要传人。

据陈寒鸣编校《王艮全集》卷7《弟子录》，心斋泰州籍弟子计有林春、王栋、袁杉、陈芑、张淳、李珠、戴邦、朱轫、朱恕、宗部、崔殷、梅月、刘启元、黄鹗、王志仁、田汝登、李才、李瑶、李玺、蒋勤、崔赟、崔便、周盘、季宦、周延年、徐相、周佐、季信、王社、王枢、王卿、林晓。本文主要从对传承、发展泰州学派作用显明角度，介绍几位泰州籍的代表性人物于下。

（一）王栋

王栋（1503—1581），字隆吉，号一庵，泰州姜堰人。他以族弟的身份师事王心斋，是泰州学派的第一代嫡传弟子，后来学者将之与王心斋、王东厓父子并称为"淮南王氏三贤"或径称为"淮南三王"。亦有将之与王阳明、王心斋并称为"越中淮南三王夫子"者，有《一庵王先生遗集》传世。一庵与林春同时投师心斋，属心斋第一代弟子中及门时间较长者，但二者的人生取向却并不很相同。东城嘉靖十一年举会试第一后，大部分时间在京为官，直至卒于吏部文选司任上，所交游者率皆士绅名流。就心斋开创的泰州学派平民儒学主流而言，林东城显然背离了这个传统，完全成长为士绅之儒。一庵则与之不同。尽管他晚年亦走上仕宦之途，但据年谱所记，一庵与士绅名流的交游寥若晨星，语焉不详，唯"集布衣为会，兴起益众""开门受徒，远近信者日众"的记录清晰可见。故而，一庵虽然游走于士绅与平民之间，却未可遽以"士绅之儒"目之。他的一生，是一个有恒心而无恒产的士，为了自己的道德理想步履维艰的一部辛酸实录。从某种意义上说，王栋是那个朝代从事讲学活动的中下层知识分子的一个典型。据《年谱》，他先后主讲白鹿洞书院、正学书院，创太平乡讲会、水东大会等讲会，"集布衣为会""名动当道"，产生了极大影响。"致仕归里，清贫如洗。乐学不倦，开门受徒，远近信从日众。创归裁草堂，著《会语续集》行于世。创《族谱遗稿》以睦族人。""主会泰山安定书院，朝夕与士民论学，四方向风"。他逝世前嘱咐后人，也仍然是"会学一事"而已。可见，平民教育信念在一庵心目中所占地位。可以想见，王一庵长期担任基层教育官员，并且"清贫如洗"，在士绅圈子当中，不会有很大市场。

---

① 张岂之主编：《中国思想学说史·明清卷》（上），广西师范大学出版社2008年版，第118—119页。

大约这也是《年谱纪略》对于他与士绅名流交往记述阙如的原因之一。享年79岁的一庵，一生只有14年担任基层官职低微的教育官员，他的讲学活动的对象又以"布衣"为主，再加上他继承了心斋的平民儒学思想，就此而言，我们认为一庵堪称继心斋一脉中杰出的"平民儒者"。黄宗羲在《明儒学案》中，将一庵之学概括为两端："一则禀师门格物之旨而洗发之"，"一则不以意为心之所发"。① 意谓一庵认同了心斋之学的"格物"说并有发展，且在"诚意"方面有新创造。黄氏所勾勒出的一庵之学总体面貌，为学界基本认同。总体而言，一庵充分继承了心斋之学，但同时又有自己的新发展。他在心学理论上的新创造集中体现在他所提出的"诚意""慎独"说方面。在他看来，"慎独"体现的是"诚意"工夫。因为"意是心的主宰"，而"独"却是"意之别名"，换言之，"慎独"正是体现的"诚意工夫"。一庵将"诚意"与"慎独"做此种打通解释，显然是沿着心学主体意识的高扬与标举的道路，予以进一步的推展。他强调"有所商量倚靠，不得谓之独"，本体有"意"作"心之主宰"，"自作主张""自裁生化"，焉用"商量依靠"！这是一庵平民儒学思想非常重要的一个理论依托。

（二）王襞

王襞（1511—1587），字宗顺，号东厓，心斋次子，与其父及族兄王栋被并称为"淮南三王"。他九岁时即"随父之阳明公所。士大夫会者千人，公命童子歌，多嗫嚅不能应，宗顺意气恬如，歌声若金石。公召视之，知为心斋子，诧曰：'吾固知越中无此儿也！'辄奇而授之学。是时，龙溪、绪山、玉芝皆在公左右，宗顺以公命，悉师事之。逾十年归娶，已之越，复留者八年。师友相陶汰，气竦神涌，耳新目明，标树山岳之上，越轶风霆之外，由枝叶而达其根，派流而溯其源，沛如也"②。由于长期从学于王门，故其深受浙中王学影响，如论"良知"即有明显的王畿之学的印迹。阳明殁后，心斋授徒淮南，东厓相之，"覃思悠然，讲论铿然，不啻阳明之存也"③。心斋过世后，东厓虽然声望日隆，但自矢"山人山居，不欲

---

① 黄宗羲：《明儒学案》卷32《泰州学案一》，中华书局1985年版，第732页。
② 李贽：《续藏书》卷22《理学名臣·王艮传》附《王襞传》，中华书局1959年版，第433—434页。
③ 李贽：《续藏书》卷22《理学名臣·王艮传》附《王襞传》，第434页。

以垢名玷山场而遗笑山灵"①，以布衣儒者讲学四方，大力推扬泰州学派的"百姓日用之学"，"四方聘以主教者沓至。罗近溪守宛则迎之，蔡春台守苏则迎之，李文定迎之兴化，宋中丞迎之吉安，李计部迎之真州，董郡丞迎之建宁，余殆难悉数。归则随村落小大，扁舟往来，歌声与林樾相激发，闻者以为舞雩咏归之风复出。至是风教彬彬，盈宇内矣"②。及至临终，犹谕门人子弟亲贤讲学，语不及私。可见他介然自守，以平民始而以平民终，故卓吾赞曰："夫宗顺之才，藉有所会其度，其功业岂有既哉？乃终其身，一不屑意。盖自心斋绝去利禄，一以明道觉人为任，此仪封人得于孔子者，当时不尽知也，而宗顺父子守所闻于古，至再世不稍变。呜呼！此岂可与浅见寡闻者道哉？"③ 思想上，东厓不仅是心斋"百姓日用之学"的忠实继承者和践履者，而且对心斋的"淮南格物"说和"乐学"观均有所继承乃至发展。焦竑所撰《墓志铭》谓："心斋以修身格物为鹄。先生严取予、敦孝弟、联宗族，关于行谊者，毛发必谨，宛然先人之法度。"④ 这表明东厓将他深切领会的心斋的"淮南格物"之旨化为自己一生的行为实践。他更把心斋的"百姓日用之道"的思想融入到"乐学"观中，指出："孔颜之乐，愚夫愚妇所同然也。"又对"乐"和"忧"深入辨析道："有所倚而后乐者，乐以人者也；一失其所倚，则慊然若不足也。无所倚而自乐者，乐以天者也；舒惨欣戚、荣悴得丧，无适而不可也。""无物故乐，有物则否矣。且乐即道也，乐即心也；而曰所乐者道、所乐者心，是床上之床也。""乐者，心之体也；忧者，心之障也。欲识其乐而先之以忧，是欲全其体而故障之也。""所谓忧者，非如世之胶胶然役役然以外物为戚戚者也。所谓忧者，道也。其忧道者，忧其不得乎乐也。舜自耕稼陶渔以至为帝，无往不乐；而吾独否焉。是故君子终身忧之也。是其忧也，乃所以为乐，其乐也则自无庸于忧耳。"⑤ 这样，东厓就对心斋依据阳明"乐是人心之本体"说而撰写的《乐学歌》做出了重大发展，这是他对泰州学派平民儒学所做的卓越理论贡献。

---

① 《王东厓先生遗集》卷首《年谱纪略》，载王艮《王心斋全集》，陈祝生等校点，江苏教育出版社2001年版，第207页。
② 李贽：《续藏书》卷22《理学名臣·王艮传》附《王襞传》，第434页。
③ 李贽：《续藏书》卷22《理学名臣·王艮传》附《王襞传》，第434—435页。
④ 焦竑：《澹园集》，李剑雄整理，中华书局1999年版，第494—495页。
⑤ 杨希淳：《诗引》，载《王东厓先生遗集》卷首，清宣统二年东台袁氏铅印本。

（三）林春

林春（1498—1541），字子仁，号东城，泰州人，为王艮一传弟子。在泰州学派研究中，王心斋、王东厓、王一庵、颜山农、何心隐、罗近溪等人皆有大量研究成果问世，林东城的研究尚属空白。林东城与王东厓、王一庵同为心斋门下一传弟子。但由于其享年不永，且所存文献仅一文集，其中有关思想内容又居少数，我们很难窥见其思想风貌，这是林东城被忽视的一个重要原因。另有一个重要原因是，据目前我们能看到的材料来看，一般认为东城的心学思想以阐明和发挥心斋、龙溪的心学思想为主，并无新创造，因而研究价值不大。我们不能认同上述看法。根据我们的搜罗与研究，林东城尽管由于享年不永，其心学思想未能臻于圆熟，但已表现出某种倾向性变化，并且，林东城的学行与王艮身后泰州学派的分化还存在某种代表性的联结。就此而言，我们认为林东城显然是不应该被忽视的。

据东城所述，林家祖籍为福建福清县方城里，高祖文闽公和从伯祖林彬相继成居泰州，隶扬州卫泰州千户所，"泰之有林，自文闽公与彬始"[①]。泰州古称海陵，故而林春自谓林家"至今以戌居海陵者五世矣"[②]，因之，林春对闽中乡贤人物，十分仰慕和向往："予自做秀才时，即有志于闽中，并访其乡大夫之贤者，以效其依归爱慕而未遂也。……予考郡志，见玉融之诸贤，皆予祖之习闻日见而获与游，故诸贤之名，至今可仰。"[③] 到东城这一代，林家已相当贫困。其父为"漕卒"，为生计而长年劳作在外。东城"少孤弱，终鲜兄弟"，他的母亲许氏对其成长"劬劳实多"[④]。林春很小的时候便因家贫至王氏家作"僮子"。孰料，这成为东城有所作为的一个重要契机，"王氏见其慧，因使与子共学"[⑤]。龚杰认为这一年是嘉靖五年，而"王氏"，龚杰指为王艮，未知所本。[⑥] 如此则东城从学心斋时已28岁，与文献所记少时因家贫至王氏家作"僮子"不符。且黄宗羲言"王氏"而不指明即

---

① 《林东城文集》卷上《明林公德春墓志铭》，1920年海陵丛刻本。
② 《林东城文集》卷上《别毛梅塘序》。
③ 《林东城文集》卷上《别毛梅塘序》。
④ 《林东城文集》卷上《给假疏》。
⑤ 黄宗羲：《明儒学案》卷32《泰州学案一》，第744页。
⑥ 龚杰：《王艮评传》，南京大学出版社2001年版，第128—129页。

为王艮，无非两种情况：一是"王氏"之名未传，黄宗羲亦不知其人究竟为谁；二是黄宗羲因无确切根据而不能确定为王艮。检林氏好友唐顺之（号荆川，1507—1560）文集，在为林东城所作的墓志铭中业已写明："始，君幼不知书，父故苦贫也，不能资君以书，以余子给事千户王某所，其奇君，令与其子王烈同学书，君自是始学书。"① 是知，此"王氏"为"千户王某"，其名未传，并非王艮殆无疑义。龚杰显然是误将嘉靖五年林春从师王艮与少小为王氏"僮子"当作一事了。尽管只是"始学书"，但此契机对林东城日后摆脱底层劳动者的身份，最终成为士绅阶层中一员起到了重要作用。唐顺之又云："林氏自徙泰州，未有以儒显者。为儒，自君始。"② 故而，东城对"王氏"这一扭转他人生行程的情分，不能忘怀："后君贵，常思王君，厚报之。自王烈以下，礼节称谓，岁时起居，一不改于故余子时。"③ 诚可谓报之涌泉了。文献记述粗略，但仍可以让我们想见东城"为儒"之路的艰辛与困苦。他的成功与其由少年贫苦而养成的"刻苦自厉"性格有相当关系。唐荆川为我们显现了林春"为儒"之路的困顿与坚忍：

> 君始以窭故，几废书者屡矣。君读书，居常以竹筒注膏系衣带间，惟所适则出膏於筒，燃火读书。君父为漕卒，君又独与母、妻织屦。织屦、读书，率以夜不睡。尝日中不能炊，贳米于邻，不得，君行歌自若，家人颇非怪之，君自若。君是时坚苦已如是。④

唐荆川所作《吏部郎中林东城墓志铭》指出，不久，东城受学于泰州知州"王君某"与王艮。检王艮行止，嘉靖五年王艮应泰州知州王臣（字公弼，号瑶湖，生卒不详）之请，自浙江返泰州，主持泰州之安定书院事，则可知此"王君某"当为王臣（字瑶湖），亦是阳明弟子。心斋年谱"嘉靖五年"条下记，本年"泰州林春、王栋、张淳、李珠、陈芭数十人来学，先生揭《大传》《论语》首章

---

① 《唐荆川文集》卷14《吏部郎中林东城墓志铭》，《四部丛刊初编·集部》本。
② 《唐荆川文集》卷14《吏部郎中林东城墓志铭》。
③ 《唐荆川文集》卷14《吏部郎中林东城墓志铭》。
④ 《唐荆川文集》卷14《吏部郎中林东城墓志铭》。

于壁间,发易简之旨"①。尽管生活困窘,林东城仍以闻致良知之说而欣悦不已,并本其刻苦自厉的根性而"欲以躬践之"。《墓志铭》云:"两王君,故王阳明先生弟子,君因此始闻致良知之说,则心喜之,至夜中睡醒无人处,辄喷喷自喜不休,遂欲以躬践之,则日以朱墨笔点记其意向,臧否醇杂,以自考镜。久之乃悟曰:'治病于标者也。'是駸駸有意乎反本矣。"②两位王先生中,心斋对东城的影响无疑最为深巨。东城"日以朱笔点记其意向","以自考镜",终而有悟自己是"治病于标",从而有意"反本",这是其学思走向心学堂奥并日益有所深入的一个关键环节。《明儒学案》和《明史》中尽管涉及东城文字寥寥,但于东城此节,皆录存之,盖以此节为林东城平生重大事件。

嘉靖十一年,东城中举会试第一,登进士第,正式成为官僚阶层中一员。他初任户部广西司主事,后调任礼部主客司主事,复又转调吏部任文选司主事。任主事"久之",后升任吏部验封司员外郎,不久调任文选司员外郎。一年后,因母亲许氏病瘫卧床,告假归养。此次扶母还乡归养,大约时间甚久,其间得经常侍王心斋左右,"每多观法,悟得平生学问,从假做真,不得凑泊,只一真直下,再无计较论量,自得天则矣"③。并与王龙溪、罗念庵诸友过从甚密,"意念既真,兴味甚适"④。久之,乃起官补授吏部稽勋司郎中,后又调任吏部文选司郎中。其同事许谷谓:"君选人不私,临事有执,司铨十月,志在奖恬抑竞,务实去华,期复淳古。"⑤东城于文选司任上虽只十月而已,然其笃实、公正的工作作风给同僚留下深刻影响。嘉靖二十年,东城卒于任,时年仅44岁。"卒之日,犹在曹,不自知病,病且革,乃舁归舍。"⑥"发其箧,仅白金四两,僚友棺敛归其丧。"⑦ 兢兢业业,廉洁奉公,鞠躬尽瘁,死而后已,为中古官僚劳瘁尽职者之又一典型。

---

① 《心斋先生全集》,陈履祥辑,明刊二卷本。是书乃心斋著作的旧录本,万历二十五年,王之垣以之为基础,旁搜广求而增为六卷本。六卷本的《心斋先生全集》,有明刊本、三贤全书本、王世丰翻刻本、乐学堂文贞全集本及袁承业排印本。
② 《唐荆川文集》卷14《吏部郎中林东城墓志铭》。
③ 《林东城文集》卷下《简王瑶湖》。
④ 《林东城文集》卷下《简王瑶湖》。
⑤ 许谷:《林东城文集序》,载《林东城文集》卷上。
⑥ 《唐荆川文集》卷14《吏部郎中林东城墓志铭》。
⑦ 《明史》卷283《儒林二》,中华书局1974年版,第7275页。

我们从其"刻苦自厉"及"日以朱墨笔识臧否自考"①，可知东城性格敦笃，不尚浮华，躬行实践，勇于任事。《明史》谓："缙绅士讲学京师者数十人，聪明解悟善谈说者，推王畿，志行敦实推（林）春及罗洪先。"②许谷回忆说："曩余未识东城子，顾闻其讲学名，意其张大门户，藻饰语言，使人倾听而乐附者。及叨第后同司铨事，乃见其身不胜衣，言不出口，敦孝履仁，百行具有规模；开诚露心，方寸绝无溪壑，未尝不叹其为有道君子，当于古人中求之。于是每有咨询，倾怀相告，各无猜嫌，一时颇称同志。"③李贽也指出林春"以长厚清苦、谨绳墨自立"④的性格特征："子仁生平束修之问，畏之若苞苴，行必惬人情之所安，故不为嵬崖斩绝之行；言必衡乎力，故不为要渺浮阔之言。"⑤其敦笃若是，自不待言。林春最终恪尽职守而卒于官，未始不与他的这种躬行任事性格有关。黄宗羲谓东城"师心斋而友龙溪"⑥，大略勾画出林东城之学的基本背景。若从嘉靖五年从学王心斋算起，至嘉靖二十年卒官，东城在心斋门下凡十五年。尤其是扶母归泰州休养期间，常侍心斋左右，与龙溪等人过从极密，对二人之学高度认同，不遗余力地予以推许弘扬。唐荆川墓志铭记云：

> 君于师推王君汝止，于友推王君汝中。君居官，有未识王汝止者，君与之言必曰："吾师心斋说如是。"君居乡，有未识王汝中者，君与之言必曰："吾友龙溪说如是。"⑦

在京居官而不废交游、讲学，这是东城为宦生涯中的一大特色。他尝任职吏部，而吏部司人事，职掌敏感，故同僚在人际交往方面大多十分谨慎，"峻其门第，虽亲故不往拜"⑧，但东城行事却与之大不相同："子仁独门无留宾，同志中虽名位绝不相埒者，悛悛下之惟谨。出部，则偏走刺诸宾客，夜则挟衾被往宿观寺

---

① 《明史》卷283《儒林二》，第7275页。
② 《明史》卷283《儒林二》，第7275页。
③ 许谷：《林东城文集序》，见《林东城文集》卷上。
④ 李贽：《续藏书》卷22《心斋王公传》附《林春传》。
⑤ 李贽：《续藏书》卷22《心斋王公传》附《林春传》。
⑥ 黄宗羲：《明儒学案》，第745页。
⑦ 《唐荆川文集》卷14《吏部郎中林东城墓志铭》。
⑧ 李贽：《续藏书》卷22《心斋王公传》附《林春传》。

中，讲学竟夕以为常"①。东城的热衷讲学并不以是否为官而有所妨碍，在京期间，留宿观寺，与心学同志的讲学活动经常"终夜刺刺不休"②。可见，作为官僚的东城为人温厚谨肃，同时，官僚身份又无法泯灭其率性的学人本色③。龙溪坦言："予与东城子交且深且久，海内之知东城者莫如予。人之相知，以知心为难，知予者亦莫如东城子。东城子志端气和，貌温而言顺，文如其人。与人交，务致其谦；其取善于人，无间于长幼，贤不肖皆信东城子为完行。而在同志，以为知学之君子也。"④ 此诚为知言。

（四）朱恕

朱恕（生卒年不详），字光信，泰州草堰场人。黄宗羲《明儒学案》卷32《泰州学案一》谓其"樵薪养母。一日过心斋讲堂，歌曰：'离山十里，薪在家里；离山一里，薪在山里。'心斋闻之，谓门弟子曰：'小子听之，道病不求耳，求则不难，不求无易。'樵听心斋语，浸浸有味，于是每樵必造阶下听之。饥则向都养乞浆，解裹饭以食。听毕则浩歌负薪而去。门弟子觇其然，转相惊异。有宗姓者，招而谓之曰：'吾以数十金贷汝，别寻活计，庶免作苦，且可日夕与吾辈游也。'樵得金，俯而思，继而大恚曰：'子非爱我！我自憧憧然，经营念起，断送一生矣。'遂掷还之。胡庐山为学使，召之不往。以事役之，短衣徒跣入见，庐山与之成礼而退"⑤。清初李颙称赞他道："一樵夫耳，乃能若是！可见良知自具，道非外铄。彼逡巡畏缩而漫不自振者，夫亦可以憬然矣。"⑥

（五）韩贞

韩贞（1509—1584），字以贞，号乐吾，扬州兴化（今江苏兴化市）人，是一位陶匠出身的平民儒者，又是明代泰州学派的传人。其家世代以制陶为业，生活贫困，故他自小失学，但求知若渴，五岁时便能握芦管就地画字，要求父亲送他上

---

① 李贽：《续藏书》卷22《心斋王公传》附《林春传》。
② 黄宗羲：《明儒学案》，第745页。
③ 在这方面，出自颜钧门下的泰州再传罗汝芳与东城颇相仿佛，此似可视为泰州学派的传统之一。
④ 吴震编校整理：《王畿集·附录三》，凤凰出版社2007年版，第813—814页。
⑤ 黄宗羲：《明儒学案》，第719—720页。
⑥ 《二曲集》卷22《观感录》，中华书局1996年版，第280页。

学，未获允许。十二岁，束茅作笔，在砖上沃水学字。十五岁时，他的家乡流行瘟疫，父母、伯父和哥哥都染上了疫病，由他一人支撑家庭生活。父亲不幸病故，家里穷得买不起棺材，他只好替人放牛，得到一些钱安葬父亲。四年后，母亲又去世了，年轻的韩贞痛失双亲，悲悼不置，转而信佛，以求来生。正在此时，他听闻朱恕讲孔孟之学，又改变信仰，弃佛归儒。朱恕教他读《孝经》，韩贞从此开始学文识字。嘉靖十二年，韩贞二十五岁，朱恕见他"笃学力行"，将其引荐至泰州安丰王艮门下深造。刚进门时，韩贞布衣芒履，在心斋门下没有地位，不受礼遇，唯晨昏供洒扫而已，甚至有人讥笑他是以蓑衣为行李的穷学生，韩贞为此题诗壁间抗辩道：

随我山前与水前，
半蓑雪霜半蓑烟。
日间着起披云走，
夜里摊开伴月眠。
宠辱不加藤裸上，
是非还向锦袍边。
生成难并衣冠客，
相伴渔樵乐圣贤。①

王艮看到这首诗，问知为乐吾所题，于是制作儒巾深衣，赋诗赠之，诗曰："莽莽群雄独耸肩，孤峰云外插青天。凤凰飞上梧桐树，音响遥闻亿万年。"他谓其子王襞曰："继吾道者，韩子一人而已。"并指示韩贞从学于王襞。② 王襞"察其抱璞归真，雅有圣质，为之提醒点掇，由粗入精，吮其玄髓，叽其芗奥"③。两年后，韩贞辞别泰州，回到兴化。儒巾深衣，众皆笑其狂。哥哥斥责他道："吾家素业陶，小子不务本，反游学何为？"将他痛打一顿，毁掉了他的儒巾深衣。几天后，韩贞从容地对哥哥言道："兄前日责我，恐我游学惰其四肢。自从朱师学得

---

① 《颜钧集》附《韩贞集》，中国社会科学出版社1996年版，第184页。
② 许子桂等：《乐吾韩先生遗事》，《颜钧集》附《韩贞集》，第190页。
③ 余尚友：《乐吾韩先生造稿序》，《颜钧集》附《韩贞集》，第167页。

'勤'字，今从王师（按指王襞）更学得真切。一日有二日之功，一月有二月之积，一年有二年之用。先使兄与伯母一家得所，尽得子弟之职，然后再去问学，岂敢惰其四肢，以失孝弟，虚顶儒巾，作名教中罪人耶？"这一番话感动了他的哥哥，从此以后，乃兄再未阻挠他从事儒学活动。[①] 嘉靖二十四年，韩贞三十七岁，同邑儒生杨南金见其刻苦力学，劝攻举业。从事三月，稍能写作八股文，遂与杨赴南京应考。韩贞一到考场，看见考生们一个个蓬头跣足进入棘院，慨然对杨南金说："大丈夫出则为帝王师，入则为百世师，所以伊尹三聘不起，为重道也。今治文如此求名，非炫玉求售，枉己而何？"于是他弃考回家，业陶外，"设讲学，化诲生徒。凡出其门者，人人薰以善良，博带衰衣，恂宛于道"[②]。韩贞不以道殉名，使杨南金很惊诧，也很感佩，遂将自己的妹妹许配给这个穷汉子。次年，韩贞与杨氏完婚。他对新娘说："汝兄岂无富族可配乎？尔今日归吾贫士，盖谓无梁鸿耳。吾不鸿，非尔夫；尔不光（孟光），非吾妻也。"他打开妻子的奁筐，留下一、二件裙布，其余衣物都分给了亲戚，所有胭脂花粉一火烧掉，要求妻子织蒲为业，从事劳动。杨氏也乐意与这位清教徒式的夫君过穷日子，矢志不渝。他们"夫妇相对，尝严宾，人以为有举案之风"[③]。这对自身生活本很贫困的夫妇，却乐善好施，竭尽可能地帮助他人，"有邻人缺飱，贷粟于先生。适先生亦乏，所余仅供明晨而已，慨然欲应之。其妻颇有难色，曰：'无几，今晚与彼，奈明晨自给何？'先生曰：'吾所缺乏犹在明晨，斯人则在今晚矣。'遂与之"[④]。"广德游学士王臣者，至邑中，途穷绝粮。闻先生素好义，即携妻子投先生。先生为馆穀之。居月余，以妻子托先生别游。先生命妻伴之，教以织蒲自给，足不至中堂者六七月。凡衣服饮食皆必先所托，而后及其私。王回，为之感谢泣下"[⑤]。类此故事，至今仍在泰州兴化一带传为美谈。

　　韩贞中年以后，大都在乡村以教习童蒙为生，农闲时即在劳动人民中讲授儒学，致力于发明王艮的"大成仁道"，成为当时一位颇有声望的布衣儒者。耿定向

---

① 许子桂等：《乐吾韩先生遗事》，《颜钧集》附《韩贞集》，第190页。
② 余尚友：《乐吾韩先生遗稿序》，《颜钧集》附《韩贞集》，第167页。
③ 许子桂等：《乐吾韩先生遗事》，《颜钧集》附《韩贞集》，第191页。
④ 许子桂等：《乐吾韩先生遗事》，《颜钧集》附《韩贞集》，第194页。
⑤ 许子桂等：《乐吾韩先生遗事》，《颜钧集》附《韩贞集》，第192页。

在其所作《陶人传》里说:"先生学有得,毅然以倡道化俗为任。无问工贾佣隶,咸从之游。随机因质诱之,化而善良者以千数。每秋获毕,群弟子班荆趺坐,论学数日,兴尽则拿舟偕之,赓歌互咏。如别林聚所,与讲如前。逾数日,又移舟如所欲往,盖遍所知交居村乃还。翱翔清江,观闻者欣赏若群仙子嬉游于瀛阆间也。"①黄宗羲在《明儒学案·泰州学案》中也描述了乐吾讲学的情形:"秋成农隙,则聚徒讲学,一村既毕,又之一村,前歌后答,弦诵之声洋洋然也。"②韩贞的人品学行和他们开展的儒学活动,很受百姓称誉,"泰州民葛成,年七十矣,止一九岁子,因逋官租,携儿卖市中。遇先生,得其情,即出嫁女买布金、二镮与之,命携儿归。州民闻之,来延先生。至其境,从者千余家。中有持白莲左道者,先生作诗谕之曰:'孔颜尧舜道为尊,只在寻常孝弟中。宇宙灭伦皆佛教,乾坤建极几贤人。异言邪行何时息,正学中行甚日新。地狱天堂皆自误,恐遗身后误儿孙。'于是各焚彼道经册,数年之内,男女有别,人皆向正。号为'海边夫子'"③。

韩贞的平民性格,使他自然注重王艮所提倡的"百姓日用之学",而不喜欢那种专重书本的经生儒学。他"尝与诸名公卿会论学,间有谈及别务者,辄大噪曰:'光阴有几?乃为此闲泛语!'或称引经书相辩论,则又大恚曰:'舍却当下不理会,乃搬弄此陈言,此岂学究讲肆耶!'诸名公咸为悚息。识者谓其气冲牛斗,胸次怡怡,号曰'乐吾',不虚云"④。韩贞以平民百姓为本位,认为唯有有利于百姓日用的学问,才是符合圣人之道的真学问,反对讲学时寻章摘句,作"学究讲肆",讲无关于百姓日用的"闲泛语"。他在《勉朱平夫》诗中说:

    一条直路与天通,
    只在寻常日用中。
    静坐观空空无物,
    无心应物物还空。
    固知野老能成圣,

---

① 傅秋涛点校:《耿定向集》下册,华东师范大学出版社2015年版,第547页。
② 黄宗羲:《明儒学案》,第720页。
③ 许子桂等:《乐吾韩先生遗事》,《颜钧集》附《韩贞集》,第192页。
④ 傅秋涛点校:《耿定向集》下册,华东师范大学出版社2015年版,第548页。

谁道江鱼不化龙？
自是不修修便得，
愚夫尧舜本来同。①

　　韩贞从尧舜与愚夫，亦即圣凡先天平等的原则出发，推论出乡村野老也能够成为圣人，从而勉励村野平民领悟个中道理，振作起来，由凡入圣。韩贞希冀以先天的平等取代现实的不平等，这在很大程度上虽然只是一种幻想，却不失为对卑贱者的一种思想启蒙。李颙谓："以陶工而挺身号召，随在提撕，翕然孚化者至千余人，非其与人为善之诚，乌能如是？使士之知学者类皆如韩，则斯道何患不若昼日，世风何患不若陶唐耶！"②

　　韩贞生前早已成为著名儒者，但他始终保持着平民本色，既不愿"并列衣冠"，与当政者站在一起，亦不仰视名贤巨儒，无意于跻身上层精英行列。"先生从事心斋时，海内名士共学者，如唐公荆川、罗公念庵、王公龙溪、欧阳公南野、邹公东廓、董公萝石、李公石麓，皆海内名贤，咸与先生同门分席，后诸公登第居要，各致书币相征，而先生辞币受书，动辄以自修不及为愧，愿诸不负所学为望答之，竟不一见也"③。李春芳"未及第时，同游心斋王先生门，休沐在里，造其庐，访之。先生谓曰：'公以书生中状元，书生知遇之极也；以状元为宰相，人臣知遇之极也。山林、庙廊，岂两事耶！愿公与人为善，使匹夫匹妇化为尧舜之民，则今日状元宰相，当为万世状元宰相，可谓不负知遇之极矣。'文定公为之首肯"④。"直指某者，闻先生贤，造其庐。先生送之，及门而止。直指恶其简，意殊不快。遣一吏伺之，见先生鹄立门内，询其故，对曰：'予分民也，不敢以主人自处，以客礼送大人，今特心送耳。'吏还白，直指为之增敬"⑤。兴化县令程某请他参加乡饮，他致书辞谢，说："某鄙陋之夫，素疏礼仪，承明府作养，自愧自责不遑，焉敢妄列衣冠，有负明典。惟愿明府推爱某一念达之群庶，使人人户户知孝知

---

① 《颜钧集》附《韩贞集》，第180页。
② 《二曲集》卷22《观感录》，第282页。
③ 许子桂等：《乐吾韩先生遗事》，《颜钧集》附《韩贞集》，第193页。
④ 许子桂等：《乐吾韩先生遗事》，《颜钧集》附《韩贞集》，第195页。
⑤ 许子桂等：《乐吾韩先生遗事》，《颜钧集》附《韩贞集》，第194页。

弟，为忠为信，则人人乡饮，户户乡饮，政平讼息，俗美化成。"① 总之，诚如许子桂等在《乐吾韩先生遗事》编后识曰："先生道范格言，当不止此。然先生所为，大都于世法不合，且以一布衣处陇亩间，故人多不乐传，而仅仅止此也。虽然，譬之凤一毛、豹一斑，谓不足见先生可乎！"②

（六）王衣

王衣（1507—1562），字宗乾，号东堧，心斋之长子。他幼奉庭训，甫弱冠，与其仲弟东厓随心斋游会稽阳明山中。从学阳明弟子魏良政，期年而气宇雍容，学颇有成，善王草书，绝肖王文成体，并与越中会致良知之学，甚受阳明赏识。据袁承业撰《明王东堧先生传》：

> 及文成起南征，心斋归里省亲，先生亦随之而归，理家政，督耕煎，裕生计，供父游览之需，不使父有内顾之忧。未几，四方志士从学于心斋之门者日众，先生供茗馔、设坐具，无所不至。心斋颇虑先生为家累夺其向学之志。时，道州有周合川者亦以令试下第来从心斋学，留门下数年不去，与先生旦夕切砥，甚洽益，骎骎乎其入道矣。
>
> 心斋既殁，而先生率诸弟悟"物有本末"之旨，以讲明先人"格物致知"之说，于是游学四方，所至屦恒满户外，不坠家声。有客为先生兄弟惜曰："贤昆季才品学术皆足用于世，胡不早事举子业？"先生曰："吾兄弟谨守先君子之训，'至尊者道，至尊者身'，弗先慎乎德而苟于从事，可乎？"盖其秉性刚直，不乐于俯仰人世，惟兢兢于学，甘老林下，所谓遁世无闷者欤！

观其一生，"不阿谀，绝外诱，甘恬退，励清修卓然，君子人也"③。他的儿子之垣，原名士蒙，字得师，号印心。赋性耿介，制行端方，克绍家学，笃伦纪，师仲父东厓先生。年弱冠，补博士弟子员，旋以《诗经》廪郡庠。娶陈氏，年十九，

---

① 许子桂等：《乐吾韩先生遗事》，《颜钧集》附《韩贞集》，第192—193页。
② 《颜钧集》附《韩贞集》，第195页。
③ 袁承业辑编：《明儒王东堧、东隅、东日、天真四先生残稿·附录》，东台袁氏刻本。

病瘵瘘，目双瞽。陈欲为畜妾，之垣力辞，未几，生子元鼎。陈早卒，鳏居二十四年，题其寝室曰："松作正人不妨霜雪，莲为君子亦自污泥。"遂终身不娶。尝游闽、越、吴、楚之间，访先人讲学之迹，晚年纂修《族谱》以竟先志。

（七）王褆

王褆（1519—1587），字宗饎，号东隅，心斋第三子。幼与诸兄奉庭训，稍长，随父游浙江，从山阴王龙溪学，阅数载，卒业归。赋性方刚，接人严介，善诗歌，精翰墨，守家学，乐天伦，兄倡弟和，师友一堂，时时有济人利物之怀。隆庆三年秋，海溢潮高丈余，洪泽湖河沟堰同时决口，下游州县均成泽国，吾乡人民溺死无算。而先生鬻产捐赈，暂止里民之饥，复曰："吾资有限，此不过以济燃眉，非常策，且灾地甚广，不能仅救一隅耳！"故作《水灾吟》二百余言，赴南直都城，且歌且劝，以动四方殷实士夫出资助赈，活者无算。明年，创义仓，防将来之歉岁；立宗会，保宗族之散亡。故而很获时人感激称颂。生平著述甚富，有诗集行世，读其辞，风雅宜人，深入三唐门径。晚年每虑及先公心斋之行谊、学术久没不彰，与其兄东厓、弟东日以及四方先公高足弟子，编辑《年谱》，较雠锓梓焉。又著有《先公语录私绎》，乞叙于德清许侍郎敬庵及永丰兵科给事中聂子安。子安叙略曰：

> 先师心斋先生遗录《私绎》者，其三子东隅有闻先师之学，绎其旨而将以传者也。绎而曰私，何也？东隅自道义也，盖谓绎之者，一人云耳，未敢遽公于天下也。更观东隅之言论，作止宛然师承，间有发明，罔非精蕴。余即庸鲜，殆有深契于衷者。窃幸斯文未坠，继述有人。因据遗录朝夕商订，而东隅条分缕析，亹亹无倦，微言奥旨，研究莫遗，诚可以羽翼明训，祛除俗学卒强。东隅条而绎之，将锓诸梓以贻同好。①

敬庵叙略曰：

---

① 袁承业辑编：《明儒王东堧、东隅、东日、天真四先生残稿》，东台袁氏刻本。

东隅君乍与之交，其家风伟然可见，然而心斋先生之学术皆未及深究也。顷者，予归山中，东隅君偶至，得以攀留旬日，相与坐清流之畔，陟飞云之巅，展览退思，情怡心旷。因极究先生所谓格物之学，而东隅君亦剖肝露胆，为我陈之。其言精粗高下，隐微缓急，杂然不齐，而要皆发于先生之蕴。先生《遗录》之语，余尝有疑而未达者，始得一一印证，豁然贯通，余于是益信先生之学，其真得孔子之传者也。①

由此可见东隅克承家学之一斑。惜今《语录私绎》原书无存，当时有目之者曰："东厓一个明道，东隅一个伊川。"可谓知言。

（八）王补

王补（1523—1571），字宗元，号东日，心斋四子。赋性敏捷，器宇俊雅，幼受庭训，父卒后从学心斋门人、丹徒（今属江苏）朱锡（号圜泉，生卒不详）。朱授漳州教谕，东日亦随往受学。道经闽越之间，每于父兄有学谊者无不往谒请益，尽识东南一时之贤豪。卒业归里。书无所不读，盖天文、地舆、绘图、算数亦无所不精。尤善诗歌，所作古今体诗，上祖风骚、下宗唐律，一时学者多称之。以布衣讲学乡里，像其父兄一样终生保持平民儒者风范。他本着儒家仁爱情怀，关注民众疾苦，安危定难、请赈救荒，隆庆己巳，洪水泛滥，受害甚巨。其三兄东隅作《水灾吟》以劝四方，他本人则作《浍水赋》以导乡人；一守一行，上下劝导，助赈多多，活饥民者无算。远近士夫咸赞淮南善士尽出王氏一家。生平著有《周易解》，已散失；有《诗集》行世，今所存者亦不完备。②

清末袁承业在编校《心斋遗集》过程中，"从王氏族谱暨诸集中搜得心斋长子东堧诗八首，解、论各一篇；三子东隅诗歌九十三首，序、文各一篇；四子东日诗歌五十四首，解四章，赋三篇，序一篇（杂咏五首已采入《东厓集》）；曾孙天真诗歌杂咏十六章，萃成一册，题曰《明儒王东堧、东隅、东日、天真四先生残稿》，补撰四传列于卷端"③。他在序中慨曰："前明以来，以理学世其家者，未有

---

① 袁承业辑编：《明儒王东堧、东隅、东日、天真四先生残稿·附录》，东台袁氏刻本。
② 袁承业辑编：《明儒王东堧、东隅、东日、天真四先生残稿》，东台袁氏刻本。
③ 袁承业辑编：《明儒王东堧、东隅、东日、天真四先生残稿》卷首《序》，东台袁氏刻本。

如心斋一家之盛者。心斋生五子，皆能承其家学，不习举业；若孙、若曾孙又能学继其后，矗矗勿替，新新无已，可谓盛矣！"①

三　王门诸子在泰州的讲学等活动

在晚明阳明后学中，王艮威望很高，被誉称为崛起海滨的圣人；他开创的泰州学派，在当时影响甚大。这使得泰州这个原本偏于一隅且极贫困的地方，引起时人的高度关注，赢得了东海邹鲁、东南洙泗的美誉。许多阳明学者亲临此地，开展讲学等活动，泰州因而成为晚明王学运动中的重要地域之一。兹仅择其要者略述于下。

嘉靖五年秋，阳明门人王臣（字公弼，号瑶湖）任守泰州，建安定书院。礼聘王艮主其教事，"令诸士师事王心斋，一时江北淮南仰泰州为北斗"②。王艮"作《书院集讲记》与诸友"③，又作《安定书院讲学别言》，曰：

> 昔宋安定胡先生，泰州人也，有志于学，一乡崇祀，为百世师，况天下之至善乎？今豫章瑶湖王先生，予同门友也。学于阳明先生，遵良知、精一之传，来守是邦，以兴起斯文为己任，构成安定书院，召远近之士居而教之，是一时之盛举也。予家居安丰，去此百里许，亦承其召而往学焉。④

不久，王臣离任北上，心斋作《明哲保身论》赠之，云：

> 明哲者，良知也；明哲保身者，良知良能也。所谓不虑而知，不学而能者也。人皆有之，圣人与我同也。知保身者，则必爱身如宝。能爱身则不敢不爱人，能爱人则人必爱我，人爱我则吾身保矣。能爱人则不敢恶人，不恶人则人不恶我，人不恶我则吾身保矣。能爱身则必敬身如宝，能敬身则不敢不敬人，

---

① 袁承业辑编：《明儒王东崖、东隅、东日、天真四先生残稿》卷首《序》，东台袁氏刻本。
② 《新修南昌府志》卷十九。
③ 王艮：《王心斋全集》卷3《年谱》，陈祝生等校点，江苏教育出版社2001年版，第72页。
④ 王艮：《王心斋全集》卷3《年谱》，第28页。

能敬人则人必敬我，人敬我则吾身保矣。能敬身则不敢慢人，不慢人则人不慢我，人不慢我则吾身保矣。此仁也，万物一体之道也。以之齐家，则能爱一家矣。能爱一家，则一家者必爱我矣；一家者爱我，则吾身保矣。吾身保，然后能保一家矣。以之治国，则能爱一国矣。能爱一国，则一国必爱我矣；一国者爱我，则吾身保矣。吾身保，然后能保一国矣。以之平天下，则能爱天下矣。能爱天下，则天下凡有血气者莫不尊亲；莫不尊亲，则吾身保矣。吾身保，然后能保天下矣。此仁也，所谓至诚不息也，一贯之道也。人之所以不能者，为气禀物欲之偏。气禀物欲之偏，所以与圣人异也。与圣人异，然后有学也。学之如何？明哲保身而已矣。知保身而不知爱人，必至于适己自便，利己害人。人将报我，则吾身不能保矣。吾身不能保，又何以保天下国家哉？此自私之辈不知本末一贯者也。若夫知爱人而不知爱身，必至于烹身割股，舍生杀身，则吾身不能保矣。吾身不能保，又何以保君父哉？此忘本逐末之徒，其本乱而末治者，否矣。故君子之学，以己度人。己之所欲，则知人之所欲；己之所恶，则知人之所恶。故曰有诸己而后求诸人，无诸己而后非诸人，必至于内不失己、外不失人，成己成物而后已。此恕也，所谓致曲也，忠恕之道也。故孔子曰"敬身为大"，孟子曰"守身为大"，曾子启手启足，皆此意也。①

嘉靖十五年，御史洪垣（字峻之，号觉山）为王艮讲学而在泰州东台安丰场建构东淘精舍。《心斋年谱》"嘉靖丙申十五年"条记："洪觉山访，先生与论简易之道。觉山曰：'仁者先难而后获。斯其旨何也？'先生曰：'此是对樊迟语。若对颜渊，便谓一日克己复礼，天下归仁。却何等简易！'……为构东淘精舍数十楹，以居来学。"② 王艮在此开门授徒，传扬阳明心学，四方学者闻风而至，逐渐形成以"百姓日用之道"为宗旨的泰州学派。③ 王艮在东淘精舍讲学期间，曾作《勉仁方》教诲诸生。王艮去世后，王襞、王栋等承其传，在此继续致力于平民儒学的传播与推广。迨至清同治十三年，陈宁、丁景堂继承东淘精舍的精神传统，创办淘水书院，光绪年间改为安丰慈善蒙学堂。

---

① 《王心斋全集》卷1《语录》，第29—30页。
② 《王心斋全集》卷3《年谱》，第74页。
③ 心斋弟子董燧、聂静、罗楫、朱锡、董高、喻人俊、喻人杰等先后在东淘精舍受学于心斋。

嘉靖十七年，御史陈让巡按维扬，欲亲往泰州拜访王艮，但"病目不得行"，故特作歌遣使送给心斋，曰"海滨有高儒，人品伊傅匹"云云。王艮读之，笑谓门人曰："伊、傅之事我不能，伊、傅之学我不由。"门人问曰："何谓也？"王艮曰："伊、傅得君可谓奇遇，如其不遇，终身独善而已。孔子则不然也。"①

嘉靖十八年，御史吴悌（字思诚，号疏山）任两淮巡按，督盐政，专至安丰访谒心斋，晤谈三日夜，畅论良知之学。后疏荐心斋于朝，未果。同年冬，罗洪先（字达夫，号念庵）北上京师赴任途中，特至泰州安丰场拜访王艮，与心斋及其弟子徐樾、林春等论学。《心斋年谱》记：

> 吉水罗念庵、洪先造先生处，林子仁率同郡诸生，黎洛溪率邑诸生，并集先生堂上，先生以病不能出。念菴就榻傍，述近时悔恨处，且求教益，先生不答。但论立大本处，以为能立此身，便能位天地育万物，病痛自将消融，且曰："此学是愚夫愚妇能知能行者。圣人之道不过欲人皆知皆行，即是位天地育万物把柄，不知此，纵说得真，却不过一节之善。"明日复见，因论正己正物，先生曰："此是吾人归宿处。凡见人恶，只是己未尽善。若尽善，自当转易。以此见己一身不是小，一正百正，一了百了，此之谓通天下之故，圣人以此修己以安百姓而天下平。得此道者，孔子而已。"念庵谓东城曰："余两日闻心斋公言，虽未能尽领，至正己物正处，却令人洒然有鼓舞处。"是夕，欲别去，先生留之，复与论"仁之于父子"一段曰："瞽瞍未化，舜是一样命，瞽叟既化，舜是一样命。可见性能易命也。"②

洪先别后，心斋"作《大成歌》，寄赠念庵。其略曰：'始终感应如一日，与人为善谁同之？尧舜之为乃如此，刍荛询及复奚疑？我将大成学印证，随言随悟随时跻。只此心中便是圣，说此与人便是师。至易至简至快乐，至尊至贵至清奇。随大随小随我学，随时随处随人师。掌握乾坤大主宰，包罗天地真良知。自古英豪谁能此？开辟以来惟仲尼；仲尼之后微孟子，孟子之后又谁知？'"③

---

① 《王心斋全集》卷3《年谱》，第75页。
② 《王心斋全集》卷3《年谱》，第76页。
③ 《王心斋全集》卷3《年谱》，第75页。

颜钧在嘉靖十八年即因徐樾引荐而至泰州安丰场,"入淘东师祖王心斋坛上,规受三月,乐学大成正造,快遂自心,仁神闻奥,直任夫子至德要道,以仁天下人心"①。其《自传》说:"师事(徐樾)三年,省发活机,逢原三教,自庆际缘,何往不利,师亦钟爱,可与共学。适道命违左右,印正淘东波师师曰王心斋之门(原注:句)。心斋,讳艮,字汝止,安丰盐厂人。铎历历呈叩,心师申申振铎曰:'孔子学止从心所欲不逾矩也。矩范《大学》、《中庸》作心印,时运六龙变化为覆载持帱以遯世。子既有志有为,急宜钻研此个心印,为时运遯世之造,会通夫子大成之道,善自生长收藏,不次宜家风乡邦及国而天下也,亦视掌复如子之初筮萃和会三月矣。'如此从两师,往回竟四年,乐遂中和位育之御极。"② 二十年,他在江西闻王艮讣音后,即从长江历金陵、赴泰州,祭拜王艮祠墓。庐墓三年,并聚友千余,晰辨大学中庸之学。门人吴焕文《纪游》一文说:"时闻心斋师祖讣音,子哭之恸者屡辄食矣。乃喟然叹曰:'文王既没,文不在兹乎?'闾闾然有四方之志,而从者未之信。不逾年,从长江历金陵,竟谒师墓,大会治任者、筑场者、为江汉秋阳之议者。夫子心知继承之在我,有如破头之衣钵,非曹溪其谁归?"③ 二十三年,颜钧又偕刚进士及第的弟子罗汝芳专程到泰州,祭拜心斋,并在心斋祠聚集同志,会讲半月,"洞发心师传教自得《大学》《中庸》之止至,上格冥苍,垂悬大中之象,在北辰圆圈内,甚显明,甚奇异。铎同近溪众友跪告曰:'上苍果喜铎悟通大中学庸之朏灵,乞即大开云蔽,以快铎多斐之恳启。'刚告毕,即从中开作大圈围,围外云霭不开,恰如皎月照应。铎等纵睹渝两时,庆乐无涯,叩头起谢师灵。是夜洞讲辚辚彻鸡鸣,出看天象,竟泯没矣。嗣是,翕徕百千余众,欣欣信达,大中学庸,合发显比,大半有志欲随铎成造。若师嗣王襞,亦幡然信及父师学脉"④。

据邓豁渠《南询录》,他于嘉靖三十一年二月访王东厓,参与了当地的讲学活动,亲身感受到"心斋之风犹存":"是会也,四众俱集,虽衙门书手,街上卖钱、

---

① 颜钧:《履历》,《颜钧集》,第35页。
② 《颜钧集》,第25页。
③ 《颜钧集》,第77页。
④ 颜钧:《自传》,《颜钧集》,第25—26页。

卖酒、脚子之徒，皆与席听讲。乡之耆旧率子弟雅观云集。王心斋之风犹存如此。"①

嘉靖四十四年，督学南畿的耿定向建吴陵书院，专祀王心斋。隆庆二年，致仕归里的王栋，虽清贫如洗，却仍乐学不倦，创归载草堂，开门授徒，传扬心斋百姓日用之学，远近信从者甚众。他自著《会语正集》外，又与宋仪望、聂静、董燧、郭汝霖等反复商正，编定付梓《心斋语录》，此即今中国科学院图书馆所藏明刻本《重刻心斋王先生语录》二卷。这更扩大了王艮及其所创泰州学派的思想影响。

综上所述，王艮所开创的泰州学派，是在中晚明特定社会背景下，在阳明心学深刻影响下，逐渐发展起来的与以官方儒学、士绅儒学等为主要表现形式的正宗儒学迥然有别的平民儒家学派。它为中国思想史上留下了浓墨重彩的一页。

---

① 邓红校注：《〈南询录〉校注》，武汉理工大学出版社2008年版，第29—30页。

王艮专题

王艮"明哲保身"说的历史叙事

胡发贵[*]

摘　要："明哲保身"是明代思想家王艮竭力提倡的著名概念。从历史的视域来观察"明哲保身"说，可以发现这一主张背后所隐伏的丰富的历史信息和社会状貌，它们共同酝酿、结蒂出了"明哲保身"论。换言之，这一主张宛如一个棱镜，在历史的叙事下，分别呈现出了明代仕宦的风险，家族利益冲突下的遗孤之虞，灶民的悲惨境遇。它们或微观，或宏观，但都指向了历史的真实和历史的细节；在此历史的镜像中，不仅有利于更好地理解"明哲保身"这一观念本身，也有利于更深入、更恰切地把握王艮思想的平民性和人文性。

关键词：王艮　明哲保身　历史叙事

"明哲保身"说，其来有自。《诗经·大雅·烝民》有"既明且哲，以保其身"之咏，以赞贤相仲山甫的明达智慧。对保其身谓明、哲，朱熹在《集传》中有这样的解释："明，谓明于理；哲，谓察于事；保身，盖顺理以守身，非趋利避害，而偷以全身之谓也。"后来孔、孟、荀都有或直接或间接的讨论，《中庸》更有具体的引用与发挥："是故居上不骄，为下不倍，国有道其言足以兴，国无道其默足以容。诗曰'既明且哲，以保其身'，其此之谓与！"在王艮留下不多的文字中，对此"明哲保身"说，可谓尤为着意，如在对经典的解释中，在给弟子的书信中，他反复宣扬、阐发这一概念。如"止至善者，安身也，安身者，立天下之

---

[*] 胡发贵，江苏省社会科学院哲学与文化研究所所长、研究员。

大本也。"① 又如："修身，立本也，立本，安身也，安身以安家而'家齐'，安身以安国而'国治'，安身以安天下而'天下平'也。故曰'修己以安人'，'修己以安百姓'，'修其身而天下平'。不知安身便去干天下国家事，是之谓'失本'也。就此失脚，将或烹身、割股、饿死、结缨，且执以为是矣。不知身不能保，又何以保天下国家哉？"② 通观王艮的"明哲保身"说，其除了对先哲往贤的思想继承与发挥外，更直接而敏感的是对当时社会现实生活的感触，其间融糅了其特别的历史观察和身世感受，这可谓是理解王艮"明哲保身"说的切近而实在的视角。本文拟就此试加叙述。

一　保重与保身

"明哲保身"说，散见于《王心斋全集》中语录、书信和诗歌中，而集中表现在他写给同门的临别赠言，其间有代表性的一篇文字就是《明哲保身论》，副题"赠别瑶湖北上"。瑶湖即是王瑶湖（1493—1552），名臣，号瑶湖，江西南昌人。他曾从学阳明，后为泰州太守，请王艮主讲安定书院。嘉靖五年他升任刑部员外郎，北上赴任之际，王艮作此文送别。内称：

> 故孔子曰"敬身为大"，孟子曰"守身为大"，曾子"启手""启足"，皆此意也。古今之嘱临别者，必曰"保重"。保重，谓保身也。有保重之言，而不告以保身之道，是与人未忠者也。吾与瑶湖子相别，而告之以此者，非瑶湖子不知此而告之，欲瑶湖子告之于天下后世之相别者也。是为别言。③

年谱说，这一年王艮四十四岁。因王瑶湖主政泰州，"会诸生安定书院，礼先生主教事，作《安定集讲说》"。彼此密切交往，疑义相析，情谊很深。王艮作此文，当然是感怀送行，而突出"保身"意，据《年谱》所述，是激于"时同志在宦途，或以谏死，或谴逐远方，先生以为身且不保，何能为天地万物主，因瑶湖北

---

① 王艮：《王心斋全集·语录》，陈祝生等校点，江苏教育出版社 2001 年版，第 30 页。
② 王艮：《王心斋全集·答问补遗》，第 30 页。
③ 王艮：《王心斋全集·明哲保身论》，第 30 页。

上，作此赠之"。揆诸历史，《年谱》作者所见，洵然有据；换言之，王艮之强调"明哲保身"，亦出于对仕途险迫的感慨。其近的例子是同门邹守益的遭遇。明嘉靖三年二月，朝廷发生了争论世宗生父尊号的事件，史称"大礼议"。邹守益上疏力谏，指出世宗的行为违背礼教古训，要求世宗纠正错误，信用忠臣。此番言论不幸触犯世宗，被下诏狱严刑拷打，继而被贬为广德州判官。后来他建复性书院，曾延王艮讲学，王作《复初说》答之。有这种交往，王艮当然会知悉邹因谏而蒙祸的事，而对"同志"此事也不能有所感慨。当然，因"大礼议"而牵涉的官员很多，下狱的大臣130人，五品以下受廷杖的180多人，致死17人。史称："自大礼议起，凡偶失圣意者，遭谪之，鞭笞之，流窜之，必一网尽焉而后已。"① 此种大规模大臣受辱情形，想自称为"东西南北之人"的王艮，不会不知情。

"同志"同学的遭遇如此，他敬仰的老师王阳明，更是一生多磨难。他早年因抗旨救戴铣等人，触怒了刘瑾，被廷杖四十，贬谪贵州龙场为驿丞。途经杭州钱塘江时，又遇刘瑾派出的刺客谋杀，多亏他机智假装溺水逃脱。阳明创立心学，但却不断遭受权贵们的指责、讽刺，如抨击他不守师法，背离程朱理学，讥他的"心学"标新立异、哗众取宠，只不过是求新奇的"新学"而已。在给明代另一位大儒罗钦顺的一封信中，王阳明颇有感慨地写道："而数年以来，闻其说而非笑之者有矣，诟訾之者有矣，置之不足较量辨议之者有矣。"② 招惹得"天下谤议益众"③。王阳明虽有平定漳南、横水诸地"匪祸"的功劳，还有平宁王宸濠叛乱之功，但竟有人诬称他暗通宁王，只是估计宁王必败，故起兵讨之。后来朝廷对他有功赏，"然不予铁券，岁禄亦不给"，只空予个"新建伯"的封号。史称阳明"一屈于江西，再屈于两广"，有功不录，有绩不赏，令忠臣心寒，阳明自己也"愤甚"！④ 不仅如此，史称他甚至还面临过生死存亡的灭顶风险，"往年驾在留都，左右交谮某于武庙，当时祸且不测。僚属咸危惧，劝其图自解。阳明云：君子不求天下之信己也，自信而已。"⑤

---

① 《明史》卷280《余珊传》，中华书局1974年版，第5498页。
② 王阳明：《王阳明全集》，上海古籍出版社1992年版，第78页。
③ 王阳明：《王阳明全集》，第116页。
④ 王阳明：《王阳明全集》，第1541页。
⑤ 王阳明：《王阳明全集》，第207页。

稍早的还有因谏而遇害的方孝孺（1357—1402）。他拒绝为发动"靖难之役"的燕王朱棣草拟即位诏书，始终不屈，后被凌迟杀害于南京聚宝门外，朱棣又灭其十族，共计873人。此事王艮虽未亲见亲历，但时隔不远的如此酷烈故事，他当然有所耳闻；况且他又多次于南京停留、讲学，方氏蒙难故事，必使其有所深思。

除身边事外，远古和近古仕宦的危机，王艮也有所留意和讨论。弟子所集"语录"中，有这样的记载："微子之去，知几保身，上也；箕子之为奴，庶几免死，故次之；比干执死谏以自决，故又次之。孔子以其心皆无私，故同谓之'仁'，而优劣则于记者次序见之矣。"① 文中这三位，孔子曾有"三仁"的表扬，"微子去之。箕子为之奴。比干谏而死。孔子曰：'殷有三仁矣。'"（《论语·微子》）这三仁的故事，于事有据，有可靠的历史记载。《史记》载："纣愈淫乱不止。微子数谏不听，乃与大师、少师谋，遂去。比干曰：'为人臣者，不得不以死争。'乃强谏纣。纣怒曰：'吾闻圣人心有七窍。'剖比干，观其心。箕子惧，乃详狂为奴，纣又囚之。殷之大师、少师乃持其祭乐器奔周。周武王于是遂率诸侯伐纣。纣亦发兵距之牧野。"（《史记·殷本纪》）孔子统赞之为仁，王艮则从中见出更优的排序，他认为比干惨烈牺牲，箕子多苦难，而微子提早全身退出。显然对微子"保身"之举，王艮最为赞赏和推崇。王艮语录中还有这样的议论记载："不知安身便去干天下国家事，是之谓'失本'也。就此失脚，将或烹身、割股、饿死、结缨，且执以为是矣。不知身不能保，又何以保天下国家哉？"② 文意是说必须先保身，然后才能保天下国家。文中"烹身"，事见《史记·晋世家》，指太子申生守孝道而反遭杀害；"割股"事见《东周列国志》，指介子推割股啖君；"饿死"事见《史记·伯夷列传》，伯夷、叔齐不食周粟，饿死首阳山下；"结缨"事见《史记·仲尼弟子列传》，子路在战斗中为保持儒者形象，整衣冠结缨而死。

上述这些亲见、闻见、知见的故事，均揭示仕宦或带来生存危险，换言之，"身"可能面临政治权力的戕害。这可谓是王艮"保身"说的一种历史起因，因为他在《明哲保身论》中，特别讲到"保身"与"保重"的一致关系："古今之嘱

---

① 王艮：《王心斋全集·语录》，第30页。
② 王艮：《王心斋全集·语录》，第30页。

临别者，必曰保重。保重，谓保身也。"① 所谓"保重"，其意不外是努力维护自身的安全，竭力免除官场权力的加害。而事实上这种权力的经常性的肆虐以及士子受到的摧残，更加突出并证实了"保身"之吁的重要及合理。

二 保孤与保身

当然，细绎《王心斋全集》，触发或者说强化王艮"保身"说的，还有其他一些现实的原因，揭示这些原因，对理解王艮何以倡言"明哲保身"说，或有探触历史隐微处的真切性。

首先，保孤触动保身。

王阳明过世时，王艮曾远道迎灵，并倾心料理老师的后事。在此过程中，王艮强烈感觉到老师的突然病故，使家庭关系一下变得复杂起来，当时阳明幼子王正亿才两岁，在此变故中一下陷入不测中。老师遗孤的险境，突出幼小生命存亡安危的风险。在写给同门薛中离的信中，这种担心倾泻而出：

> 别后先师家事变更不常，其间细微曲折，虽令弟竹居先生耳闻目击，于此犹未知其所以然也。盖机不可泄，故向尝请先师立夫人以为众妇之主。师曰："德性未定，未可轻立。"请至再三，先师不以为然者，其微意有所在也，正恐诸母生子压于主母而不安，则其子之不安可知矣。我辈不究先师渊微之意、远虑之道，轻立吴夫人以为诸母之主，其性刚无容，使正亿之母处于危险之地，无由自安。母固如此，亿弟又何以安哉？遂使亿弟陷于五妇人之手，当时太夫人、伯显因汪白泉惩戒之后，誓不入先师家内，其危险至此，幸得欧南野至越与乐村约斋商量，拯救至南都。白与黄久庵、何善山召弟商议，人谋鬼谋已定，又得王瑶湖赞决李约斋之力，遂拔正亿出危难险，遂得翁婿相处，吾辈之心安矣。后陈吴二夫人送归，各得其所矣。其后吴夫人只可还归原职，盖三从之道姑叔门人不与焉。我辈正当任错改之，使吾亿弟后无魔障可也。此便是复焉执焉之道，无负于先师先觉之明也。此又在于吾兄消息权度之力焉，非区

---

① 王艮：《王心斋全集·语录》，第30页。

区所能与也。其不知此意者，遂诽谤日甚，虽有一二同志亦操戈入室矣，而况他人哉？此微意岂能一一遍告，使之知其所以然哉。故曰：吉凶悔吝，生乎动吉，一而已，可不慎乎？①

信中大意是说，立吴夫人为"诸母之主"后，由于其性格的欠缺，使正亿的生母可能受欺凌，而正亿也会受牵累，于是正亿的外舅、阳明的几位弟子，为不负先师，于是合谋协力强行将正亿带出抚养。文中所谓"拯救至南都"，"遂拔正亿出危难险"，"后无魔障可也"等表述，都刻画并凸显出正亿的困境与危险。

而在写给同门欧阳南野的信中，王艮更是流露出强烈的保护"先师一脉之孤"的意愿："贵乡里曾双溪至，知久庵公丁忧，正亿弟随归。初，公言以死保孤，于今日事势，不知果能终其所愿否也？过越，恐伯显老夫人相留，未知如何处之。望兄与龙溪兄扶持，豫谋万全之策，以保先师一脉之孤。如何？如何？"②文中"以死保孤"云云，是引用欧阳南野的话，信中再说及此，也是意在强化和提醒对正亿的保全是何等重要而紧迫；而欧阳南野有如此决绝的表达，也显示出同门们对正亿的险境，都有切身的体认和感觉，而且也确实比较危急，所以才会有"以死保孤"的话。而王艮所谓的"以保先师一脉之孤"，正是力图化解正亿面临的威胁和危险，身离险境，安身而保身，如此方能真实而真切地实现老师血脉绵延。设若正亿有不测，身之不存，则阳明先生血脉安在？这种对先师的忠诚所生发的"护孤"冲动，是王艮力倡"明哲保身"论的至为系念的现实成因。

其次，保康指向保身。

除了上述考量，生命本身的脆弱，也是王艮力倡"明哲保身"的另一大隐因。据《年谱》载，王艮14岁那一年母病逝，"母孺人汤氏卒，居丧哭泣甚哀"③。这对于极重孝亲的王艮来说，当有刻骨铭心的伤痛。王艮父亲虽享高年，但一生也曾饱受病痛折磨。据《年谱》和《心斋先生学谱·传纂》，王艮35岁那一年，父亲罹患严重痔疮，痛苦不堪，为减轻父亲痛楚，他甚至口吮痔血："守庵公患痔，痛

---

① 王艮：《与薛中离》，《王心斋全集·尺牍论议补遗》，第60—61页。
② 王艮：《与欧阳南野》，《王心斋全集·尺牍论议补遗》，第61页。
③ 王艮：《王心斋全集·年谱》，第67页。

剧，先生傍徨侍侧，见血肿以口吮之。公瞿然曰：儿何至此？"① 王艮这种超出常情的过激之举，显然是不忍父亲身体遭受摧残，骨子里是悲悯父亲生命的苦难，用他的话说，是希冀生命"活泼泼"的存在与呈现；而要实现"活泼泼"的生命展现，其前提当然离不开保身，只有身的康健，才会有生命的快乐绽放。而王艮自身患病的经历，或更强化了这一信念。二十三岁那一年，他到山东经商，不幸染疾，后从医家受"倒仓法"②，很快痊愈，此后他"乃究心医道"。王艮之所以用心和留心医学和医术，直接原因是对"倒仓法"解除病痛的好奇，而更紧要的是"医道"所带来的对健康的护卫和保障，即它能保身，而肉身凡胎的人必须有这一层保护，才能祛病康体。如果说病直接是对身体的折磨与伤害，那么有此经历和痛楚的人，自然会倍加珍惜身的健全，所以说病从反向揭示了"保身"的可贵性。因此，家人和自己的病痛经历，具体而实证地喻示了"保重"以"保身"的紧要性。

三 保民与保身

显然上述是微观的，想它给王艮的刺激是具体而真切的；不过作为那个时代的富有使命感的思想家，他从底层人民的处境，更为宏观地读出了保身的意义，此即保民。

"明哲保身"提出的另一大现实原因，是对人民生活困苦、艰辛的痛楚的悲悯。王艮出生于泰州安丰场的"灶丁"即盐工之家。其初见阳明诗"孤陋愚蒙住海滨"即意此。据《年谱》记载，"父灶丁"，是"煮海"的盐工。家庭贫苦，王艮"七岁受书乡塾，贫不能竟学"。

盐是日常生活必不可少，但盐工却是地位低下。古代常以犯人或流放的罪人充之，煮盐者均入"灶籍"，世代因袭。在宋代，地位较为低下的是所谓"三籍"，分别为军籍、匠籍、灶籍，灶籍就是盐民，是三籍中最没有地位的。灶民生产环境非常恶劣，日晒雨淋，劳作强度又大。历史上有许多文献记录他们的不幸。如季寅的《盐丁苦》诗所述：

---

① 王艮：《王心斋全集·年谱》，第69页。
② 倒仓法记载于朱丹溪《格致余论·倒仓论》："肠胃为市，以其无物不有，而谷为最多，故谓之仓，若积谷之室也。倒者，倾去积旧而涤濯，使之洁净也。"天津科学技术出版社2011年版，第35页。

盐丁苦，盐丁苦，终日熬波煎淋卤。
胼手胝足度朝昏，食不充饥衣不补。
每日凌晨只晒灰，赤脚蓬头翻弄土。
烟火三百里，灶煎满天星。①

元代天台人陈椿创作的《熬波图》，全面而细致地刻画了煮盐人的辛劳。如其间《上卤煎盐》写道："竹筒泻卤初上盘，今日起火齐着团。日煎月炼不得闲，却愁火急盘易干。炎炎火窖去地三尺许，海波顷刻熬出素，烹煎不顾寒与暑，半是灶丁流汗雨。"② 再如《捞洒撩盐》："火伏上则盐易结，日烈风高胜他月。欲成未成干又湿，撩上撩床便成雪。盘中卤干时时添，要使盘中常不绝。人面如灰汗如血，终朝彻夜不得歇。"③ 文中"人面如灰汗如血"正生动揭示了盐丁的憔悴。

王艮父亲所在安丰场（属东台）的情形，也大致相近。据《东台县志》卷18《盐法》所载，这里的盐工有"七苦"："藜藿粗粝，不得一饱"的"居食之苦"，"欲守无人，不守无薪"的"积薪之苦"，"刮泥汲海，伛偻如豕"的"淋卤之苦"，"煎灼垢面变形"的"煎办之苦"，"鞭挞随之"的"征盐之苦"，"春贷秋偿，束手忧悸"的"赔盐之苦"，"秋潮忽来，飓风并作"的"遇潮之苦"。这种种"苦"，王艮不仅有所闻，更有所见，因为他父亲就曾是"灶丁"。有一年严冬，他亲见父亲因"户役早起，赴官家，方急取冷水盥面"，内心"深以不得服劳为痛"。④ 盐工劳作的沉重，生活的艰苦，自然会直接体现在"身"之生存的危机，盐工之苦，实就是其生命的憔悴。煮海者的处境，再一次呈露了"保身"的急需和必要。

饥荒和赈灾的经历，是王艮呼吁"保身"的又一直接而现实的社会原因。据《年谱》，明世宗嘉靖二年（王艮四十一岁）夏四月，淮扬大饥，"有饥甚不能移者，则作粥糜食之。"所谓"不能移者"，即指饿得奄奄待毙者，可见饥民惨状。

---

① 潘同生：《中国经济诗今译》，中国财政经济出版社2000年版，第226页。
② 潘同生：《中国经济诗今译》，中国财政经济出版社2000年版，第226页。
③ 潘同生：《中国经济诗今译》，中国财政经济出版社2000年版，第225页。
④ 王艮：《王心斋全集·年谱》，第68页。

王艮还从"故所游真州（今仪征）王商人"那里，借了二千石米赈济灾民。明世宗嘉靖十四年（王艮五十三岁），又发生大饥荒，"族家子至除夕多不举火"，王艮匀出自己的口粮，又"劝乡之富者"，并吁请官府开仓救荒。东台卢氏被王艮感动，"出豆麦一千石施赈"。王艮赞赏他的乐善好施，将孙女许配给他的儿子。①

"灶丁"的社会底层出身，可能使王艮有更多的机会切身接触"劳力者"的种种不幸，从而滋生真切的同情和悲悯；王艮"保身"的申论中，应该说是有"为生民立命"、纾解生民憔悴的社会关切和维护民生的指向。

任何理论都是时代的产物。从上述这些较为细琐的历史叙述中，不难发现王艮的"明哲保身"说，折射了他的阶级地位和感情，表达了他对周遭社会生活的敏感，对人生苦难的关切，对"活泼泼"生命的向往，这一切都印证了他的思想的平民性和人文性。

---

① 王艮：《王心斋全集·年谱》，第74页。

王艮"大成学"思想发微[*]

唐东辉[**]

摘　要：王艮认为孔子之学就是内圣外王的"大成学"。内圣即安身立本，通过格物而知身为本，天下国家为末。故需修身而安身以立天下国家之大本，修身工夫在反诸求己，正己而物正，其身正而天下归之。外王即出处为师，出不失本，故出必为帝者师；处不遗末，故处必为天下万世师。出必为帝者师，仍是"得君行道"的传统外王路线；处必为天下万世师，即修身讲学以见现于世，开辟了一条"觉民行道"的新外王路线的发展。

关键词：王艮　大成学　安身立本　出处为师

目前学界对王艮思想的研究，主要集中在他的心学理论（如现成良知、淮南格物、百姓日用即道等）和心学实践（即平民儒学实践），很少有学者研究其大成学思想。在笔者看来，大成学综罗了王艮一生学问的精华，是我们研究其思想的重要资源。就笔者所见，目前只有季芳桐从这一视角对王艮思想进行了专门研究，认为"大成之学是服务社会的'外王'之学"[①]，但笔者经过研究后发现，大成学并不局限于外王之学，还是兼备内圣之学与外王之学的完整理论体系。

---

[*] 本文系 2021 年度国家社科基金青年项目"泰州学派乡村儒学研究"（项目编号：21CZX037）的阶段性成果。
[**] 唐东辉，广西民族大学政治与公共管理学院讲师。
[①] 季芳桐：《泰州学派新论》，巴蜀书社 2005 年版，第 99 页。

一　内圣：安身立本

王艮大成学的内圣之学即是安身立本。他主要是通过《大学》"止于至善"和"格物致知"来阐述其安身立本之旨："惟《大学》乃孔门经理万世的一部完书，吃紧处惟在'止至善'及'格物致知'四字本旨，二千年来未有定论矣。……诸贤就中会得，便知孔子'大成学'。"①

（一）格物致知

王艮指出："《大学》首言'格物致知'说，破学问大机括，然后下手，工夫不差。"② 但《大学》本文并未明言何谓格物、何谓致知，这给后世的思想家们以无尽的诠释空间，王艮通过对《大学》的长期研读，最后在长子王衣的启发下，悟得《大学》"格物致知"之旨，其言曰：

> "自天子以至于庶人"至"此谓知之至也"一节，乃是释"格物致知"之义。身与天下国家一物也，惟一物，而有"本末"之谓。"格"，絜度也，絜度于本末之间，而知"本乱而末治者否矣"，此"格物"也。"物格"，"知本"也，"知本"，"知之至"也。故曰"自天子以至于庶人，一是皆以修身为本"也。"修身"，"立本"也，"立本"，"安身"也。③

《大学》载曰："自天子以至于庶人，一是皆以修身为本。其本乱而末治者否矣，其所厚者薄，而其所薄者厚，未之有也。此谓知本，此谓知之至也。"王艮认为，这段文字就是历代注疏家所认为缺失的"格物致知"传。所谓"物"，就是经文中所说的"物有本末"之"物"，此"物"贯通身与家、国、天下而为一物。仁者以天地万物为一体，己身与家、国、天下原是一物，惟其为一物，所以有本末之分。所谓"格"，乃是"絜度"之意，即絜度于物之本末之间。所谓"格物"，就

---

① 王艮：《王心斋全集》，陈祝生等校点，江苏教育出版社 2001 年版，第 33 页。
② 王艮：《王心斋全集》，第 35 页。
③ 王艮：《王心斋全集》，第 34 页。

是絜度本末而知身为本，家、国、天下为末，"本乱而末治者否矣"。"物格"之后方能"知本"，即知"自天子以至于庶人，一是皆以修身为本"，故须首先致力于修身立本，而非急切用功于齐家、治国、平天下，"其所厚者薄，而其所薄者厚，未之有也"。这才是"知之至"也。修身工夫则在反求诸己，"吾身是个'矩'，天下国家是个'方'，絜矩则知方之不正，由矩之不正也，是以只去正矩，却不在方上求。矩正则方正矣"①。因此，凡行有不得，皆当反求诸己，正己而物正，其身正而天下归之。格物致知而知修身为本，而修身只是手段，最终指向的是安身，安身才是目的。

王艮的格物致知论即理学史上著名的"淮南格物"论，它与朱子和阳明的格物致知论都不相同。朱子释格物致知曰："致，推极也。知，犹识也。推极吾之知识，欲其所知无不尽也。格，至也。物，犹事也。穷至事物之理，欲其极处无不到也。"② 简言之，就是即物穷理，致极吾知。朱子的解释以其心性二分论为根据，心为气之灵，是能觉者，性只是理，是被觉者，故须即物穷理以致知。这是向外求理的格物致知路线。阳明释格物致知曰："致吾心之良知者，致知也。事事物物皆得其理者，格物也。"③ 阳明的解释以其良知学说为依据，主要是从实践工夫的角度来规定格物致知，即通过致良知而使事事物物皆得其理（阳明在正德年间将"格物"解释为正其不正以归于正，则是反求诸心的向内路线）。朱、王二人的格物致知论，皆有其精彩处，朱子将格物解释为穷理，阳明将致知解释为致良知，于《大学》本文皆有隙。而王艮的格物致知论则从《大学》本文出发，将格物致知解释为絜度于身、家、国、天下而知身为本，家、国、天下为末，故"自天子以至于庶人，一是皆以修身为本"，真正做到了"不用增一字解释，本义自足"④，故刘宗周高度肯定说："后儒格物之说，当以淮南为正。"⑤

---

① 王艮：《王心斋全集》，第34页。
② 朱熹：《四书章句集注》，中华书局1983年版，第4页。
③ 王守仁：《王阳明全集》，吴光等编校，上海古籍出版社2011年版，第51页。
④ 王艮：《王心斋全集》，第33页。
⑤ 刘宗周：《刘宗周全集》第3册，吴光主编，何俊点校，吴光、钟彩钧审校，浙江古籍出版社2012年版，第403页。

(二) 止于至善

"大学之道,在明明德,在亲民,在止于至善"(《大学》),此《大学》之三纲领。"明明德"者,立天地万物一体之体也,"亲民"(无论是朱子的"新民"说,还是阳明的"亲民"说)者,达天地万物一体之用也。"止于至善",一般都以"极"释"至",认为在明明德与亲民过程中应止于极善之地而不迁,如朱子谓:"止者,必至于是而不迁之意。至善,则事理当然之极则也。言明明德、新民,皆当至于至善之地而不迁。"① 但这样解释,则名为三纲领,实则两纲领也。盖"止于至善",其意既然是将前两纲做到极善,则为前两纲之附属,缺少独立成一纲之实义。阳明则谓:"至善者,明德、亲民之极则也……而即所谓良知也。"② 但明德既为体,又将至善释为良知以为体,则良知与明德重复,殊为不当。王艮于"止至善"既不取朱说,也不取师说,而认为:

> 尧舜"执中"之传,以至孔子,无非"明明德""亲民"之学,独未知"安身"一义,乃未有能"止至善"者。故孔子悟透此道理,却于"明明德""亲民"中立起一个"极"来,故又说个"在止于至善"。"止至善"者,"安身"也,"安身"者,"立天下之大本"也。本治而末治,正己而物正也。"大人之学"也。是故身也者,天地万物之本也,天地万物,末也。知身之为本,是以"明明德"而"亲民"也。身未安,本不立也。"本乱而末治者否矣"。本先乱,治末愈乱也。③

在王艮看来,止于至善就是安身立本。尧舜"执中"之传即是"明明德""亲民"的体用之学,但尧舜不知"安身"之义,故不能"止于至善"。孔子贤于尧舜之处,就在于他精蕴立极,独发"安身立本"之旨,为"明明德""亲民"立起一个"极"来,以身为本,天地万物为末,故安身以立本,正己而物正,本治而末治。若身未安,不曾立得天下国家的本,就要去齐家治国平天下,则"本乱而末

---

① 朱熹:《四书章句集注》,第 3 页。
② 王守仁:《王阳明全集》,第 1067 页。
③ 王艮:《王心斋全集》,第 33 页。

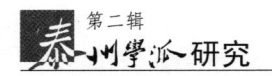

治者否矣"。

  王艮将"止于至善"解释为安身立本，有三个方面的依据：一是"以经而知'安身'之为'止至善'也"[1]。知止就是知本，知修身为本，而修身的目的是安身，故知止就是知安身，而止于至善就是要止于安身。二是"后文引《诗》释'止至善'"[2]，正是安身而动之意。《大学》之所以在止仁、止敬、止孝、止慈、止信之前，引《绵蛮》之诗"绵蛮黄鸟，止于丘隅"以及孔子的赞辞"于止，知其所止，可以人而不如鸟乎"，正是为了说明只有安身而动，才能在止仁、止敬、止孝、止慈、止信之时，免于烹身、割股、饿死、结缨之祸。三是"验之《中庸》《论》《孟》《周易》，洞然吻合"[3]。《中庸》所说"致中和，天地位焉，万物育焉"，《孟子》所说"守身为大"，《周易》所说"君子安其身而后动"，皆是安身之义。

  与前所论"格物致知"论的"本义自足"相比，王艮将"止于至善"解释为"安身立本"，确有牵强引申之嫌，一个很明显的疑问是：如果"止于至善"就是"安身立本"，何以《大学》本文竟不曾出现"安身"字样，却待后人补出最重要的"安身"之旨？当然，王艮所解于《大学》文本与其他经典皆有所据，故仍不失为相当有分量之一解。

（三）安身立本

  如上所述，王艮所谓"止至善"与"格物致知"四字本旨，其实都是安身立本之意："《大学》是经世完书，吃紧处，只在'止于至善'。'格物'，却正是'止至善。'"[4] 格物即是止至善，止至善即是要"安身立本"。所谓"安身立本"，就是通过格物而知物有本末，"身"为本，"天下国家"为末，故"一是皆以修身为本"，通过修身而达到"安身"，从而立天下国家之大本。"安身"工夫在反己，行有不得者，皆反求诸己，正己而物正，其身正而天下归之。

  "安身"之"身"，直接指向作为形躯的生命存在。先秦时期对身的生命意义

---

[1] 王艮：《王心斋全集》，第34页。
[2] 王艮：《王心斋全集》，第34页。
[3] 王艮：《王心斋全集》，第33页。
[4] 王艮：《王心斋全集》，第3页。

非常重视，如《周易》说，"君子安其身而后动"①，孔子说，"危邦不入，乱邦不居"②，孟子也说，"守孰为大？守身为大"③，都强调要安身、保身、守身。宋明理学强调身作为形下之躯所带有的气质之偏，及其在接物过程中所产生的物欲之蔽，故身在成德实践中的消极意义被凸显出来。此外，宋明儒也特别强调"心为身之主"，故多在心上用功，而少在身上用力。王艮与此不同，他"重新回到强调'身'之主体意义的话语中来"④，把被宋明儒视为消极存在或被忽略的身重新找了回来，突出强调身作为生命存在的重要意义。这种转变的直接动因就是嘉靖五年的"大礼议"事件。《年谱》记载："时同志在宦途，或以谏死，或谴逐远方，先生以为身且不保，何能为天地万物主"⑤，因此当同门王瑶湖转官北上时，王艮特作《明哲保身论》赠之，"学之如何，明哲保身而已矣"⑥。知保身则必爱身敬身，能爱身敬身则必爱人敬人，我爱人敬人则人必爱我敬我，人爱我敬我则吾身得保矣。在极具功利色彩的论述中，突出了保身的重要性。

当然，王艮所谓的"身"，并不是仅指形体的生命存在，若如此，则所谓"安身"恰如黄宗羲所批评的，"开一临难苟免之隙"⑦。王艮所谓的"身"，乃是与"道"不二的一种客观存在。"身与道原是一件，至尊者此道，至尊者此身。尊身不尊道，不谓之尊身；尊道不尊身，不谓之尊道。须道尊身尊，才至'至善'。"⑧正因为身与道"原是一件"，同样尊贵，所以才需要保身、修身以至安身。保身即是保道，修身即是修道，安身即是安道。

在身与心的关系上，王艮则以身、心安否为标准区分了三个层次："安其身而安其心者，上也；不安其身而安其心者，次之；不安其身又不安其心者，斯其为下矣。"⑨若依心学"孔孟传心"的传统，以及王艮"身与道原是一件"的论述，则心、身、道原是一件，而王艮此处将身、心二分，强调的仍是形躯生命的重要性。

---

① 《十三经注疏》整理委员会整理：《周易正义》，北京大学出版社2000年版，第365页。
② 朱熹：《四书章句集注》，第106页。
③ 朱熹：《四书章句集注》，第284页。
④ 张路园：《王艮心学易学思想浅说》，《周易研究》2009年第6期。
⑤ 王艮：《王心斋全集》，第72页。
⑥ 王艮：《王心斋全集》，第29页。
⑦ 黄宗羲：《明儒学案》，沈芝盈点校，中华书局2008年版，第711页。
⑧ 王艮：《王心斋全集》，第37页。
⑨ 王艮：《王心斋全集》，第17页。

孔子安身而动，身与心俱安，是为上；夷、齐、比干虽不安身而安其心，故次之；至若临难苟免之徒，身与心俱不安，斯为下矣。

二 外王：出处为师

通过格物致知而安身立本，从而使天地万物依于己，王艮实现了大成学的内圣学建构，而大成学不仅要"立本"，还要"成末"，即安顿家、国、天下，此为大成学的外王部分。王艮指出，"出不为帝者师，是漫然苟出，反累其身，则失其本矣；处不为天下万世师，是独善其身，而不讲明此学，则遗其末矣。皆小成也"[①]。小成或出而失本，或处而遗末，皆非至善之道；大成与此相对，进不失本，退不遗末，故"出则必为帝者师，处则必为天下万世师"[②]。因此，大成学的外王部分有两种实现方式：一是"出则必为帝者师"，通过做帝王师，在君臣共道的基础上，自上而下地齐家治国平天下；二是"处则必为天下万世师"，通过修身讲学，在化民成俗的基础上，自下而上地齐家治国平天下。前者是"得君行道"的传统外王路线，后者则是"觉民行道"的新外王路线。

（一）"出必为帝者师"

如前所论，王艮指出，出不为帝者师，是漫然苟出，反累其身，而要做到"出必为帝者师"，必须具备以下条件：

> 故"出必为帝者师"，言必尊信吾"修身立本"之学，足以起人君之"敬信"，"来王者之取法"，夫然后"道可传"，亦"可行"矣。庶几乎"已立"后，"自配之于天地万物"，而非"牵以相从"者也。[③]

欲出为帝王师，前提是修身立本，实有诸己。若不曾修身立本，又好为人师，则是以己昏昏使人昭昭，不可得也明矣。在此基础上，王者必须"尊信"此安身

---

① 王艮：《王心斋全集》，第21页。
② 王艮：《王心斋全集》，第13页。
③ 王艮：《王心斋全集》，第39—40页。

立本之学，致敬尽礼前来取法，学焉而后臣之，如此才能言听计从，"出则必为帝者师"。如不能言听计从，则可见几而作，不俟终日，故或仕或止或久或速，避世、避地、避言、避色，如神龙变化，莫之能测。若不能起人君之敬信，便"牵以相从"，衒玉求售，则是不能自作主宰、以道从人的妾妇之道。及君有过，谏而不听，辱且危矣。当此之时，身且不保，遑论行道，可谓虽出亦徒出也。

王艮认为，孔、孟明"安身立本"之学，故"出必为帝者师"，而绝不会漫然轻出以致以道殉人：

孔子曰："沽之哉，沽之哉，我待价者也。"待价而沽，然后能格君心之非。故惟大人然后能。——"利见大人"。①

"卑礼厚币以招贤者"，而孟轲至梁，即"求而往，明也"。②

孔子待价而沽，即不想衒玉求售、以道殉人，而是等待尊信此道的君王，只有君王尊信此道，才能格君心之非，故曰"惟大人然后能"。王艮认为这就是乾卦九五爻所说的"飞龙在天，利见大人"。乾卦九五爻居尊位而为君，只有尊信有德之"大人"，才有利于实现王业。孟子认为梁惠王"卑礼厚币以招贤者"，即是对贤者"致敬尽礼"，故不远千里而至梁。王艮认为，这就是屯卦六四爻象传所说的"求而往，明也"。此爻本是指六四之阴欲求初九之阳而婚配，寓意在位者"知己不足，求贤自辅而后往，可谓明矣"③。但王艮反用其意，认为贤者应待在位者对其致敬尽礼之后出而辅之，才是明智之举。

王艮以孔孟为师，"出必为帝者师"。嘉靖十六年，御史吴悌向朝廷疏荐王艮，而王艮则认为，"求之在我，必有一定之道，当量而后入，不可入而后量"④。在他看来，吴悌虽有为国举贤之意，但其位仅属"百执事"之列，即此而出，若君相不能重用，仅授予一官半职，则不过尽力臣职而已，于行道无所补益。只有君相求之，百执事荐之，然后出焉，才是明智之举，才能"出必为帝者师"，吾道才可望

---

① 王艮：《王心斋全集》，第15页。
② 王艮：《王心斋全集》，第16页。
③ 程颢、程颐：《二程集》下册，王孝鱼点校，中华书局1981年版，第717页。
④ 王艮：《王心斋全集》，第44页。

得行。

王艮"出必为帝者师"的提法,在泰州学派内部尚能被同情地了解,如王一庵指出,此语本无可疑,"言人不可轻出,必君相信之,果有尊师其道之意方可言出,否则恐有辱身之悔,非止至善之道也"①,可谓切中肯綮。但在泰州学派之外,哪怕是在心学内部,这一提法也让人难以接受,认为有"南面抗颜"②之嫌。然而仔细分析,王艮此论并未越出儒家常轨:一是"出必为帝者师"其实是对"惟大人为能格君心之非"③传统的继承。由于帝王掌握着国家的最高统治权力,故历代儒家士大夫都希望通过匡正君心,以达到"君仁莫不仁,君义莫不义,君正莫不正。一正君而国定矣"④的效果。王艮的"帝者师"其实是对"格君心之非"的"大人"的另一种称呼,往近里说,也是对宋代以迄明代经筵讲师的呼应,只不过在称呼上更为直接。二是"帝"与"师"的关系实际代表着"势"(权势)与"道"(道统)的关系。如果说在战国争霸的时代,各诸侯国还需要"道"来支持"势",并对士人礼敬有加(如魏文侯师子夏,鲁缪公师子思)的话,那么在秦汉一统之后、君主集权的专制时代,"势"则更多地凌驾于"道"之上了。王艮此论虽是对战国时代"道"尊于"势"的游士精神的回归,是对"道"的高扬、"势"的限制,但可惜当时君主专制正盛,故人们普遍难以接受乃至心生反感。三是"出必为帝者师"实质上讲的仍是士大夫的出处进退之道,王艮在其大成学安身立本的宗旨下,突出强调要进不失本,必须等待帝王尊信此学才可安身而出,否则不免进而失本,有危身、辱身之险。此意也是儒家士人所共许的。

(二)"处必为天下万世师"

面对吴悌的疏荐,王艮所以坚辞不出,与他对当时政治环境的考量息息相关。宁王之乱时,武宗南巡,王艮亲历武宗嬖幸《佛太监神总兵》之骄横;其师阳明处忠、泰之变,亦是九死一生;而嘉靖初年的"大礼议",最终演变为轰动朝野的"左顺门"事件。当时官员被逮下狱者134人,五品以下者被杖180余人,死者多

---

① 王艮:《王心斋全集》,第157页。
② 胡直:《胡直集》上册,张昭炜编校,上海古籍出版社2015年版,第217页。
③ 朱熹:《四书章句集注》,第285页。
④ 朱熹:《四书章句集注》,第285页。

达 17 人。这些都使王艮清醒地认识到，当时并没有一个"得君行道"的良好政治生态环境。"出必为帝者师"，必须人君尊信此学，君臣共道，而这在当时是不可能的，因此他沿着其师阳明开创的"觉民行道"的新外王路线继续前进，并提出要"处必为天下万世师"。

> "处必为天下万世师"，言必与吾人讲明"修身立本"之学，使为法于天下，可传于后世，夫然后"立"必俱"立"，"达"必俱"达"，庶几乎修身"见"世而非"独善其身者"也。①

"处必为天下万世师"，是说即使退处江湖之远，也不应独善其身，而是要修身现于世，与吾人讲明"修身立本"之学，传法于天下后世。若独善其身，而不讲明此学，则是退而遗末（家、国、天下）的小成学。正因如此，所以当有人以伊、傅称赞王艮时，他说："伊、傅之事我不能，伊、傅之学我不由。"② 在他看来，伊尹、傅说以奇遇而得君行道，这种事情他是遇不到了；但伊、傅二人若不遇于君，则是穷则独善其身，所以他不学二人退而遗末的小成学，而是学孔子退不遗末的大成学，"处必为天下万世师"，修身讲学以现于世：

> 孔子谓"二三子以我为隐乎"，此"隐"字对"见"字说。孔子在当时虽不仕，而"无行不与二三子"，是修身讲学以"见"于世，未尝一日"隐"也。"隐"则如丈人、沮、溺之徒，绝人避世，而与鸟兽同群者是已。③

王艮此处所说"见""隐"，语出《周易·乾卦》。乾卦"初九，潜龙勿用"④。就全卦而言，是指事物在发展的最初阶段，位卑力薄，故宜养精蓄锐，而不应外展施用。乾卦"九二，见龙在田，利见大人"⑤，是指阳刚渐长，初露头角，且居下

---

① 王艮：《王心斋全集》，第 40 页。
② 王艮：《王心斋全集》，第 5 页。
③ 王艮：《王心斋全集》，第 7 页。
④ 《十三经注疏》整理委员会整理：《周易正义》，第 2 页。
⑤ 《十三经注疏》整理委员会整理：《周易正义》，第 3 页。

卦中爻而有中正之德，故利于出现大人。但王艮此处撇开乾卦六爻的整体语境，特意拈出"见""隐"二义进行对比，意在表彰德为圣人的孔子，虽不居王位，但却并没有像丈人、沮、溺之徒一样绝人避世，"隐"而不"见"，而是"见龙在田"，修身讲学以"见"于世。

将乾卦九二爻"利见大人"与孔子修身讲学联系起来，孔颖达已然。他指出："'利见大人'，以人事托之，……故先儒云：若夫子教于洙泗，利益天下，有人君之德，故称'大人'。"① 但前此诸儒并未将孔子的修身讲学提到"觉民行道"这一新外王路线的高度，王艮则旗帜鲜明地指出，孔子的修身讲学之道是至易至简的新外王路线，是圣人平治天下的根本大道：

> 盖尧舜之治天下，以德感人者也，故民曰："帝力于我何有哉！"故有此位，乃有此治。孔子曰："吾无行而不与二三子者，是丘也。"只是"学不厌，教不倦"，便是"致中和"，"位天地"，"育万物"，便做了尧舜事业，此至简至易之道，视天下如家常事，随时随处无歇手地，故孔子为独盛也。②

在王艮看来，尧舜之治乃是有此位始有此治，"出必为帝者师"则须君相尊信此学方可出仕，这二者都是有待于外的致治路线，而修身讲学则可"不袭时位"，不待君相，真正做到了无待外求，只是学不厌、教不倦便能成己成物，便能致中和、位天地、育万物。故修身讲学以平治天下是"至简至易之道"，"视天下如家常事，随时随处无歇手地"。

王艮之所以如此重视讲学，一方面，如前所论，是明代的政治环境使然；另一方面，是因为"'六阳'从地起，故经世之业，莫先于讲学以兴起人才"③。人才是平治天下的关键，欲平治天下，首要的是作兴人才。而人才的培养靠老师，所以王艮又特别推崇周敦颐所提倡的师道观："师道立则善人多，善人多则朝廷正，而天下治矣。"④ 此外最重要的，则与王艮的治平观息息相关。在王艮看来，平治天下

---

① 《十三经注疏》整理委员会整理：《周易正义》，第3页。
② 王艮：《王心斋全集》，第17页。
③ 王艮：《王心斋全集》，第18页。
④ 周敦颐：《周敦颐集》，陈克明点校，中华书局1990年版，第21页。

就是讲明圣学,以道化民,这既可通过"飞龙在天",圣人治于上的途径(包括圣王之治、得君行道),也可通过"见龙在田",圣人治于下的方式来实现。而修身讲学这一"见龙在田"的方式,因"不袭时位",无待外求,故是至简至易之道。王艮晚年作《大成学歌寄罗念庵》,极力发挥修身讲学("觉民行道")这一简易的新外王路线。

  我将大成学印证,随言随悟随时跻。只此心中便是圣,说此与人便是师。至易至简至快乐,至尊至贵至清奇。随大随小随我学,随时随处随人师。掌握乾坤大主宰,包罗天地真良知。自古英雄谁能此?开辟以来惟仲尼。仲尼之后惟孟子,孟子之后又谁知?广居正路致知学,随语斯人随知觉。自此以往又如何?吾侪同乐同高歌。随得斯人继斯道,太平万世还多多。我说道,心中和,原来个个都中和。我说道,心中正,个个人心自中正。常将中正觉斯人,便是当时大成圣。①

在王艮看来,"大成学"有两个方面的内容:一是"致知学"。但此"致知学"非阳明"致良知"之学,而是王艮自己创发的"格物致知"论。② 在他看来,阳明"致良知"之学虽启作圣之功,但却不与孔子"大成学""格物致知"之旨。如前所论,"大成学"之"格物致知"论以安身立本为宗旨,而身与道一样尊贵,故"至尊至贵至清奇"。二是讲学为师。只要明安身立本之学,则"无入而非行道"也。人可"随大随小随我学",我可"随时随处随人师",只是"随言随悟随时跻",故"至易至简至快乐"。但由于明代的政治环境不允许"出必为帝者师",故王艮汲汲于实践的乃是"处必为天下万世师",修身讲学以现于世。阳明在时(嘉靖元年),他就怀着强烈的万物一体之念,服古冠服,制蒲轮车,北上京

---

① 王艮:《王心斋全集》,第55页。
② 王艮有两次明确表述其师阳明不与孔子之"大成学":一是在《答王龙溪》一文中指出:"先生知我之心,知先师之心,未知能知孔子之心否?欲知孔子之心,须知孔子之学。"(王艮:《王心斋全集》,第52页)而王艮所理解的孔子之学,即是"大成学"。二是在《语录·答问补遗》第二条中指出:"'明明德'以立体,'亲民'以达用,体用一致,阳明先师辨之悉矣。此尧舜之道也,更有甚不明?但谓'至善'为心之本体,却与'明德'无别,恐非本旨。"(王艮:《王心斋全集》,第33页)阳明将"至善"释为"明德"本体,与"大成学"的"至善"即"安身立本"不同。

师，宣扬阳明的"致良知"之学。阳明卒后，他开门授徒，更是终身以讲学为职志，其徒"上至师保公卿，中及疆吏司道牧令，下逮士庶樵陶农吏，几无辈无之"①，真正做到了"随大随小随我学，随时随处随人师"，而他自己也"常将中正觉斯人，便是当时大成圣"。

当然，修身讲学这一新外王路线有其自身的局限性，它的直接作用是明学术、正人心、美风俗，而对现实政治的影响则是间接的或可被各种因素中和或抵消的。荀子曰："儒者在本朝则美政，在下位则美俗。"②"美俗"正是王艮修身讲学最大的功效所在。

综上所述，王艮的大成学乃是内圣外王兼备之学，内圣学即是其"致知学"，格物修身以安身立本；外王学即是出处为师，出必为帝者师，处必为天下万世师。王艮的大成学继承了孔子有教无类的讲学精神，开创了平民讲学之风，极大地推动了王阳明所开创的"觉民行道"即修身讲学这一新外王路线的发展，为儒学的传播开辟了一条新道路，为知识分子服务社会开辟了广阔的空间，对当代儒学的创造性转化与创新性发展具有重要的借鉴价值。

---

① 王艮：《王心斋全集》，第109页。
② 王先谦：《荀子集解》，沈啸寰、王星贤点校，中华书局1988年版，第120页。

论王艮对《中庸》"未发""已发"问题的思考

叶 达 马爱菊[*]

摘 要：王艮对"未发""已发"问题的思考隐藏在良知学说之中。其良知学说具有实体义、本体义和本然义三层结构。实体义的良知无所谓"未发""已发"，因良知自在、恒在、自知、自发，属于形上的超越之体。当本体义与本然义引入后，良知具有了工夫向度与主客圆融结构，而中体也随之具有了丰富的理论内涵与实践维度。"致中和"就是让中体呈露出来，在王艮看来即"善念不动，恶念不动"的简易工夫。不过，王艮的思想并不彻底，他有时认为"良知在人，信天然自足之性，不须人为立意做作"，但有时又说"识得此理，则现现成成，自自在在"，认为良知自在仍需要主观的"识得"。

关键词：王艮 未发 已发 良知

王艮是阳明后学的代表人物，他的学说以"良知现成"闻名。"良知现成"，是指良知的当下见在、现成、呈露，日本学者冈田武彦据此将其归入王学现成派："现成派的主张是把阳明所说的'良知'看作现成良知。他们强调当下现成，视工夫为本体之障碍而加以抛弃，并直接把吾心的自然流行当作本体与性命。"[①]

王艮的学说在当时引起了激烈的反响，促进了阳明学的传播和发展，"阳明先

---

[*] 叶达，浙江大学哲学学院博士后；马爱菊，浙江省社科院文化所助理研究员。
[①] ［日］冈田武彦：《王阳明与明末儒学》，吴光等译，上海古籍出版社2000年版，第104页。

生之学，有泰州、龙溪而风行天下"①。但是，王艮的学说亦有争议，正因为强调良知的当下见在并主张"满街人都是圣人"，有学者认为偏离了阳明学主旨，导致阳明学式微，黄宗羲对此批评道"因泰州、龙溪而渐失其传"。与此同时，也引发了较多的社会问题，日本学者岛田虔次《中国近代思维的挫折》一书认为泰州学派和名教社会产生了激烈的冲突，②冈田武彦甚至直接指出："明末社会的道义颓废，在相当程度上应该归咎于现成派末流。"③

王艮的学说无论在内容还是价值上都表现出了激烈的争议，其核心在于良知学说具有争议性。如何理解王艮的良知学说，并予以适当的思想史定位，这将直接关系到如何理解未发已发问题。

学者陈来认为王艮的良知学说没有价值规范维度，"取消了良知的规范意义"④。吴震认为王艮所持的"百姓日用即道"是指良知和日用之间关联性的描述，缺乏意义生成机制："我更愿意将'即'字破解为描述词而非系动词，它是对两项事实之存在的关联性的一种描述，不是对两项事实之存在的同一性的一种实指。因此，我以为完全可以把这个'即'字解读成'相即不离'这一表示关联性的描述含义。这样一来，我们可以把'百姓日用即道'之命题理解为是对'道'的存在状态的一种描述，是对'道'与'百姓日用'之关联性的一种描述，而非实指'日用道'。"⑤ 在前人的基础上，本文尝试揭示王艮"良知"学说的多层逻辑结构，将从三个维度——实体层面、本体层面和本然层面逐步呈现王艮的良知学说意蕴。未发已发问题正是在良知学说的基础上逐渐生成，故本文将以良知为核心，逐步剖析王艮未发已发思想的具体内涵。

一　实体义的良知无未发已发

未发已发问题随着王艮良知学说的展开而展开。实体义的良知无所谓未发已

---

① 黄宗羲：《明儒学案》卷32《泰州学案一》，沈芝盈点校，中华书局2008年版，第703页。
② [日]岛田虔次：《中国近代思维的挫折》，甘万萍译，江苏人民出版社2005年版，第94页。
③ [日]冈田武彦：《王阳明与明末儒学》，第104页。
④ 陈来：《有无之境：王阳明哲学的精神》，北京大学出版社2006年版，第309页。
⑤ 吴震：《泰州学派研究》，中国人民大学出版社2009年版，第110页。

发,所谓实体义是指良知自在、恒在、自知、自发,属于形上的超越之体。在这种观点下,良知自在、恒在,不因主观意志改变而改变。与此同时,也不能以寂然不动、感而遂通进行形容,它无时无刻、无间不息在朗照。从这个意义上来说,"中"是绝对的、永恒的至善,可以称为"中体",即"百姓日用而不知"之道:

> 或问中。先生曰:"此童仆之往来者,中也。"曰:"然则百姓之日用即中乎?"曰:"孔子云:'百姓日用而不知。'使非中,安得谓之道?特无先觉者觉之,故不知耳。若智者见之谓之智,仁者见之谓之仁,有所见便是妄,妄则不得谓之中矣。"①

王艮认为道即是中,但百姓日用而不知,这个意义上的中体实际上是实体意义上的良知。此外,"中体"具有普遍义,不分圣贤下愚,人人所同;"中体"具有自知、自觉、自发义。这里的自发和未发已发有所区别,未发已发是一种经验的变化,而自发则是恒在、自在,实体意义上不存在变化。所以王艮说:"来书所谓'动之即中,应之至神',无以加矣。是故人受天地之中以生,而动之即中,随感而应,而应之即神。"② 即中体至善、至神。下面对良知的实体义做进一步细分。

首先,良知有普遍义。所谓普遍义,是指良知人人具有,不分圣贤下愚,"'明哲'者,'良知'也。'明哲保身'者,'良知''良能'也。所谓'不虑而知','不学而能'者也,人皆有之,圣人与我同也。"③ 且不论古今,人的良知是同一的,"往古来今人人具足"。更不会因人的为善、作恶而改变良知,即良知不受主观意志和行为影响而改变,"良知天性,往古来今人人具足,人伦日用之间举措之耳。所谓大行不加,穷居不损,分定故也"④。

其次,良知有先验义。所谓先验义,是指良知是先天给予的,与生俱来,而非后天经验习得,"良知者,不虑而知,不学而能者也"⑤。这与孟子所说的四端之心

---

① 王艮:《王心斋全集》,陈祝生等校点,江苏教育出版社2002年版,第5页。
② 王艮:《王心斋全集》,第52页。
③ 王艮:《王心斋全集》,第29页。
④ 王艮:《王心斋全集》,第47页。
⑤ 王艮:《王心斋全集》,第31页。

一致，同样是强调其先天属性："人之所不学而能者，其良能也。所不虑而知者，其良知也。孩提之童，无不知爱其亲也。及其长也，无不知敬其兄也。"（《孟子·尽心上》）良知的先验义可以是一种潜存的能力，也可将其溯源为一种实体，对孟子而言，"不虑而知，不学而能"的良知仅仅是一种潜能，需要"求其放心""必有事焉"等才能具体显现。

再次，良知有自在义。良知的存在不以主观意志为转移，不因人的否定或肯定而被否定或肯定，它的存在是其自有的存在，它是自在、恒在。在《次先师答人问良知》一诗中，王艮指出良知的自有义："知得良知却是谁，良知原有不须知。而今只有良知在，没有良知之外知。"[1] 在与刘君锡的对话中，他进一步指出良知不随主观意志转移："'常恐失却本体，即是戒慎恐惧否？'先生曰：'且道他失到那里去？'"[2] 自在义也可称为客观性，指良知的客观实在性。

最后，良知有贞定义。贞定义是指良知自我贞定，它自知、自觉、自发。自知，是指良知为是非之心，它知善知恶，"良知者性也，即是非之心也"，"良知者，真实无妄之谓也。自能辨是与非"[3]。自觉，是指良知知善知恶之后，能自除私欲，"私欲一萌时，良知还自觉，一觉便消除"[4]。自发，是指良知能克制主体的私欲，指引主体道德实践，在自发的过程中，良知就成了道德实践创生之源，这也意味着作为客观实存的良知自我发动不需要主观的意识，所以王艮说"事亲从兄，本有其则。孝弟为心，其理自识"[5]，"良知一点，分分明明，亭亭当当，不用安排思索，圣神之所以经纶变化而位育参赞者，皆本诸此也"[6]。孝悌之心油然而生，这是良知的自识和自发。良知"分分明明"，"亭亭当当"，不需掺杂人力，而参赞天地、化育万物，都源于良知，可以说良知至神至圣。为了更好地说明良知的贞定义，王艮以童仆捧茶和农夫受食二事为譬喻：

> 往年有一友问心斋先生云"如何是无思而无不通？"先生呼其仆，即应，

---

[1] 王艮：《王心斋全集》，第57页。
[2] 黄宗羲：《明儒学案》卷32《泰州学案一》，第716页。
[3] 王艮：《王心斋全集》，第62页。
[4] 黄宗羲：《明儒学案》卷32《泰州学案一》，第718页。
[5] 王艮：《王心斋全集》，第54页。
[6] 王艮：《王心斋全集》，第43页。

命之取茶，即捧茶至。其友复问，先生曰："才此仆未尝先有期我呼他的心，我一呼之便应，这便是无思无不通。"是友曰："如此则满天下都是圣人了。"先生曰："却是日用而不知，有时懒困着了，或作诈不应，便不是此时的心。"阳明先生一日与门人讲大公顺应，不悟。忽同门人游田间，见耕者之妻送饭，其夫受之食，食毕与之持去。先生曰："这便是大公顺应。"门人疑之，先生曰："他却是日用不知的。若有事恼起来，便失这心体。"①

王艮认为童仆捧茶，一呼即应，这就是良知的发动。需要注意的是四点：第一，一呼即应，应的是良心而非实然之心，或者说主体是良心而非实然之心，所以王艮说"才此仆未尝先有期我呼他的心"，如果"先有期我呼他的心"，那么应的是实然的心而非良心。第二，正因为是良心，所以王艮将良知的发动称为"无思无不通"，它不假思索、感无不通。第三，良知的发动可以离开主观的意识，即"日用而不知"，如果是"先有期我呼他的心"，那么就涉及存心的工夫，就不是良心了。第四，良心大公顺应，如农夫受食，吃完便离开，这即是良知的感无不通，与第二点一致，但重点是"若有事恼起来，便失这心体"一句，将良心视为本然之心，引入本然义，进一步实现良知的主客圆融。有研究者将童仆捧茶、农夫受食与王艮的"百姓日用即道"（黄宗羲语）联系在一起，甚至认为百姓日用之间无不体现"道"。实际上，王艮说童仆捧茶、农夫受食即道，是从实体上论良知（道），"无思无不通"。如果将其理解为日常生活即良知（道）的体现，"日用＝道"是一种误读。作为常识，百姓日用有善与不善之分，也有无善无恶的时候，比如独坐深山，往往会喜静厌动，若认为"日用＝道"，岂不是喜静厌动是良知？"喜静厌动"当然不是良知，所以佛老不是良知之学。

> 此至简至易之道。然必明师良友指点，工夫方得不错。故曰道义由师友有之。不然恐所为虽是，将不免行不著、习不察。深坐山中，得无喜静厌动之僻乎？肯出一会商榷，千载不偶。②

---

① 黄宗羲：《明儒学案》卷16《江右王门学案一·聚所先生语录》，第352页。
② 王艮：《王心斋全集》，第43页。

普遍义、先验义、实在义与贞定义这四种层面的意义指向良知的客观性，即良知是客观而普遍的存在，可以称之为"实体"。需要注意的是，此处所用的"实体"和"本体"有所区别。在英文世界中，substance 既指"实体"，又指"本体"，两者都是指"世界本质、实体或存在体"（《东西方哲学大辞典》）。本文在此处使用的"实体"是指其自存、自在且其存在并不需要依靠意识这一含义。之所以将其区别于"本体"，是因为在中国哲学中，"本体"与"作用"即体用关系是一对范畴，为了不与体用关系发生冲突，本文采用"实体"一词描述"良知"的客观实在性。

实体义并不能保证至善，因为这仅仅建立了一种客观实在性。在王艮看来，良知自在、恒在、自知、自发，那么按此逻辑，良知将会自然而然地呈露出来，但为什么现实社会还有恶人恶行？王艮"满街都是圣人"当然不是说现实中每个人都是圣人，任何有常识的人都不会做出这类判断。从理论架构而言，良知的实体义实际上来自王艮将现实中道德行为实体化，即抽取经验世界中的道德行为并对其实体化。事实上，王艮也认识到经验世界是不完满的："夫良知固无不知，然亦有蔽处。"[①] 换而言之，他无法否认经验世界的第一性，为了化解经验世界和实体世界的矛盾，必须引入本体义。

二 本体义与本然义的良知——中体

上文论述了实体义的良知，实体义的良知无所谓未发已发，因其自在、恒在，是超越之体，但实体义的良知尚未揭露中体全貌。因为按照良知的实在性，不管识不识得此理，良知都"现现成成，自自在在"。但是从工夫论的角度而言，需要"信仰的飞跃"才能使良知常存、持养。

王子敬问"庄敬持养"工夫，子曰："道一而已矣。'中'也，'良知'也，'性'也，'一'也。识得此理则现现成成，自自在在。即此不失，便是'庄敬'；即此常存，便是'持养'。真体不须防检。不识此理，'庄敬'未免'着意'，'才

---

① 王艮：《王心斋全集》，第62页。

着意，便是私心'。"①

良知自在、恒在，但王艮又主张"识得此理"才能"现现成成，自自在在"，这实际上取消了良知的实在性。为了避免陷入形上形下分裂，必须引入新概念解决这一潜在的危险。

所谓本体义，由于良知是绝对的善，因此在日常生活中，应该依良知而行，以良知为体：

> 人生贵知学，习之惟时时。天命是人心，万古不易兹。鸢鱼昭上下，圣圣本乎斯。安焉率此性，无为亦无思。
>
> 我师诲吾侪，曰性即良知。宋代有真儒，《通书》或问之："曷为天下善？"曰惟性者师。
>
> > 先生因读此和稿而问在坐诸友曰："天下之学无穷，惟何学可以时习之？"内一友江西涂从国者答曰："惟天命之性，可以时习也。"再顾问诸友："还有可以时习之学乎？"众皆不应。良久，忽一童子，乃先生甥周莅者答曰："天下之学虽无穷，亦皆可以时习也。"众皆愕然。先生问曰："如以读书为学，有时又作文；如学文，有时又学武；如以事亲为学，有时又事君；如以有事为学，有时又无事。此皆可以时习乎？"童子曰："天命之性，即天德良知也。如读书时也，依此良知学；作文时也，依此良知学；学文学武，事亲事君，有事无事，无不依此良知学，乃所谓皆可以时习也。"先生喟然叹曰："信予者，从国也。始可与言专一矣。启予者，童子也。始可与言一贯矣。"②

王艮非常认可童子的回答，对其赞美道"启予者，童子也。始可与言一贯矣"。为何王艮对童子的回答评价如此之高？我们先来看童子的回答，童子认为"学而时习之"的学是良知之学，天命之性即良知；学文学武、事亲事君、有事无事，都是依此良知学。良知是天赋的道德法则。"依此良知学"，实际上是指让实

---

① 王艮：《王心斋全集》，第38页。
② 王艮：《王心斋全集》，第56页。

然的心服从良知、服从先天的道德法则，所以当说"依此良知学"，实际上是让良知为本体，当其作用、呈露出来时，就是纯乎天理、纯粹的道德实践。

但是，"让其成为本体"，仅仅是主观的保证，还不算是绝对的、可靠的根基。只有良知是本体，当其发用时，才是绝对的至善、纯粹的道德实践。如周公"思兼三王"就是纯粹的至善，是真正的体用圆融：

> 良知本体，与鸢飞鱼跃同一活泼泼地。当思则思，思通则已。如"周公思兼三王"，"夜以继日，幸而得之，坐以待旦"，何尝缠绕？要之自然天则，不着人力安排。①

周公仰慕三代之治，夜以继日，无时无刻不在思索，一旦有所得，坐以待旦，立即去施行。王艮以周公为例，意欲说明良知的"不着人力安排"，不需要"庄敬""持养"。这就是王艮所说的良知参赞化育："良知一点分分明明，亭亭当当，不用安排思索，圣神之所以经纶变化而位育参赞者，皆本诸此也。"② 从良知不假安排、是至善而言，又可称之"至神"："来书所谓动之即中，应之至神，无以加矣。是故人受天地之中以生，而动之即中，随感而应，而应之即神。"③ 如果王艮的学说到此为止，那么其最终结论只能是唯有圣人才有现成的良知，中人以下与此绝缘。这显然不符合泰州学派"觉民行道"的学说风格。为了建立普遍的良知学说，还必须引入本然义。

上面我们论述了良知的"设定"本体义，"设定"本体义仍无法到达真正的、圆融的至善，所以还需要引入本然义这一层结构。本然的心是良知，这就意味着只要去除私欲，先天的良知就会呈露而出。如此一来，去恶去妄的过程就是良知呈现的过程，所以王艮说"无妄则诚矣"：

> 治天下有本，身之谓也。本必端，端本，诚其心而已矣。诚心，复其不善之动而已矣。不善之动，妄也。妄复，则无妄矣。无妄，则诚矣。诚则无事

---

① 王艮：《王心斋全集》，第11页。
② 王艮：《王心斋全集》，第43页。
③ 王艮：《王心斋全集》，第52页。

矣。故诚者，圣人之本。圣，诚而已矣。是学至圣人，只复其不善之动而已矣。知不善之动者，良知也；知不善之动而复之，乃所谓致良知以复其初也。①

事实上我们知道，"去妄"并不意味着"诚"，"诚"需要主体无时无刻不在实践敬的工夫。同理，王艮引述孟子"无为其所不为，无欲其所不欲"来说明致良知的工夫路径，也是指向去恶去妄，良知就能得以呈露：

> 来谕谓"良知在人，信天然自足之性，不须人为立意做作"。足见知之真，信之笃，从此更不作疑念否。知此者谓之知道，闻此者谓之闻道，修此者谓之修道，安此者谓之圣也。此道在天地间遍满流行，无物不有，无时不然，原无古今之异，故曰："鸢飞戾天，鱼跃于渊"，言其上下察也。孟子曰："无为其所不为，无欲其所不欲"，如斯而已矣。所谓圣门肯綮者，此而已。②

无论是在哪一层结构中，良知的客观实在义是不变的，所以王艮对"良知在人，信天然自足之性，不须人为立意做作"这一观点，持赞赏的态度，"足见知之真，信之笃"。按照王艮的学说结构，他必须设立本然义，否则本体义仅仅是一种设定的结果，仍未主客圆融。这种本然义可以通过"无为其所不为，无欲其所不欲"展现出来。

事实上，王艮的学说仍然不彻底。按照他的理解，"去妄"则"诚"，那么遏人欲自然就会存天理，然而他又说存天理才能遏人欲：

> 天理者，父子有亲，君臣有义，夫妇有别，长幼有序，朋友有信是也。人欲者，不孝不弟，不睦不姻，不任不恤，造言乱民是也。存天理，则人欲自遏，天理必见。③

---

① 王艮：《王心斋全集》，第28页。
② 王艮：《王心斋全集》，第49页。
③ 王艮：《王心斋全集》，第64页。

王艮认为天理需要"存",只有存天理,才能遏人欲,"存天理,则人欲自遏,天理必见"。在这里,王艮将"存天理"视为"人欲自遏,天理必见"的逻辑前提。换而言之,王艮认为存良知才能人欲自遏,才有良知的见在和现成,没有存良知就没有良知的见在。这也就意味着人们若不去存良知,就不会有良知的见在。从形式上而言,王艮的"存天理,则人欲自遏,天理必见"的观点,实质上是将良知的见在和现成设立了逻辑前提。

三 "致中和"即"善念不动,恶念不动"

实体意义上的中体尚未揭露中体全貌。从体用关系而言,作为本体(作用之本体)的中体是道德实践的依据。需要注意的是,此处所说的本体义是指设定义的本体义,而不是圆融的本体义,从形式上而言,它是道德实践的依据:

"惟皇上帝,降中于民。"本无不同。"鸢飞鱼跃",此"中"也。譬之江淮河汉,此水也。万紫千红,此春也。"保合此中","无思也,无为也","无意、必、无固、我",无"将迎",无"内外"也。何"邪思",何"妄念"?惟"百姓日用而不知",故曰"君子存之,庶民去之"。学也者,学以修此"中"也。"戒慎恐惧",未尝致纤毫之力,乃为"修之"之道。故曰"合着本体是工夫,做得工夫是本体"。先知"中"的本体,然后好做"修"的"工夫"。①

在这段文字中,王艮认为中是先天赋予的,人人相同。这与良知的普遍义相同,良知、中体不分圣贤下愚,人人具有,人人皆同。"鸢飞鱼跃",在王艮学说中曾多次出现,并非是指鸢、鱼具有良知,而是指良知之普遍,不分古今中外,足以见大化流行之生生不息、无不覆载。虽然王艮也说"此道在天地间遍满流行,无物不有,无时不然","无物不有"并不是指动物也具有良知,而是说良知的实在性,遍照万物。接下来再看"譬之江淮河汉,此水也。万紫千红,此春也"一

---

① 王艮:《王心斋全集》,第38页。

句，王艮以"江淮河汉""万紫千红"譬喻中体的自在义、普遍义。从逻辑上而言，江淮河汉与水、万紫千红与春的关系并不相同，前者是实体和属性，后者"春"只是对"万紫千红"的描述。但王艮的意思是指中体与人的关系，中体是性，所以说"中也，良知也，性也，一也"。与此同时，"万紫千红"与"春"是指百姓日用之条理处无非是道，"百姓日用条理处，即是圣人之条理处"。"'保合此中'，'无思也，无为也'，'无意、必，无固、我'，无'将迎'，无'内外'也。何'邪思'？何'妄念'？"，从圆融的体用义而言，中体的呈露无所不通，无邪思妄念。但从"保合此中"而言，中体又是主体实践的依据，所以君子存之，学以修此中也。就工夫论而言，由于良知、中体是本然之心，所以不需刻意庄敬，刻意庄敬实际上使实然之心自我建立依据，这将流于私心，所以王艮说"真体不须防检。不识此理，庄敬未免着意，才着意，便是私心"。

以上我们论述了中体具有的三层结构，即实体义、本体义与本然义结构。从工夫论而言，"致中和"实际上就是让具有实体义和本体义的中体呈露出来，这在王艮看来是极为简易，即"善念不动，恶念不动"：

> 子谓子敬曰："近日工夫何如？"对曰："善念动则充之，恶念动则去之。"曰："善念不动，恶念不动，又如何？"不能对。子曰："此却是'中'，却是'性'，'戒慎恐惧'此而已矣。是谓'顾是天之明命''立则见其参于前，在舆则见其倚于衡'。常是此'中'，则善念动自知，恶念动自知，善念自充，恶念自去。如此慎独，便可知立'大本'。知立'大本'，然后'内不失己，外不失人'，更无渗漏。使人人皆如此用功，便是'致中和'，便是'位天地、育万物'事业。"[①]

子敬的工夫"善念动则充之，恶念动则去之"，实际上并未领悟中体、良知。在王艮看来，善念是不需要充实的，中体、良知能自知、自觉、自发，去掉人欲之私，中体、良知至善的本性就完全呈露。因此"戒慎恐惧"并非是指随时保持实然之心的恐惧、谨慎，而是保持"善念不动，恶念不动"，然后"善念动自知，恶

---

① 王艮：《王心斋全集》，第39页。

念动自知，善念自充，恶念自去"。

总之，王艮未发已发思想基于其良知学说所具有的双重结构，未发已发思想便是在这种双重结构上展开。不可否认，王艮的思想在坚持良知自足性上并不彻底，他有时认为"良知在人，信天然自足之性，不须人为立意做作"，但有时又说"识得此理，则现现成成，自自在在"，认为良知自在仍需要主观的"识得"。

王艮"乐学"思想探论

申祖胜

摘　要： 王艮继承并发展了阳明的乐学思想，并将之作为其立言宗旨。一方面他上承阳明"乐是心之本体"以及"常快活便是工夫"的说法，倡导良知本体的自然、活泼、快乐，以及工夫过程之自然、简易之乐；另一方面，他把关注点置于百姓日用之上，通过对安身立本之工夫论的解说，将道德践履与安身相统一，从而使得"乐"之指向不仅包括精神方面的自得、洒落，也包括与此相关的生命存在。由于王艮的"乐学"是在"万物一体之仁"观念下的展开，故而其所言之"乐"最后呈现出一种"独乐"与"众乐"的结合状态，即个人得其"自乐"的过程正是众人得其"众乐"的过程。

关键词： 王艮　乐学　万物一体之仁　良知　淮南格物

王艮（1483—1541），字汝止，号心斋，在王阳明诸弟子当中，他出身低微，是世居淮南滨海的灶户子弟，幼时因家贫辍学，十九岁便随父从事私盐贩卖，后在山东阙里拜谒孔庙之后，始发愤读书。数年后的某夜得一异梦而心体洞彻，自称启悟了万物一体之仁，以"宇宙在我之念益真切不容已"，那年王艮二十九岁。此后，他又自学苦读十年，自三十八岁起开始师事阳明，直到阳明离世为止前后共八年。[①] 在这之后，王艮便开始了他自由讲学的生涯，泰州学派也从而建立。

从王艮的早年经历来看，他是在学有所得之后方从学于王阳明的，而从其后来

---

* 本文原载《孔子研究》2017年第1期。
** 申祖胜，厦门大学哲学系讲师。
① 王艮：《王心斋全集》，江苏教育出版社2001年版，第67—76页。

思想发展上看，即便在从学阳明后他也并未抛却早年自身的思维体认，嘉靖十六年后，王艮更是以一种有异于师门的"淮南格物"说闻名。基于这些事实，我们说王艮之于阳明学说是不能仅以继承看待的。

从王艮早年体悟得"万物一体之仁"，后游于阳明门下，融入"良知"学，再到晚年作《格物要旨》，① 最终确立其格物说，乐学思想可说贯穿于王艮为学始终，"乐"也成为王艮哲学思想中的一个核心关键概念。

王艮对"乐"的论说与阳明有同有异。在阳明那里，"乐"贯穿于良知本体、工夫和境界之中，他提出"乐是心之本体"、"良知即是乐之本体"和"常快活便是工夫"等说法。② 在强调"乐"在于良知之完满朗现和"常快活便是工夫"方面，王艮与阳明思想一致，在"乐"之境界体现上，二人却风貌有别。相较于阳明对洒落之境的强调，突出其无执无着、自由自在特性以及在世俗生活之上的超越意味，王艮通过对百姓日用即道以及安身、保身工夫论的阐释，赋予了"乐"以更为感性、现实的内涵，他将"乐"的主体境界落实在了具体生命与个体存在之上，将道德践履与安身相统一，从而使得"乐"之指向不仅包括精神方面的自得、洒落，也包括与此相关的生命存在。本文拟从"万物一体之仁""良知"学和"淮南格物"说三个层面分别展开论述，以求对王艮乐学思想做一较为深入的探讨。

一 "万物一体之仁"观念下的"乐学"思想

（一）从"万物皆备于我"到"万物一体之仁"

"万物一体"是中国思想史中极为重要的议题之一，儒、释、道三家均有讨论。由于它常常并非理性的体察，也不是一般的感官经验可及，故而常被学者认为是一种神秘经验或密契经验（mystical experience）。有关这种神秘经验，在释、道两家宗教背景下看，本不足为奇，但在向以理性与实用主义著称的儒家，则显得有些特别。

---

① 王艮淮南格物说的形成时间，据吴震先生考证，实经历了一个漫长的过程，最终确立于心斋五十五岁那年作《格物要旨》时，然该文今已失传。参阅吴震《王心斋"淮南格物"说新探》，《陕西师范大学学报》（哲学社会科学版）2008年第1期。

② 《王阳明全集》，上海古籍出版社1992年版，第94、194页。

儒家有关"万物一体"的观念渊源甚早,自孟子便已提出"万物皆备于我矣。反身而诚,乐莫大焉。强恕而行,求仁莫近焉"(《孟子·尽心上》)。对这一命题孟子本人并未加以阐释,而后世的解释却纷纭莫衷。东汉赵岐解释道:"物,事也。我,身也。普谓人为成人已往,皆备知天下万物,常有所行矣。诚者,实也。反自思其身所施行,能皆实而无虚,则乐莫大焉。"① 正如有学者所指出的,赵注虽长于名物训诂、古事地望等,然于孟学精义,颇有阙漏,朱子以"赵岐孟子,拙而不明"为病,陆象山亦以"赵岐解孟子,文义多略"为憾,盖良有以也。② 赵岐这里的解释,确实不能令我们满意,何以"反自思其身所施行,能皆实而无虚"就"乐莫大焉"了呢?"万物皆备于我"与"乐莫大焉"之间存在着一种怎样的意义关联?

朱子对孟子这段话的解释较之赵岐就有了明显的进步,他解释道:"此言理之本然也。大则君臣父子,小则事物细微,其当然之理,无一不具于性分之内也。反身而诚,乐莫大焉。乐,音洛。诚,实也。言反诸身,而所备之理,皆如恶恶臭、好好色之实然,则其行之不待勉强而无不利矣,其为乐孰大于是。"③ 朱子遵循理性主义的逻辑思路来阐释孟子的这段话,将"乐莫大焉"置入理学范畴体系并作为道德行为的感受后果看,多少还是显得滞隔,仍无法令我们眼前豁然。要知道,孟子这里所讲的"乐莫大焉"与人们在道德实践时产生的"自慊",或者"一箪食,一瓢饮,在陋巷,人不堪其忧,回也不改其乐"(《论语·雍也》)那种悠然自得的感受状态是不同的。此"乐莫大焉"是在"反身而诚"之后才出现的,"反身"指将心神从"物交物,则引之"(《孟子·告子上》)的种种缠夹牵绕中挣脱出来,找回失落的自我,从而回归到真实不虚的"诚"的存在状态。④ 因此,"乐莫大焉"既是一种感受,同时又似于一种"道境"。

孟子"万物皆备于我"的论说带给理性主义哲学家的困惑着实不小。究竟在什么意义上万物是备于我的?在"万物皆备于我"的状态下,"万物"是什么意义上的万物?"我"是什么意义上的我?而"备"又是怎样的一种"备"呢?理性主

---

① 焦循:《孟子正义》,中华书局1987年版,第882—883页。
② 黄俊杰:《孟学思想史论》,台北:东大图书股份有限公司1991年版,第336页。
③ 朱熹:《四书章句集注》,中华书局1983年版,第350页。
④ 彭高翔:《孟子"万物皆备于我"章释义》,《中国哲学史》1997年第3期。

义的阐释到了这里已不得不面对一个论说无法圆融的困局，各种观点常常争执不休，宋明时期如此，即使在当代学术界也是这样。现代学者中不少人把孟子这里的表述视为一个主观唯心主义的命题，而理解又不尽相同。如解为人与宇宙同一的精神境界；万物的优点我皆有之；事物的是非、善恶、美丑的标准俱在人心；万物皆由我而具备等。① 其实正如陈来先生所说："从神秘经验的角度，孟子的话不仅是完全可以理解的，而且它作为一种源头，很大程度上规定了后来儒学体验的内容和解释。"②

何谓神秘经验？陈来先生在整合西方学者的研究后提出："神秘体验是指人通过一定的心理控制手段所达到的一种特殊的心灵感受状态，在这种状态中，外向体验者感受到万物浑然一体，内向体验者则感受到超越了时空的自我意识即整个实在，而所有神秘体验都感受到主客界限和一切差别的消失，同时伴随着巨大兴奋、愉悦和崇高感。"③

神秘经验的视角为我们理解孟子所讲的"万物皆备于我"等几句话打开了一扇窗口。所谓"一定的心理控制手段"大致相应于孟子所讲的"反身而诚"的"反身"，这种工夫导向的是"万物皆备于我"与"乐莫大焉"的特殊心灵感受状态，前者是一种外向的体验，后者是一种内向的体验，两者并列而取径一致。孟子这里先言"万物皆备于我矣"，是总说，继而言"反身而诚，乐莫大焉。强恕而行，求仁莫近焉"，是分论细说，前后语序的措置我们不能忽视。

孟子有关"万物皆备于我"的论说在某一个方向开启了后世儒家一条至关重要的理路，它作为一种源头，也在很大程度上规定了后来儒学体验的内容和解释。程明道、陆象山、杨慈湖、陈白沙、王阳明等不同儒者各自的某些论说，皆与之一脉相承。④

这里需要指出的，也是陈来先生在其《心学传统中的神秘主义问题》一文中重点强调的，即"宋明理学中关于神秘体验的记述确乎不少，而以神秘体验为工

---

① 参见方克立主编《中国哲学大辞典》，中国社会科学出版社1996年版，第44页。
② 陈来：《有无之境：王阳明哲学的精神》，人民出版社1991年版，第410页。
③ 陈来：《有无之境：王阳明哲学的精神》，第392页。
④ 彭高翔：《孟子"万物皆备于我"章释义》，《中国哲学史》1997年第3期；另参见陈来《心学传统中的神秘主义问题》一文，载氏著《有无之境：王阳明哲学的精神》，第390—415页。

夫的理学家多属心学一路。宋明时代的朱学则一直从理性主义和严肃笃实的律己修养方面批评心学的神秘主义倾向"①。理学内部对待神秘主义的这两种不同态度，直接影响了他们在"乐学"问题上的观念分歧。换句话说，"乐"的命题在心学一系中更受关注，这与他们普遍受万物一体论的影响有关。朱学一系选取的还是"敬畏"的进路，"主客二分""主体为重"在他们的思维形态中特征明显。当然，我们这里也只是概说，并不是说朱学中绝无对"乐"命题的关注探讨，或心学中绝无"敬畏"的取向。此处的表述只是就这二系理学家在修养工夫过程中所呈现出的大体偏向而言。②

如果说"万物一体"的思想在孟子那里还只是偶一涉及，在宋明理学家尤其是心学一路理学家们那里则成了一个经常被论述的话题，他们之进步于孟子的地方在于明确地将"万物一体"与"仁"联系到了一起，在表述上或者称"万物一体之仁"或者称"仁者以天地万物为一体"。

不难看到，将"仁"与"万物一体"连用，或者说用"万物一体"来诠释"仁"正是理学家不同于佛、老的地方。理学家用"万物一体"来诠释"仁"，也使得原本单纯的心理体验变为一种提高人的品格境界和心性修养的手段。正如有学者所指出的："儒家探求'万物一体'并非基于形上学的兴趣，其'万物一体'论的发展乃与实用层面的工夫履践密切结合。"③ 如果我们拿王阳明哲学来看，"万物一体"是阳明思想的基本精神，他的《大学问》便集中阐述了"万物皆备于我"的同体思想。然而正如阳明所说："明明德者，立其天地万物一体之体也。亲民者，达其天地万物一体之用也。故明明德必在于亲民，而亲民乃所以明其明德也。"④ 也就是说，阳明认为"万物一体"必须"体""用"结合，"体"以发"用"，"用"以明"体"，"万物一体"的境界必须密切结合于实用层面的工夫践履。阳明由此从"万物皆备于我"推向"心即理"再推向"致良知"，一步步开

---

① 陈来：《有无之境：王阳明哲学的精神》，第407页。
② 众所周知，"孔颜之乐"的命题自周敦颐提出后，很快便成为一个众理学家所经常谈论的话题。由于宋明理学极为注重理想境界，而"孔颜之乐"正是理境界，即圣贤境界的标志，从而使得这一话题成了宋明理学发展史上一个命脉攸关的大问题。只是应该注意的是，在将"乐"作为一种理想境界观时，理学内部并无大的分歧。而在将"乐"作为一种体验及工夫态度观时，理学内部就有了我们这里所看到的分歧。
③ 黄淑龄：《明儒之万物一体论及其道德实践——以罗近溪工夫论为核心》，《台大文史哲学报》2010年第73期。
④ 《王阳明全集》，第968页。

展出他自己的工夫步骤。

由于此"万物一体"论隐含着"主客合一"的主张,故而超越主客对立便成为其必然归宿,而以"逆觉体证"① 为体道之法更属必然。阳明认为本体与工夫不能拆解为两段,亦即对本体的肯认就是工夫的实践。阳明的此一段论学精神显然为王艮所认同,王艮亦以此作为其基本的立论基调。应该看到,这样的工夫取向实则是一种当下直心体认的方式,更似一种抽象的密契体验或神秘体验。正如我们前面提到的,"巨大兴奋、愉悦和崇高感"是神秘体验的一项特质,阳明正是在这种意义上提出了"乐是心之本体"的说法,② 王艮的"乐学"思想也是在同样的意义下展开的。

如果说"乐"在阳明那里还只是一般的受重视,在王艮这里则几乎成了其立言宗旨。下面我们便结合其"万物一体"说来分析一下他的"乐学"思想。

(二) 王艮的"万物一体"说及其"乐学"思想

王艮在其早期著作《鳅鳝赋》中集中展示了他"万物一体"论的思想,而从这篇赋中我们也可看出王艮对"乐"的看法。其文引述如下:

> 道人闲行于市,偶见肆前育鳝一缸,覆压缠绕,奄奄然若死之状。忽见一鳅从中而出,或上或下,或左或右,或前或后,周流不息,变动不居,若神龙然。其鳝因鳅得以转身通气,而有生意,是转鳝之身、通鳝之气、存鳝之生者,皆鳅之功也。虽然亦鳅之乐也,非专为悯此鳝而然,亦非为望此鳝之报而然,自率其性而已耳。于是道人有感,喟然叹曰:"吾与同类并育于天地之间,得非若鳅鳝之同育于此缸乎?吾闻大丈夫以天地万物为一体,为天地立

---

① "逆觉体证"是现代新儒家牟宗三先生自己构造出来的标示儒学工夫论的一个词语,逆觉之"逆",即孟子所谓"尧舜性之,汤武反之"的"反"。在逆觉中即含有一种肯认或体证,体证是在日常生活中随其时时之呈露而体证,这种与日常生活不相隔离的体证,名曰"内在的逆觉体证"。而与日常生活相隔离的,则名曰"超越的逆觉体证"。而不隔离者是儒家实践的定然之则,隔离者则是一时之权机。

② 《王阳明全集》卷 5 记阳明答黄勉之语曰:"乐是心之本体,仁人之心,以天地万物为一体,䜣合和畅,原无间隔。来书谓'人之生理,本自和畅,本无不乐,但为客气物欲搅此和畅之气,始有间断不乐'是也。时习者,求复此心之本体也。悦则本体渐复矣。朋来则本体之䜣合和畅,充周无间。本体之䜣合和畅,本来如是,初未尝有所增也。就使无朋来而天下莫我知焉,亦未尝有所减也。来书云'无间断'意思亦是。圣人亦只是至诚无息而已,其工夫只是时习。时习之要,只是谨独。谨独即是致良知,良知即是乐之本体。"(《王阳明全集》,第 194 页)

心,为生民立命,几不在兹乎!"遂思整车束装,慨然有周流四方之志。少顷,忽见风云雷雨交作,其鳅乘势跃入天河,投于大海,悠然而逝,纵横自在,快乐无边。回视樊笼之鳝,思将有以救之。奋身化龙,复作雷雨,倾满鳝缸,于是缠绕覆压者,皆欣欣然而有生意。俟其苏醒精神,同归于长江大海矣。道人欣然就车而行。或谓道人曰:"将入樊笼乎?"曰:"否。吾岂匏瓜也哉,焉能系而不食?""将高飞远举乎?"曰:"否。吾非斯人之徒与而谁与?""然则如之何?"曰:"虽不离于物,亦不囿于物也。"因诗以示之,诗曰:一旦春来不自由,遍行天下壮皇州。有朝物化天人和,麟凤归来尧舜秋。①

在这篇赋中,王艮所试图表达的其实是一种万物共存的思想。鳅虽有助于鳝,但也仅是自率其性、自得其乐而已,并不要求回报也不应要求回报。这正是孔子"吾非斯人之徒与而谁与"(《论语·微子》)的精神,也正是"大丈夫以天地万物为一体,为天地立心,为生民立命"的必然之义。道人最后所表明的"虽不离于物,亦不囿于物"的思想,十分清晰地反映了王艮积极应世而又自得其乐的思想。所谓"不离物"正代表了他的入世精神,"不囿于物"则展现其率性而不系于物的洒脱。

王艮"万物一体之仁"的思想,在《鳅鳝赋》中已尽显端倪,而这也代表了他一生的志向。我们下面再引述王艮的另一段文字,以就此问题做进一步的说明:

相勉于仁,惟恐其不能迁善改过者,一体相关故也。……于此观之,人不爱我,非特人之不仁,己之不仁可知矣。人不信我,非特人之不信,己之不信可知矣。君子为己之学,自修之不暇,奚暇责人哉?……夫仁者,以天地万物为一体,一物不获其所,即己之不获其所也,务使获所而后已。是故"人人君子,比屋可封","天地位而万物育",此予之志也。②

这段文字更为明确地展示了王艮"万物一体"的精神。所谓"一夫不获其所,

---

① 王艮:《王心斋全集》,第55页。
② 王艮:《王心斋全集》,第30页。

即己之不获其所，务使获所而后已"，这应该是在孟子"万物皆备于我"的思想基础上又向前推论一步的结果。我们知道，"依孟子，'我'的本质规定是道德本体意义上的存在。这种本真自我以仁心诚意的无限觉润为根本特征。'我'的无限觉润是在'与物无对'的方式下，无时无处不以满腔关切与爱意投向一切，润泽万物。而万物相对于此种意义下的'我'，便不复仅具有物质结构的身份，而开启出了其自在的意义、价值的向度，作为一种生命存在进入了'我'的生命存在，与'我'共同构成了一个统一的意义共同体。'万物皆备于我'，正是在这个意义上揭示出了物我的'我—你'关系状态。在孟子这句话中，'我'就是一个道德的本真自我。我与其它存在都发生关系的方式就是我不以对象、客体的眼光打量周遭的世界，而以恻隐关怀投向世内一切存在者。万物则在恻隐关怀的浸润中超越了时空、因果的拘围，彰显出独特的意义结构。'万物'就是这个意义上的万物。而'万物'进入'我'的生命存在而彼此结成一体，则体现了'备'的含义。当然，说万物进入我的生命存在，并不意味着这是单方面的进入。万物进入我的生命存在之同时，我也进入万物的生命存在。'我—你'关系就是指我与万物彼此生命相互涉入所形成的亲和一体性。因此，'备'的真实含义是'同构'，只不过孟子是从'我'的角度来说罢了"。①

在这种意义层面，我们说"他者"的完成已成了"自我"完成的必备一环，所谓"一夫不获其所，即己之不获其所，务使获所而后已"。于是，当出现"人不爱我""人不信我"时，必定是"己之不仁""己之不信"，王艮说"君子为己之学，自修之不暇，奚暇责人哉？"也正是题中应有之义。当然，在这种意义下的"为己之学"，我们不应该再把它看作单纯的"私"，"为己"实际上也有着"为公"的内涵特征。正如我们在上面《鳅鳝赋》中看到的："是转鳝之身、通鳝之气、存鳝之生者，皆鳅之功也。虽然亦鳅之乐也，非专为悯此鳝而然，亦非为望此鳝之报而然，自率其性而已耳。"因为主观上的朝向还是"为己"，所以尽管在客观效果上有"为公"的效果，我们还不能就把它等同于是全公，这只是自率其性而已。

---

① 彭高翔：《孟子"万物皆备于我"章释义》，《中国哲学史》1997年第3期。彭文别具只眼把孟子的命题同马丁·布伯的思想联系起来考察，虽不能说是孟子此命题的唯一诠释方法，但其言之成理，很有意义，笔者即深受启发。

透过这种观念，我们重新审视王艮的"乐学"思想就不难发现，王艮的乐学取向，最后出现的结果必定是一种独乐与众乐的结合状态。首先，此乐是在"万物一体之仁"精神下的展开，故而首先出现的是万物各获其所后的众乐，不过这非是王艮的乐学重点，王艮的乐学思想所要论说的还是个体之乐，所谓的众乐，只是中间过程中的另一种获得。但因为王艮的"乐学"思想是建基于"万物一体"观念之上的，"他者"是"我"生命存在的一部分，于是众乐在客观上不自觉地成了获得独乐的必备一环，没有众乐也就没有真正的独乐，于是便出现了这样一种结果：个人得其"自乐"的过程正是众人得其"众乐"的过程。

二　"良知"学观念下的"乐学"思想

王艮师从阳明，可说正是从服膺其"良知"学开始。[①] 他曾作诗云："人生贵知学，习之惟时时。天命是人心，万古不易兹。鸢鱼昭上下，圣圣本乎斯。安焉率此性，无为亦无思。我师诲吾侪，曰性曰良知。"[②] 另如："此乐多言无处寻，原来还在自家心。圣师专以良知教，贤友当为切己箴。"[③] 皆可见其对阳明"良知"说的推崇与继承。

不过，我们要先指明，王艮对阳明所谈"良知"，在概念上一仍延续，而在概念的意涵上，王艮却有他不同于阳明的地方。

王艮自己有关"良知"的思想，在他四十五岁时所作《天理良知说——答甘泉书院诸友》一文中有很好的体现，该文原是为了调合湛甘泉与王阳明在"天理""良知"说上的分歧。"王守仁以'天理'为人心所固有，'致良知'就是把心中的'天理'自觉地表现出来。湛若水受程、朱的思想影响，认为'天理'虽为人心所固有，但需要通过学问、思辨、笃行工夫方能体认，他称之为'体认天理'。王守仁批评'体认天理'是放弃根柢，湛若水批评'致良知'是毫无学问，二人反复论难，几乎不能相容。"[④] 因该文较长，我们这里只节选其中关键部分：

---

① 事见《年谱》"三十八岁"条下（王艮《王心斋全集》，第69—70页）。
② 王艮：《王心斋全集》，第56页。
③ 王艮：《王心斋全集》，第59页。
④ 龚杰：《王艮评传》，南京大学出版社2001年版，第60页。

> 或问"天理""良知"之学,同乎?曰:"同。"曰:"有异乎?"曰:"无异也。""天理"者,天然自有之理也,"良知"者,不虑而知、不学而能者也。惟其不虑而知、不学而能,所以为天然自有之理;惟其天然自有之理,所以不虑而知、不学而能也。故孔子曰"知之为知之,不知为不知",是良知也。"入太庙,每事问",是天理也。惟其"知之为知之,不知为不知",所以"入太庙,每事问";惟其"入太庙,每事问",便是"知之为知之,不知为不知"。曰"致",曰"体认",知天理也。否则"日用不知"矣。①

在该文中,王艮以"天理良知"作为其主要的理论之一,他将天理、良知打并一块作为一个单独概念,表面上是为了调和湛、王"天理"与"良知"说的分歧,实际上则演绎出他自己的一番良知理论。

我们知道,湛、王二人的不同,仍是传统理学脉络下的分歧,如甘泉言"随处体认天理",阳明言"致良知",他们所关注的还是本体论上的内、外问题与工夫论方面的具体体认方法的差异。王艮这里的关注点,与二人皆有不同,他已不再执着于形上本体的论说,而是将"良知""天理"等形上范畴一概落实到个体之知觉本能上。如他指出的,人的知觉本能是"不虑而知,不学而能",没有一点假作的"知之为知之,不知为不知"的自然而然的行为就是"良知",而"良知"是天然合理的,所以也就是"天理",所谓"天理良知"也就是人的知觉本能的天然合理。②

如果我们将王艮的"天理良知"与阳明的"良知"拿来做一细致比较,似不难看出,王艮的良知思想对良知形上本体的关注已大大减弱了,他主要关注的是良知显在的形下日用层面。同时,我们也应该注意到,阳明有言"良知即是天理",但他也说过"良知是天理之昭明灵觉处",所以严格讲来,在阳明这里,"天理不就是良知,灵觉也不就是良知,只有在天理后加上灵觉,或在灵觉前加上天理,两义结合才是良知的含义"。③ 王艮简单地将天理等同于良知,不能不说其良知的意

---

① 王艮:《王心斋全集》,第31—32页。
② 有关王艮"天理良知"思想的论述可参阅龚杰《王艮评传》,第60—69页。
③ 陈来:《有无之境:王阳明哲学的精神》,第175页。

涵已经有别于阳明了。

现在，我们有必要再征引王艮的几条语录，以就上述问题做更进一步分析。

"天理"者，天然自有之理也，方欲安排如何，便是"人欲"。①

天性之体本自活泼，鸢飞鱼跃便是此体。②

良知天性，往古来今人人具足，人伦日用之间举措之耳，所谓大行不加，穷居不损，分定故也。③

天理者，父子有亲，君臣有义，夫妇有别，长幼有序，朋友有信是也。④

比照以上语录，我们看到，王艮将天理良知合一，认定其为人的天性，人的日常行事只当顺任良知，不用担心它有所不足，不疑虑它不够准确。相反，如果无法放下理性思维，觉得自信己心、当下承担有所未安，欲有所造作安排，这就是人欲。

良知在王艮这里，同时具有普遍性与见在性的特征。如他以"良知天性，往古来今，人人具足"表现良知的普遍性，又以良知透显于人伦日用彰显其见在性。王艮正是透过对阳明良知学的吸收与转化，大大凸显出人的个体生命的饱满与活泼。对于王艮将良知与日用人伦相结合的思想，杨欣桦指出："心斋之学说突出了人之主体性原则，而其之所以将良知与日用人伦相结合，也正是为了实践道德良知。异言之，即是化道德法则为生活实践，因而于日用伦常间，即可见天理之流行。"⑤

这种回归当下，讲求日用的工夫方式，似乎有将"良知本体"视同"感官本能"之意，其客观要求是自信己心、直下承担，究其实质则是要求人们不要去空头想象、涵养一个抽象的心体，而应以"应机而做"作为道德实践的内涵。对于不了解这种工夫内涵的人们来说，王艮的这种学说简直就是无工夫论了，典型者如

---

① 王艮：《王心斋全集》，第10页。
② 王艮：《王心斋全书》，第19页。
③ 王艮：《王心斋全集》，第47页。
④ 王艮：《王心斋全集》，第64页。
⑤ 杨欣桦：《王心斋思想之形成及其发展》，硕士学位论文，台湾"中央"大学，2005年，第78页。

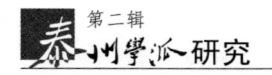

顾宪成，他道：

> 心斋之门人尝问为善去恶功夫。心斋谓之曰："见在心地有恶否？"曰："何敢有恶！"心斋曰："既无恶，更去何恶？"良久，乃谓之曰："见在心地有善否？"曰："不见有善。"心斋曰："既此是善，更为何善？"是心斋以无善无恶扫却为善去恶。①

顾宪成此处称王艮以无善无恶去除为善去恶的工夫，其意是指王艮无工夫论。然而，我们如认真审视王艮与门人的问答，可知他此处并非简单就工夫论论述，他的思路是以"不虑而知""不学而能"为天然自在之理，所以他采取的是一种逆向体证，用"剥离善恶"的方式扫除心之杂染，然后肯定"既此是善"，可说最后呈现出的是一种"自然大善"，这当然不能简单地等同于无工夫论。

在本文的第一节里，我们曾指出"乐"的命题在心学一系中很受关注，这与他们普遍受万物一体论的影响有关。实际上，这只是道出了"乐"在心学家学说体系里一个方面的内涵。心学家所讲的"乐"并非只限于那种伴随神秘体验而来的"巨大兴奋、愉悦和崇高感"，心学家还讲一种"乐"，即工夫过程中的"稳当快乐"，而这种"稳当快乐"又是与其良知说密切相关的。阳明《传习录》载：

> 曰："尔那一点良知，是尔自家底准则。尔意念着处，他是便知是，非便知非，更瞒他一些不得。尔只不要欺他，实实落落依着他做去，善便存，恶便去，他这里何等稳当快乐。此便是格物的真诀，致知的实功。若不靠着这些真机，如何去格物？"②

在阳明看来，良知本于直觉，是一种抽象的非理性能力，人人本有，在当下日用间只需要顺任良知，"如好好色，如恶恶臭"一般诚实面对自己的感受就是从事

---

① 顾宪成：《证性编》卷6，《顾端文公遗书》，清康熙刻本。
② 《王阳明全集》，第92页。

道德实践。① 就像他所说的："良知只是个是非之心，是非只是个好恶，只好恶，就尽了是非。"② 这完全不同于朱学那种纯粹道德、完全理性的生活，学人真的依循了良知去做，必然会产生快乐的感受。在这一点上，王艮与阳明是完全一致的，只是他的表述不是"稳当快乐"，而是"简易快乐"，如他说："必也使之明此良知之学，简易快乐，优游餍饫，日就月将，自改、自化而后已。"③

王艮有一首脍炙人口的《乐学歌》，其中所道之"乐"既包括了我们在第一节所述的那种"万物一体"观念下的"巨大兴奋、愉悦和崇高感"，又包括我们本节所述的"简易快乐"：

> 人心本自乐，自将私欲缚。私欲一萌时，良知还自觉。一觉便消除，人心依旧乐。乐是乐此学，学是学此乐。不乐不是学，不学不是乐。乐便然后学，学便然后乐。乐是学，学是乐。于乎，天下之乐何如此学，天下之学何如此乐！④

所谓"人心本自乐，自将私欲缚。私欲一萌时，良知还自觉。一觉便消除，人心依旧乐"，其大旨就是说人心本乐，但因受缚于私欲故而失去此乐，而私欲之动又是良知所能自觉者，所以良知一觉即能消除私欲束缚，得以重显心体之乐。这和阳明在《与黄勉之》文中所表述的"乐"在于良知之完满朗现意思一致。这种"乐"正是孟子那种"反身而诚，乐莫大焉"之"乐"，也就是我们在第一节所讲的"万物一体之仁"观念下的"乐"。而"不乐不是学"所讲的正是我们本节所述的工夫过程中的"稳当快乐"。"乐"与"学"在王艮哲学中的关系正如唐君毅先生所说："则此心斋之致良知之学，乃要在先知此良知本体之原以安身而安家国天下为乐；即依此乐以成其学，而更学有此乐；以使学与乐，互相依据，以成其增

---

① 《传习录》载："先生尝谓：'人但得好善如好好色，恶恶如恶恶臭，便是圣人。'直初时闻之觉甚易，后体验得来，此个功夫着实是难。如一念虽知好善恶恶，然不知不觉，又夹杂了。才有夹杂，便不是好善如好好色，恶恶如恶恶臭的心。善能实实的好，是无念不善矣；恶能实实的恶，是无念及恶矣。如何不是圣人？故圣人之学，只是一诚而已。"（《王阳明全集》，第97页）可见在阳明看来，心"诚"与"不诚"实在是道德实践过程中一个极为关键的因素。
② 《王阳明全集》，第111页。
③ 王艮：《王心斋全集》，第31页。
④ 王艮：《王心斋全集》，第54页。

进。由此言之，则心斋之教，即先正面的悟此良知之本体之乐，以成其工夫之教。"①

麦仲贵先生曾指出："王学浙东之王龙溪及泰州之王心斋以后，其讲学之风，亦逐渐由讲堂之授受，转而重视于从日常生活上随处加以指点，使学问与生活打成一片。此种表现，即不仅是重知，而是更重行。此中之讲王学者，亦极富生活情趣，并有其浪漫性之生活表现。如王心斋父子，即由'乐学歌'而言人心体之原涵有'学'与'乐'之性，乃教人当下洒落自然，摆脱一切习气格套，矫饰造作，而唯顺应当下良知心体之自然以行事。然此则不唯富有自然主义之色彩，而亦同时与禅宗之重从生活上之随机指点，所谓'禅机'者，相近而亦相通。"② 麦氏此语虽是通论"二王"，却也很形象地道出了泰州学派自王艮起已经有了与生活浑融的迹象，而这也正是王艮泰州学派有别于同时期他学派的一个显著特点。

三 "淮南格物"观念下的"乐学"思想

王艮的格物论，因其独具特色而被称为"淮南格物"。相关文献有关"淮南格物"的记载却错综复杂。一个较有代表性的看法是赵大洲（名贞吉）《泰州王心斋墓志铭》的说法："越中良知，淮南格物，如车两轮，实贯一毂。"③ 其中"越中"指的是阳明，④"淮南"指的是王艮。这从侧面透露给我们一个信息：王艮的核心思想便是其格物说，而且能与其师阳明的良知说分庭抗礼。

有关王艮的格物说，其族弟王栋言道：

> 先师之学，主于"格物"，故其言曰："格物是止至善工夫。"格字不单训正"格如格式"，有比则推度之义，物之所取正者也。物即"物有本末"之物，谓吾身与天下国家之人。格物云者，以身为格而格度天下国家之人，则所

---

① 唐君毅：《中国哲学原论——原教篇》，中国社会科学出版社2006年版，第248页。
② 麦仲贵：《王门诸子致良知学之发展》，香港中文大学出版社1973年版，第197—198页。
③ 赵贞吉：《泰州王心斋墓志铭》，载周汝登编《王门宗旨》卷8，明万历刻本。
④ 如单言"越中"，或以为是指王畿，然该铭下文有"越中王先生自龙场谪归"语，故"越中"指阳明无疑。

以处之道，反诸吾身而自足矣。①

王艮的格物说是在其"万物一体"与"宇宙在我"思想基础上发展而来，这是可以推见的，如他说：

> 身与天下国家一物也，惟一物，而有"本末"之谓。"格"，絜度也，度于本末之间，而知"本乱而末治者否矣"，此"格物"也。"物格"，"知本"也，"知本"，"知之至"也。故曰："自天子以至于庶人，一是皆以修身为本"也。"修身"，"立本"也，"立本"，"安身"也。②

王艮这里要阐发的只有一个道理，即"正己物正"。他为儒学格物说加入了一个新的元素，即本末思想，身为本，天下国家为末。在他看来，因为"万物一体相关"，"万物"得以进入"我"的存在，从而和"我"成为一个统一的意义共同体，所以"人之不仁"必与"己之不仁"有关，王艮遂以"天地位而万物育"为终身职志，并以"修身正己"为达到这个目的的方法。

王艮曾说：

> 吾身是个"矩"，天下国家是个"方"，絜矩则知方之不正，由矩之不正也。是以只去正矩，却不在方上求。矩正则方正矣。方正则成格矣。故曰"物格"。吾身对上下、前后、左右是"物"，絜矩是"格"也。③

王艮认为格物之入手，应从自身上寻求，所谓格物就是知本，身为本，格物也就是修身。反观阳明，所注重的则是"格物正心"。王艮从"格物正身"出发，以此发展成正己之学，于是不自觉地弱化了"心"（知），转而强调"身"（行），以

---

① 王栋：《明儒王一庵先生遗集》，载《王心斋全集》，第147页。
② 王艮：《王心斋全集》，第34页。据吴震先生考证，王艮格物说的提出是受其长子王衣"悟物有本末之旨"的启发。[参阅吴震《王心斋"淮南格物"说新探》，《陕西师范大学学报》（哲学社会科学版）2008年第1期] 尽管如此，和我们这里所说也不致构成逻辑上的矛盾，王艮即便是受了王衣启发，也是因为王衣的体悟和王艮旧有思想有相合之处，如此才能一拍即合，产生"共振效应"。
③ 王艮：《王心斋全集》，第34页。

追求修身到安身。正如有学者所指出的："通过对安身观念的强调和阐发，通过将安身解说为'立本'，以此来涵盖三纲领八条目的结构意义，这是淮南格物说的一个主要特征，同时也应当是心斋在格物问题上的一个重要理论贡献。"①

不难看到，在王艮的这种格物说里，"'格物'不再是一种观念模式，更不是对外在知识的追求方式，而是一种身体力行的道德实践，其特色在于强调工夫必须'真真实实在自己身上''实实落落在我身上'。就此而言，淮南格物说反映了心斋思想之重视力行实践的性格特征"②。唐君毅先生在评价王艮之学时指出：

> 若与其他王门之学相较而论，当说泰州之学之精神，在直面对吾人一身之生活生命之事中讲学。此非谓其他王门之学，不关生命生活之事。但在其他王门之学者，大皆先重此心之为身与生命生活之主宰，而重在于心之意念上求警惕、戒惧、归寂，或见良知本体，究一念灵明，以为工夫。泰州之心斋，则直以安身标宗。安身自亦须以心安身。然言以心安身，则重在心之向在此身上事，而非重在心之向于其自己。此即与其他直重在心上用工夫之学，有毫厘之差。③

唐先生更进而指出：

> 阳明原有"乐为心之本体"之言，其言良知之戒惧中，亦有洒脱之义。然王门学者，则未有明倡自觉此乐在本体，而依之以起工夫，而使人自乐其工夫，亦自乐其学者。心斋则首倡此义。其所以能首倡此义，则正与其不单言心，而即安身之事以言此心之学有关。于此人之安身之事，欲完全成就，则非家国天下全安，吾身亦终不得全安。然只须此身一息不断，当下此身皆原有一安处在此，即当下此身之能在于其所在是也。然人之顺其心念驰思于天地万物者，则恒忘其当下之此身，能在于其所在，即有其安处；乃于此安处，不能自觉，则亦不见此安处，而不知于此先求自有其乐。人果能见此安处，而自有其

---

① 吴震：《王心斋"淮南格物"说新探》，《陕西师范大学学报》（哲学社会科学版）2008年第1期。
② 吴震：《王心斋"淮南格物"说新探》，《陕西师范大学学报》（哲学社会科学版）2008年第1期。
③ 唐君毅：《中国哲学原论——原教篇》，第247页。

乐，而能于一极平凡之生理生活之事中得乐，亦可见有一大工夫。①

如此，王艮之倡"乐学"又似是其倡"淮南格物"之重"安身"思想的必有之义了。王门后学其他人大皆驰心念于天地万物而恒忘其当下之此身，不知其身安处自是一乐地，于是在纠缠于心念之警惕、戒惧、归寂等时，内心常不得安宁，终不及思此一"乐"。王艮将学、乐与安身紧密相连，为学工夫在于识得心体之乐，而由为学达至安身又构成了"乐"之基础。王艮通过对安身工夫论的阐释，将"乐"的主体境界落实在了具体生命与个体存在之上，将道德践履与安身相统一，从而使得"乐"之指向不仅包括精神方面的自得、洒落，也包括与此相关的生命存在，这构成了王艮乐学思想最显著的特色。

综上所述，王艮继承并发展了阳明的乐学思想，并将之作为其立言宗旨。一方面他上承阳明"乐是心之本体"以及"常快活便是功夫"的说法，倡导良知本体的自然、活泼、快乐以及工夫过程之自然、简练。另一方面，他把关注点置于百姓日用之上，通过对安身立本之工夫论的解说，将德行与安身相统一，从而使得"乐"之指向不仅包括精神方面的自得、洒落，也包括与此相关的生命存在。由于王艮的"乐学"是在"万物一体之仁"观念下展开的，故而其所言之"乐"最后呈现出一种"独乐"与"众乐"的结合状态，即个人得其"自乐"的过程正是众人得其"众乐"的过程。

---

① 唐君毅：《中国哲学原论——原教篇》，第248—249页。

泰

泰州学派人物研究

阳明心学的实践特色：以颜钧与罗汝芳为例

张天杰[*]

摘　要：颜钧"化儒学为宗教"，既是一位讲学活动家，又是一位宗教运动的实践者。其思想的最终归趋仍然未能摆脱儒家传统的价值观念，特别是对王阳明、王艮的心学抱有强烈的认同，且注重社会参与和宗教性的生命体验。罗汝芳将讲学与地方治理结合，以立乡约、兴教化、明孝悌为事，他将《大学》的主旨归结为"求仁"，而"求仁"之内容则为"孝悌慈"三事，这是其实现社会教化的理论依据。由此二人来看，黄宗羲所谓"非名教之所能羁络"还值得重新审定。

关键词：阳明心学　泰州学派　社会实践　颜钧　罗汝芳

黄宗羲在《明儒学案》之中称"泰州学派"而非"泰州王门"，认为泰州一系的学者与浙中、江右有所不同。然而学界大多在讨论泰州学派思想的时候，还是将其放在阳明后学之中。除了其创始人王艮师从于王阳明，其他一些学者也与阳明后学有着诸多的交往，故而将之归于阳明后学也无可厚非。此外，泰州学派还有许多值得注意的问题，比如虽称泰州学派，但其中大多非泰州人；又如，泰州后学大多为布衣之士，喜特立独行，甚至行侠仗义；再如，他们所关注之问题集中于百姓日用，与大多其他地域的阳明后学有所不同，亦多不与阳明弟子同。泰州学派学者之中，以心学进行社会教化实践的，首推颜钧与罗汝芳师徒二人。

---

[*] 张天杰，杭州师范大学公共管理学院、国学院教授。

一　颜钧思想与实践的宗教色彩

颜钧（1504—1596），字子和，号山农，又号耕樵，江西吉安府永新县人。自幼不喜科举之业。二十五岁，读到王阳明《传习录》，顿感"触目激心"，于是自己尝试静坐七日闭关法。关于这段经历，他自己后来在《七日闭关开心孔昭》之中说：

> 二十四岁①，又际阳明传引良知心学。传自仲兄钟溪，笔示四句曰："精神心思，凝聚融结，如猫捕鼠，如鸡覆卵。"耕樵触目激心，即如四语默坐澄心，自为七日之闭关，自囚神思之无适，竟获天机先启，孔昭焕发，巧力有决沛江河之势，形气遂左右逢源之□。②

首次接触王阳明的《传习录》，是在其二兄曾任教谕、知县的颜钥（1498—1572，号钟溪）的影响之下。其二兄后来也曾参与颜钧的某些讲学活动。颜钧真正有体会的则是王阳明所讲的四句，具体见于颜钧《录阳明心斋二师传道要语》："阳明夫子，引人入门，下手曰：各各凝聚自己精神心思，如猫捕鼠，如鸡覆卵，如此七日，不作声臭于言动之间，即为默识知及之功要，开心遂乐之先务也。"③陈来先生将其作为《传习录》之佚文，并说与王阳明的《示弟立志说》相近。④也就是说，在王阳明思想的启发下，颜钧闭关七日，获得了"天机先启，孔昭焕发"的神秘体验。后来罗汝芳对此事又有生动的描述：

> 一夕，闻其兄颜钥传讲圣贤之学，忽胸中凝思七日夜，即心孔豁然内通，灿然灵光，如抱红日。潜居山谷，昼夜清朗，历九余月，如顷刻间。及归，见

---

① 另据《颜钧集》卷2《明羑八卦引》（黄宣民点校，中国社会科学出版社1996年版，第11—12页）的自述，则在二十五岁时。
② 颜钧：《颜均集》卷5《引发九条之旨·七日闭关开心孔昭》，第37页。
③ 颜钧：《颜钧集》卷5《录阳明心斋二师传道要语》，第42页。
④ 陈来：《中国近世思想史研究》下篇《王龙溪、邹东廓等集所见王阳明言行录佚文辑录》，商务印书馆2003年版，第668页。

母兄，论伦理道义，不啻江河沛决，邻族争听，感为涕泣。一时兴起，联会数百人，皆传引室家，无不改旧从新，遂名三都萃和会。①

经过凝思而忽然内心贯通，"灿然灵光，如抱红日"，而且除了这次的闭关七日，此后还有一个"潜居山谷"历时长达九个多月的过程。回去拜见母亲、熊掌，论及儒家伦理道义便如同"江河沛决"，再去读《大学》《中庸》也觉贯通自如。于是便在家乡组织讲会"三都萃和会"，一时前来听讲的有数百人之多，并在颜钧及其母亲等人的宣讲与感召之下"改旧从新"。另据颜钧的《自传》说："讲耕读正好作人，讲作人先要孝弟，讲起俗急修诱善，急回良心。"② 所讲内容近于阳明心学与乡约之类，萃和会举行之后，对当地的民风影响极大，在其《自传》中继续说：

> 会及半月，一乡老壮男妇，各生感激……会及一月，士农工商皆日出而作业，晚皆聚宿会堂，联榻究竟。会及两月，老者八九十岁，牧童十二三岁，各透心性灵窍，信口各自吟哦，为诗为歌，为颂为赞。……真犹唐虞瑟侗，喧赫震村谷，间里为仁风也。③

读此文字，似与王阳明在赣州的某些讲学活动有些相似，以良知之说来宣讲乡约，士农工商都有参与，且又有诗歌、讼赞，老少咸宜，故经过两个多月便在乡村间有了唐虞三代之"仁风"。但不久之后，讲会活动便因为颜钧母亲的逝世而中断，颜钧《自传》说："匹夫力学年浅，未有师传……奈何苦执哀泣之死道，竟废一乡之生机。"④ 颜钧虽能宣讲，但毕竟年轻，或缺乏其母亲的资历与组织能力，不能进一步维系萃和会。于是服丧期满之后，便离家出游四方，参与各地的讲会活动。在北京时，他拜王艮的弟子徐樾（号波石，？—1551）为师，后在徐樾的引荐下，又拜王艮为师，成为泰州学派的正式弟子，于是称王阳明为"道祖"，称王艮

---

① 罗汝芳：《揭词》，载《颜均集》卷5《着回何敢死事》附录，第44页。
② 颜钧：《颜钧集》卷3《自传》，第24页。
③ 颜钧：《颜钧集》卷3《自传》，第24页。
④ 颜钧：《颜钧集》卷3《自传》，第24页。

为"业师"。① 颜钧曾将王艮的《乐学歌》全文录入《录阳明心斋二师传道要语》一文中，广为传播，并说："山农受传，而造有获，自成仁道。"② 他还说："知是昭心之灵，乐是根心之生"，"越、淮崛起二王，豪义天纵，灵聪先得，此知此乐，唤人耳目，定士心志，而复日以阳为明造，时以心为斋明，上益神明，启师徒交震互发，驯造大成，错综理学之绪余，直合夫邹鲁一贯之道脉。"③ 后来他又将"乐学"诠释为"放心"与"体仁"，这些学说成为颜钧思想的核心，传授给罗汝芳等人的也是这些思想。

三十七岁，颜钧从泰州回江西，在南昌作《急救心火榜文》，并在同仁寺讲学，将泰州之学传于江右，此时便有后来的著名弟子罗汝芳前来问学。次年，王艮病逝，颜钧又赶赴泰州祭于王艮祠，并聚众宣讲所得之"大中学庸"之学。此后颜钧辗转四方，继续讲学，以传播泰州之学为己任。他曾受浙江总兵胡宗宪的礼聘，并参与征剿海寇之战。六十三岁，至太平府讲学被捕，系狱于南京，两年之后方由罗汝芳亲赴南京，撰写《揭词》并筹资，得以营救出狱，充军福建邵武。在邵武期间，曾受到抗倭名将俞大猷的关照，被聘为军师，不久之后便回乡讲学。

颜钧有着强烈的救世思想，他认为"今天下四十余年，上下征利，交肆搏激，刑罚灭法，溢入苛烈"，故而"天下大溺"，如何"急救"，在他的《急救心火榜文》中就列了六条：

> 一急救人心陷牿，生平不知存心养性，如百工技艺，如火益热，兢自相尚。
> 二急救人身奔驰，老死不知葆真完神，而千层嗜欲，若火始然，尽力恣好。
> 三急救人有亲长也，而火炉妻子，薄若秋云。
> 四急救人有君臣也，而烈焰刑法，缓民欲恶。
> 五急救人有朋友也，而党同伐异，灭息信义。

---

① 颜钧：《颜钧集》卷1《急救心火榜文》，第1—2页；颜钧：《颜钧集》卷3《自传》，第25页。
② 颜钧：《颜钧集》卷5《录阳明心斋二师传道要语》，第42页。
③ 颜钧：《颜钧集》卷1《急救心火榜文》，第1—2页。

六急救世有游民也，而诡行荒业，销铄形质。①

他又有《告天下同志书》，内容主要是为了召集同好，至南京会聚讲学以"丕正人心，翊赞王化"。其中说：

> 今之为计，须吾辈约会以后，倒洗肝肠，直肩要道，内而凝一，外而庄修，不驰眩于多学，不素隐于行怪。所谓依乎中庸，以神孔孟之教，至于无不持载，无不覆帱，凡有血气者莫不被吾学而生化润泽之，又何不可慊当路之怀，理斯民之口，显经纬之文，而翊大君之治者乎？②

他认为救世之计，在儒者"直肩要道"，将孔孟之教讲明做到，再去影响民众，"凡有血气者，莫不被吾学而生化润泽之"，并得"当路之怀"。类似的还有《急救溺世方》："只要一仁天下之巨臣，能知有种闲储之银，散藏四方，三项去处，非官非人民非矿金所堪敌……聚塞帝庭，听国需用。边饷、中外臣工吏胥廪票、王侯百项给文，率皆取用于此无不足，因以诏镯天下贡赋，三年免征，大苏民困乐有余。"他认为只要有一位皇帝信赖的"巨臣"有力量聚敛财富，就能彻底解决种种社会问题，解决民食、民命、民欲、民性，"如此救溺，方为急务：如此济世，是为雷雨动满盈也"③。这一救世之方，比讲学更具理想色彩，不过其重视民本，则是与当时大多士大夫有所区别的地方。颜钧表达其救世理想的还有《新城会罢过金溪县宿疏山游记》《扬城同志会约》《道坛志规》《邱隅炉铸专造性命》等文。

对于《大学》与《中庸》，颜钧有着与众不同的理解，虽说其学说承自王艮，但是天下人以为怪诞的一些观点，还是他本人的，后来则对罗汝芳等又有一定的影响。他认为《大学》《中庸》"并出夫子手笔，非曾子、子思所撰也"，而且两篇名可以"申申错综曰：大中学庸，庸中学大"④，如此说法是其独特的理解，其弟子

---

① 颜钧：《颜钧集》卷1《急救心火榜文》，第3页。
② 颜钧：《颜钧集》卷1《告天下同志书》，第6页。
③ 颜钧：《颜钧集》卷6《耕樵问答·急救溺世方》，第53—54页。
④ 程学颜：《衍述大学中庸之义》，载《颜钧集》附录，第76页。

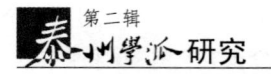

程学颜谈及听讲之感受：

> 颜初及门，听之亦曰："此老真怪也。"自燕南旋，匆迎此老，同舟联榻，不下三旬日，朝夕听受，感悟隐思，渐次豁如，不觉自释其明辨，乃知此老竭力深造，自得贯彻，未为怪诞。①

按照程学颜的记录，刚听此类说法，则以为"此老真怪"，后来朝夕听受则"渐次豁如"，于是知晓颜钧的"竭力深造"，故并不觉怪诞。程学颜的记录还说：

> 故信此四字果尼父从心而身有，乃为笔刊……信使人人身有之，则皆大自我大，中自我中，学自我学，庸自我庸。纵横曲直，无往不达，又焉得而指为怪诞？
>
> 是故：自我广远无外者，名为大；自我凝聚员神者，名为学；自我主宰无倚者，名为中；自我妙应无迹者，名为庸。合而存，存一神也。……故曰大，曰中，曰学，曰庸。晰之虽有四名，用之井井如一。②

颜钧的诠释，是将大、学、中、庸四字本身作为此二书的宗旨，再分别做出自己的理解，确实也是自成一家的说法。他自己也说："辛巳腊月之望，重晰《大学》《中庸》，易知易能绪功，垂示及门多士。"③ 这些启发了许多儒者的思想，其实还是来自王阳明，也即将《大学》的三纲八目贯通为一的思想在颜钧这里正在进一步发展。再如关于《大学》之"格物"，颜钧说：

> 今夫《大学》以修身为家国天下之本。身之中，涵以心、意、知、格，为时日运用之妙。是妙运也，皆心之自能在中也。此中几动森融曰意，此意拟测贯通曰知，知中自出分寸矩节曰格。④

---

① 程学颜：《衍述大学中庸之义》，载《颜钧集》附录，第76页。
② 程学颜：《衍述大学中庸之义》，载《颜钧集》附录，第76—77页。
③ 颜钧：《颜钧集》卷2《论大学中庸》，第17页。
④ 颜钧：《颜钧集》卷2《论大学中庸》，第17页。

他认为"修身"为"家国天下"之本，而"格"字则为"自出分寸矩节"，这种理解与王艮的"淮南格物"比较接近。颜钧还认为："《大学》《中庸》、大易六龙，三宗学教，乃夫子一生自操仁神为业……为神道设教以生心人师。"① 他将《大学》《中庸》与《周易》三者贯通起来了，他还说：

> 是故学乎其大也，则曰在明明德、在亲民、在止于至善、知在格物、心不在焉，如此而曰"五在"，昭揭其大以为学。庸乎其中也，则曰率性、曰修道、曰慎独、曰致中和，如此而晰"四绪"，绪扬其中为时庸。易乎其六龙也，则曰潜、见，曰惕、跃，曰飞、亢，如此而为时乘，即变适大、中之易，以神乎其学、庸精神者也。②

在颜钧看来，此三书里的核心思想有"五在"之学：在明明德、在亲民、在止于至善、知在格物、心不在焉；还有"四绪"之"时庸"：率性、修道、慎独、致中和；以及《周易》"乾卦"六个爻之"时乘"：潜、见、惕、跃、飞、亢。《周易》的精神与《大学》《中庸》的精神也是一贯的，将之一贯则可以使其运用更为圆神。

对于颜钧其人其学的评价，余英时先生认为其"化儒学为宗教"，是泰州学派史上一位划时代的人物，故不能放进宋明以来的理学或心学传统之中。③ 吴震先生的看法则略有不同，他认为颜钧既是一位讲学活动家，又是一位宗教运动的实践者，他的思想最终归趋仍然未能摆脱儒家传统的价值观念，特别是对王阳明、王艮的心学抱有强烈的认同，而注重社会参与和宗教性的生命体验，也是泰州后学的一大特色。④ 确实就其思想与实践来看，还是在泰州一系的范围之内，黄宗羲所谓"非名教之所能羁络"还值得重新审定。

---

① 颜钧：《颜钧集》卷2《论大学中庸大易》，第18页，标点有改动。
② 颜钧：《颜钧集》卷2《论大学中庸大易》，第18页，标点有改动。
③ 余英时：《士与中国文化》，上海人民出版社2003年版，第556—565页。
④ 吴震：《泰州学派研究》，中国人民大学出版社2009年版，第288—289页。

二 罗汝芳与阳明学的社会教化

罗汝芳（1515—1588），字惟德，号近溪，江西南城人。他自幼好学，五岁时，母亲授以《孝经》《小学》。十五岁，师从新城张玑（号洵水），学举业，并接触《近思录》与《性理大全》，慨然有志于道学。十八岁前后，受到薛瑄"澄心"说的影响，开始立簿，日纪功过；又在临田寺，默坐澄心，久而成病，也即制欲、克念而得"心火"之症，故其父令读《传习录》，心病顿愈，这是他从程朱理学转向阳明心学的开始。[①]

二十二岁，成为县学庠生。二十六岁，至南昌应考，不第。此时颜钧在南昌举行讲会，并宣讲其《急救心火榜文》，罗汝芳与颜钧接谈之后，言下大悟，于是拜颜钧为师，早年的"心火"之症，至此痊愈。后来颜钧遭诬入狱，因罗汝芳贷百金相救而获释。二十九岁考中乡试，次年又中会试，不参加殿试即归，然后在家优游，读书讲学。其间曾参加灵济宫的讲会，还与颜钧一起至泰州、如皋、江都、扬州等处讲学，并拜访聂豹、罗洪先、邹守益等人，这所谓"归学十年"是罗汝芳较为全面地接触阳明学，并形成其思想的关键期。

三十四岁，师从胡宗正学易，悟先天之旨。三十八岁，悟格物要旨。三十九岁，北上参加殿试，途经山东临清，忽患重病，遇到泰山丈人，指示其病在心而不在身，问答之下，执念潜消，血脉循轨。此年殿试中式，在北京期间，还与王敬所、何善山、何吉阳等讲学于灵济宫。此后，罗汝芳有长达十七年的仕途生涯。先后任安徽太湖县令、刑部主事、安徽宁国府知府、山东东昌府知府、云南屯田副使、云南提学、云南布政司左参政等，后因为积极于讲学活动，引起张居正的不满，被疏劾致仕。

回乡之后，罗汝芳在从姑山房讲学，后来又四处访学。何心隐被囚时，曾卖田产相救。六十九岁，至吉安访王时槐，至安福访邹东廓之子邹善，又至永新为其师颜钧祝寿。七十岁，罗汝芳的弟子在从姑山房为其庆寿，并举行讲会。后又

[①] 罗汝芳生平，参见方祖猷《罗汝芳年谱》，载《罗汝芳集》附录，凤凰出版社2007年版；吴震《罗汝芳评传》，南京大学出版社2005年版。

至福建访武夷先生，又至南昌、南京等地，在南京曾讲学于永庆、兴善诸寺及鸡鸣山凭虚阁。还曾大会同志于芜湖、水西、宁国，又赴新城、建阳等地讲学。七十四岁，得病后依旧讲学不倦，一个多月后病逝家中。门人私谥为明德先生。

罗汝芳一生转益多师，故对其为学经历也有诸多不同的评说，其友人耿定向说：

> 余自嘉靖戊午获交近溪子于京邸，其时近溪子谈道直指当下性真，令人反身默识，绝不效世儒詹詹然训解文义，譬则韩、白用兵，直捣中坚，搴旗斩将，不为野战者。甲子以后，近溪子博综富蓄，所学益弘以肆。其时谈道两都间，为寓言以提激朋侪，……今观《近溪子集》中，发明孔孟学脉甚的；指示孔孟路径甚明，粹然一轨于正，更无只字片言剿袭仙、释家语柄，而仙、释之奥窔精髓，故亦已包括其中矣。①

在耿定向那里，罗汝芳曾历经重默识、轻训解，到"博综富蓄"，最后致力于"发明孔孟学脉"这样一个过程，由剿袭仙释家语而"一轨于正"，其晚年学术则都是儒家正学了。罗汝芳在阳明学脉络之中的地位，陶望龄的说法较早，且为后来者广泛认同：

> 新建之道，传之者为心斋、龙溪。心斋之徒最显盛，而龙溪晚出，尤寿考，益阐其说，学者称为二王先生。心斋数传至近溪，近溪与龙溪，一时并主讲席于江左右，学者又称二溪焉。友人有获侍二溪者，常言龙溪笔胜舌，近溪舌胜笔。②

王阳明（封新建伯）的弟子之中，王艮（号心斋）与王畿（号龙溪）的后学最为显盛，故合称"二王"；王艮的再传则为罗汝芳（号近溪），王畿讲学江左（浙中），罗汝芳讲学江右，故合称"二溪"，然王畿之长在于笔下之思辨文字，罗

---

① 耿定向：《读近溪罗子集》，载《罗汝芳集》附录，凤凰出版社2007年版，第934页。
② 陶望龄：《近溪先生语要序》，载《罗汝芳集》附录，第959页。

汝芳之长则在于舌上之讲论。黄宗羲也认同陶望龄的说法，并对罗汝芳的讲学给予了高度的评价：

> 论者谓龙溪笔胜舌，近溪舌胜笔。顾盼呿欠，微谈剧论，所触若春行雷动，虽素不识学之人，俄顷之间，能令其心地开明，道在眼前。一洗理学肤浅套括之气，当下便有受用，顾未有如先生者也。①

罗汝芳的讲学，最大的特点不在于演说技巧，而在于能够接引初学，没有之前理学家的"肤浅套括之气"，让学者"当下受用"，并觉"道在眼前"而归于圣学。

罗汝芳的讲学，最大的特色在于与地方治理的结合。他在担任太湖县令与宁国府知府期间，以立乡约、兴教化、明孝悌为事，"联合乡村，各兴讲会，清逋欠，修堂廨，建志学书院"②。万斯同对其治县曾有评说："知太湖县，务以德化民。设讲堂，召生论文，公事多决于讲堂。"③ 特别是在宁国知府任上，罗汝芳举办的讲学活动较多，影响极大。他曾邀请王襞主持进席，一时来学者甚众；迎王畿至宛陵讲学，郡邑士子以及老幼千余人前来听讲。嘉靖四十三年，罗汝芳在宁国府六县举行声势浩大的"六邑大会"，此时耿定向任南畿督学，于是二人又联合在南京举行讲会。于是徽州、南京一带的讲学运动达到高潮，"教化大行，远迩向风"④。杨起元（1547—1599，字贞复）说："接引友朋，随机开发者，亦不计其数。身所止处，辄弟子满座，而未尝以师席自居。及门者数千人，直下承当者亦众。"⑤ 罗汝芳制定的《宁国府乡约训语》就将《圣谕》纳入其中；还有《太祖圣谕演训》，则将之与《大学》等儒家经典结合起来，并以通俗的语言对这六句加以阐发，并通过各门、各村的约长、约副等督促宣讲、施行："不惟一身交享福利，其子孙亦久久昌炽。若或反道悖德，弗若于训，是乃梗化之顽民，小则不齿于乡，大则必罹于法，而身家亦不能保矣！尚共图之。"⑥

---

① 黄宗羲：《明儒学案》卷34《泰州学案三》，沈芝盈点校，中华书局2008年版，第762页。
② 杨起元：《罗近溪先生墓志铭》，载《罗汝芳集》附录，第921页。
③ 万斯同：《罗汝芳传》，载《罗汝芳集》附录，第874页。
④ 杨起元：《罗近溪先生墓志铭》，载《罗汝芳集》附录，第921页。
⑤ 杨起元：《罗近溪先生墓志铭》，载《罗汝芳集》附录，第924页。
⑥ 罗汝芳：《罗汝芳集》，第757页。

《大学》的主旨，罗汝芳将之归结为"求仁"，而"求仁"之内容则为"孝悌慈"三事，这一思想是其实现社会教化的理论依据。罗汝芳说：

> 孔门之学在于求仁，而《大学》便是孔门求仁全书也。盖仁者浑然与物同体，故大人联属家、国、天下以成其身。今看"明明德"而必曰"于天下"，则通天下皆在吾明德中也。……其本末先后，尚何患其不至善也哉！细玩首尾，只此一意，故此书一明，不唯学者可身游圣神堂奥，而天下万世真可使之物物各得其所也。大哉仁乎！斯其至矣。①

《大学》说"欲明明德于天下"，在罗汝芳看来也就是将修身推至齐家、治国、平天下，因为"仁者浑然与物同体"，仁即"至善"，即"物物各得其所"。他还说：

> 呜呼！孔子一生求仁，而曰："中心安仁者，天下一人者也。"其心将以仁其身者，仁万世人人之身。而恐无凭据，故既竭心思，而继以先王之道。于是取夫六经之中至善之旨，集为《大学》一章，为修齐治平规矩，所谓"格"也。其旨趣，自孟子以后知者甚少，宋有晦庵先生见得当求诸六经，而未专以孝弟慈为本；明有阳明先生见得当求诸良心，亦未先以古圣贤为法。芳自幼学即有所疑，久久乃稍有见，黾勉家庭已数十年，未敢著之于篇。惟居乡居官，常绎诵我高皇帝《圣谕》，衍为"乡约"，以作"会规"，而士民见闻，处处兴起者，辄觉响应。乃知《大学》之道在我朝果当大明，而高皇帝真是挺生圣神，承尧舜之统，契孔孟之传，而开太平于兹天下，万万世无疆者也。②

罗汝芳将《大学》之道与明太祖的《圣谕》结合，衍说为治民的"乡约"与讲学的"会规"。此处说的《圣谕》，即洪武三十一年颁布的《教民榜》中的六句："孝顺父母，恭敬长上，和睦乡里，教训子孙，各安生理，勿作非为。"罗汝

---

① 罗汝芳：《罗汝芳集》，第8页。
② 罗汝芳：《罗汝芳集》，第5页。

芳认为此《圣谕》的思想主旨与《大学》所讲的都是相通的，于是将明太祖纳入尧舜、孔孟的儒家道统谱系中来，甚至称之为"圣神"。他还认为孔子之学关键就是"求仁"，故而取《六经》中的"至善"之旨而作《大学》，认为《大学》为孔子所作这一观点来自其师颜钧，对《大学》"格物"的理解则与王阳明、王艮、颜钧有一定的承继关系。罗汝芳说"格物"之"格"即"修齐治平规矩"，"物"即"本末始终"的与自身之"明德"同体之家、国、天下，故"格物"就是求"至善"。他还说：

> 岂止四书，虽尽括五经，同是格物一义。盖学人工夫不过是诚意、正心、修身、齐家、治国、平天下，而四书五经是诚、正、修、齐、治、平之善之至者。圣人删述以为万世之格，《大学》则撮其尤简要者而约言之，所以谓之曰在格物也。今观其书，通贯只是孝弟慈，便人人亲亲长长而天下平。孟子谓"其道至迩，其事至易"，予亦敢谓其格至善也。①

罗汝芳还将《大学》的"格物"之义推至四书五经，因为学者做工夫都在于《大学》之八条目，《大学》则是简要之言，而其义即"格物"。再说"格物"之本末，罗汝芳认为朱子求诸六经、王阳明求诸良心，都不够完善，他本人在居乡居官后方才明白，《大学》之本在"孝悌慈"，《大学》之法在"古圣贤"，当然还当包括明太祖。关于"孝悌慈"，罗汝芳说：

> 此个孝弟慈，原人人不虑而自知，人人不学而自能，亦天下万世人人不约而自同者也。今只以所自知者而为知，以所自能者而为能，则其为父子兄弟足法，而人自法之，便叫做"明明德于天下"，又叫做"人人亲其亲、长其长，而天下平也"。此三件事，从造化中流出，从母胎中带来，遍天遍地，亘古亘今。今试看此时薄海内外，风俗气候，万万不齐，而家家户户，谁不是以此三件事过日子也。②

---

① 罗汝芳：《罗汝芳集》，第22页。
② 罗汝芳：《罗汝芳集》，第108—109页。

"孝悌慈"也即"良知",故是不虑、不学的,天下万世不约而同的,不但是家庭内部的人伦法则,还可以外化为社会治理的法则。罗汝芳还说:"今只为民上者,实见得此孝、弟、慈三事,是古今第一件大道、第一件善缘、第一件大功德,在吾身可以报答天地父母生育之恩,在天下可以救活万物万民万世之命。现现成成,而不劳分毫做作……岂不可并于唐虞三代而无难也哉!"[①]"孝悌慈"三事,便是"以德为政"的"机括",由此入手便可以由内而外,由伦理而政治。如追溯此思想渊源,当是王阳明良知学说的世俗化与社会化。

[①] 罗汝芳:《罗汝芳集》,第152页。

小议赵贞吉与泰州学派的学问传承

刘琳娜

摘　要：明儒赵贞吉是否应归属于泰州学派的问题近年引发了学界的争论，虽有学者提出了否定"徐樾—赵贞吉"师承关系的证据，但由于文献的复杂性和矛盾性，尚不能由此轻易否定赵贞吉泰州学人的身份。本文认为赵贞吉与泰州学人有频密的交流，并有思想上的传承，进一步说，他对泰州学派的学风产生了重要的影响。从思想的角度而言，赵贞吉与泰州学派之间的学问渊源是有据可依的。

关键词：赵贞吉　泰州学派归属　徐樾　黄宗羲

赵贞吉（号大洲，1507—1576），明嘉靖、隆庆年间儒臣，官至文渊阁大学士、太子太保，以博学多闻与风骨刚直而称名于世。《明史》称其"六岁日诵书一卷，及长，以博洽名，最善王守仁学"[1]，李贽（号卓吾，1527—1602）对其思想成就有很高的评价："吾谓赵老真圣人也"，"夫赵老何人也，巍巍泰山，学贯千古"[2]，俨然将其视为得心学之骨髓的一代真儒。黄宗羲在《明儒学案》中将他归入泰州学派，并从李贽之言，认为其师承王艮（号心斋，1483—1541）的弟子徐樾（号波石，？—1552）。[3] 但这一论断近年受到了学界的质疑。最早是荒木见悟先

---

* 本文原载《内江师范学院学报》2018年第1期。
** 刘琳娜，苏州大学哲学系副教授。
[1] 张廷玉等：《赵贞吉传》，《明史》卷193，中华书局1974年版，第5122页。
[2] 李贽：《复邓石阳》，《焚书》卷1，中华书局1975年版，第10页。
[3] 黄宗羲：《泰州学案二·文肃赵大洲先生贞吉》，《明儒学案》卷33，中华书局2008年版，第746—759页。

生在《赵贞吉的思想》一文中指出，赵贞吉致徐樾的书信中，称谓语气更像对待同辈友人，[①] 而吴震先生在《泰州学案刍议》一文中亦主张徐与赵是同辈关系而非师生关系。[②] 从现存的书文资料来看，这种质疑确实有其合理性。但是否可以由徐赵师承关系的争议性直接导向对赵贞吉泰州学人身份的否定，又是否应该在泰州学派的研究中"将赵贞吉弃之不顾"[③]，则仍有商榷的余地。本文拟从史料的复杂性、赵贞吉与泰州学人思想上的传承以及赵贞吉对泰州学风的影响三个方面重新检讨这一问题，以期还原其在思想史上的恰当位置。

一 论及师承关系的多种史料

关于质疑"徐樾—赵贞吉"的师承关系的文献，荒木见悟先生主要援引了赵氏《与徐波石督学书》中"别久无缘奉书问，身无羽翩，思君实劳，君所念我，应亦尔也"[④] 一句，其中表示思念和关切的语气不似师徒，又有《梦波石徐子》一诗，大洲以"子"称呼波石，均似以平辈相待。此外另有胡直（号庐山，字正甫，1517—1585）在给赵贞吉写的传记中，言及"公退与同志友尹公台、徐公樾、敖公铣等切劘，不与世比"[⑤]，称徐樾为赵的"同志友"，可见二者应为平辈。从徐、赵二人的通信语气，以及胡直等人的言论记载中可以推测，赵贞吉至少并未刻意执贽拜入徐樾门下。

另一方面，肯定"王艮—徐樾—赵贞吉"之传承的论述也并非无稽之谈。在不少文献中可以看到当时一些学者对此传承关系的反复确认和转述。[⑥] 如颜钧（号山农，1504—1596）在其自传中记述在京师与赵贞吉同游徐樾门下："游入帝里，忽遇一师，徐卿波石，讳樾，字子直，贵溪人，时为礼部侍郎。当时有庶吉士赵贞吉，号大洲，内江人；敖铣，号梦坡，高安人，先列游夏座，引农同门，师事三

[①] [日] 荒木见悟：《明末清初的思想与佛教》，廖肇亨译，上海古籍出版社2010年版，第57页。
[②] 吴震：《泰州学案刍议》，《浙江社会科学》2004年第2期。
[③] 吴震：《泰州学案刍议》，《浙江社会科学》2004年第2期。
[④] 赵贞吉：《与徐波石督学书》，《赵文肃公文集》卷22，《四库全书存目丛书》，齐鲁书社1997年影印本，集部，第100册，第542页。
[⑤] 胡直：《少保赵文肃公传》，《衡庐续稿》卷11，《四库全书存目丛书》，集部，第1287册，第776—784页。
[⑥] 黄卓越：《明儒赵贞吉的经世出世论：学渊与间架——兼论一种思想史的线索》，《明清论丛》第十辑，紫禁城出版社2010年版，第259—274页。

年，省发活机。"① 颜钧师事徐樾，又引赵贞吉、敖铣为同门，可以看出赵是当时京中以徐樾为核心的论学圈子中的一员。

李贽和耿定向（号天台，1524—1596）对于泰州学脉传承关系的描述更值得注意：李贽十分推崇泰州的"英雄"风范，他提到"盖心斋真英雄，故其徒亦英雄也，波石之后为赵贞吉，大洲之后为邓豁渠"②，由此提出了"王艮—徐樾—赵贞吉—邓豁渠"这一系谱。耿定向的认知与李贽略有不同，他指出"徐方伯子直承之（王艮），传赵文肃；罗大参惟德承之，传宫洗杨贞复"③，基本上将泰州的传承分为两条线索，一是"王艮—徐樾—赵贞吉"，二是"王艮—罗汝芳—杨起元"。虽然表述略有差异，但二者对于"王艮—徐樾—赵贞吉"的脉络都是持肯定态度的。耿、李均为赵贞吉同时代人，且有学问上的交流和联系，④ 他们的论述应是较具可信度，值得慎重对待的。

除此以外，几位清代学者在论述王学的传承时，都将赵贞吉归入王艮所传承的泰州一脉系谱下，如袁宏道认为"夫阳明之学，一传而为心斋，再传而为波石，三传而为文肃，谓之淮南派"⑤，顾炎武亦言"故王门高弟为泰州、龙溪二人，泰州之学，一传而为颜山农，再传而为罗近溪、赵贞吉，龙溪之学，一传而为何心隐，再传而为李卓吾、陶石篑"⑥，王锬在其所编的《宗谱纂要》一书中，亦将赵贞吉置于"泰州之学"条目下⑦。这些论述虽然在细节上不同，将赵贞吉归属于泰州学派的立场却相同，实难由"以讹传讹"为由将其一并推翻。而荒木见悟先生也曾指出，王心斋门下有忘记年辈前后，彼此交流的风尚，学人之间以"子"相称是当时的时代风气，这在一定程度上解释了徐樾与赵贞吉之间以友人相称的现

---

① 颜钧：《自传》，《颜钧集》卷3，黄宣民标点整理，中国社会科学出版社1996年版，第25页。
② 李贽：《为黄安二上人三首》，《焚书》卷2，第74页。
③ 耿定向：《王心斋先生传》，《耿定向集》卷14，华东师范大学出版社2015年版，第546页。
④ 胡直是赵贞吉与耿定向的共同好友，耿定向熟悉胡、赵的书信往来，在其文中多次提及赵的思想，如有"细玩兄与大洲书中语，此等解说似亦不须言者"之语，见《与胡庐山书》第六，《耿定向集》，第88页。李贽与赵贞吉应也有所交流，嘉靖四十五年，李贽在北京任礼部司务，时徐鲁源从赵大洲讲学，贽不肯赴会，徐出《金刚经》示之，贽始向学，很可能就学习于赵大洲门下。参见黄宗羲《太常徐鲁源先生用检》，《明儒学案》卷14。
⑤ 袁宏道：《寿何孚可先生八十序》，《袁宏道笺校》卷54，上海古籍出版社1981年版，第1535页。
⑥ 顾炎武著，黄汝成集释：《日知录集释》卷18，秦克诚点校，岳麓书社1996年版，第666页。但顾氏关于"颜钧—赵大洲"传承的说法并不可靠，依前述颜钧之言可辨。
⑦ 王锬：《宗谱纂要》，清道光吴江沈氏世楷堂刻《昭代丛书》本，道光七年沈楙德世楷堂刊，光绪二年重印本。

象,为"徐—赵"学问传承的可能性留下了余地。因此虽然徐、赵的师徒关系有存疑之处,但由于史料的复杂性,在找到更坚实的证据之前,尚不能轻易否定赵贞吉与泰州学派间的传承关系。

二 赵贞吉与泰州学人的思想传承

师门传承固然是考虑学派谱系的重要标准,但对于阳明后学这一复杂的群体而言,思想上的交流和学术主张上的契合也应当是考虑的指标。

赵贞吉与泰州学人之间的交游颇为频繁。他在京师与徐樾、敖铣等人的来往是其为学经历中极为重要的一部分。如在给赵浚谷的书信中,表白自己不会因为沉溺禅佛而丧失有为之志、辜负经世之才时,提及"顷京师有友人亦以此意相责"[①];在给谢给谏的论学文字中,说到自己学问回归一旨的关键:"某濡迹宦途,而学稍归一,则以京师豪杰所聚,而诲我无涯矣。"[②] 行文之中颇能见到对学友间相互砥砺的感念,并将自我思想的成型归功于宦游京师期间与友人的交流切磋。此间"京师诸友"虽难以细考,但应包括徐樾无疑。此外他与颜钧也有过密切往来,《明儒学案》载"山农游侠,好急人之难。赵贞吉赴贬所,山农偕之行,大洲感之次骨"[③],赵、颜二人思想上的交流虽不见记述,但颜钧之豪侠气概亦颇让大洲心有戚戚焉。

即便赵贞吉未执贽入徐樾门下,二人在某些学术观点上的一致性也是不可否认的。黄宗羲在《明儒学案》中特别讨论了二者论"中"的相似性:

> 按先生(大洲)之论中也,曰"世儒解中者,不偏不倚,无过不及之名,而不知言中为何物。今夫置器于地,平正端审,然后曰'此器不偏不倚';度物之数,长短适中,然后曰'此物无过不及'。今舍其器物,未问其作何名状,而但称曰'不偏不倚,无过不及',则茫茫虚号,何所指归?……宁有三圣心传,不指其体而仅言其效乎?"波石之论中也,亦曰:"伊川有堂之中为

---

① 赵贞吉:《与赵浚谷中丞书》,《赵文肃公文集》卷22,第574页。
② 赵贞吉:《赠谢给谏序》,《赵文肃公文集》卷15,第447页。
③ 黄宗羲:《泰州学案二·文肃赵大洲先生贞吉》,《明儒学案》卷33,第746—759页。

中，国之中为中，若中可拟而明也，《易》不当曰神无方而易无体矣。"故知先生有所授受也。①

当时学者在解《中庸》时可能侧重于关注"中"的形而上学特征，专注"惟精惟危"的面向，而甚少在任何具体器物的层面言之，追问"所言何物"。而赵、徐二人则一致认为"中"当针对具体的事事物物展开，而不是仅以一抽象的总纲来理解"中"。赵贞吉认为如果"舍其器物"而只言"不偏不倚，无过不及"，则不知其具体的指归，毕竟对应一物事之"中"不能通于其他物事，不可离其体而仅言其效，落入茫茫虚指之中。而徐樾也提道"伊川有堂之中为中，国之中为中，若中可拟而明也"，借用程颐谈"中"时强调的"堂之中""国之中"等具体的方位指涉，强调不应离开事物而谈"中"。故而徐、赵的观点具有其独到性，他们在此观点上的一致性，正是黄宗羲判断赵贞吉"学有授受"的依据之一。②

赵贞吉对阳明、心斋均怀有追慕之心。他对良知学表示过明确的认同，如有"天命之性者，生质之本然也，良知也"③ 等语，以良知明道体，符合阳明心学的论述思路。在其所撰的《泰州王心斋先生墓志铭》中他有自述云："先生门人贵溪徐子直氏、道州周季翰氏，谓予之向往甚勤，先生之念予亦切，义当志其墓中之石。"句中透露出对王艮的仰慕，而王艮对他也是青眼相加，这种互动关系必然建立在二者思想的认同之上。赵贞吉深赞心斋：

> 先生之学以悟性为宗，以格物为要，以孝弟为实，以太虚为宅，以古今为旦暮，以明启后学为重任，以九二见龙为正位，以孔氏为家法，可谓契圣归真，生知之亚者也。④

这里以"契圣归真"称赞王艮的学问，评价不可谓不高，而大洲能以寥寥数

---

① 黄宗羲：《泰州学案二·文肃赵大洲先生贞吉》，《明儒学案》卷33，第746—759页。
② 吴震先生指出，"先生之学，李贽谓其得之于徐波石"一句，黄宗羲明白说是李贽所言，正表明他也对赵大洲之师承不大有把握。此分析确实在理，但黄宗羲也举徐、赵二人在学术观点上的相续性为证，表明其认同是有依据的。
③ 赵贞吉：《国学讲章》，《赵文肃公文集》卷14，第436页。
④ 赵贞吉：《泰州王心斋先生墓志铭》，《赵文肃公文集》卷18，第505页。

语对心斋之学进行精确的概括，精辟地拈出"以格物为要"概括其学，可见对泰州学说有所钻研。实际上，赵贞吉在一定程度上继承了王艮"大人者，此正己而物正者也""立吾身以为天下国家之本"①的"格物"思想，注重"本末"之辨，以修身明德为本，而以平天下为末。他在《经筵讲章》中对君主阐发道"以修身为天下国家之本，而诚意又是修身第一紧要的工夫"②，他认为"平天下在絜矩，而絜矩非明德不能"，因此君子"治他务皆所未遑"，在提升自身的德性修养之前，不应该过分注重于外物，而应先审察己身意念之发，做存善去恶的修养工夫来实现明德，"如是则心正身修全体之昭明自复，而大用之絜矩自行，欲平天下不难矣"③。由修身以达到平天下虽然是《大学》文本本身的逻辑，但是从赵氏的论述中对修身为本以及对絜矩这一概念的强调，不难看出与心斋思想的契合之处。

三　赵贞吉对泰州学风的影响

赵贞吉与泰州学人交游频繁，又在思想上与心斋、波石等人有契合之处，在一定程度上解释了将其归入泰州门下的理由。而黄宗羲在《泰州学案二》中少见地仅录赵贞吉一人，除了他思想的特殊性，或许也是肯定其在传承泰州学中所起到的关键作用。李贽在讨论王门后学传承时，认为赵贞吉是真正接续心斋的核心人物，其历史地位超过了徐樾。他将赵与罗汝芳并提，认为他们是心斋门人中最可圈点的两个"好儿孙"，甚至由于他们的成就，而使王心斋乃至泰州学派得以荣显：

> 心斋先生之后，虽得波石，然实赖赵老（赵贞吉）笃信佛乘，超然不以见闻自累。……故余尝谓赵老、罗老（罗汝芳）是好儿孙以封赠，荣显其父祖者也。④

---

① 王艮：《王心斋先生语录》卷上，《四库全书存目丛书》，齐鲁书社1995年影印本，子部，第10册，第3页。
② 赵贞吉：《经筵讲章》，《赵文肃公文集》卷9，第371页。
③ 赵贞吉：《经筵讲章》，《赵文肃公文集》卷9，第372页。
④ 李贽：《与焦漪园太史》，《续焚书》卷1，载《李贽全集注》，张建业、张岚注，社会科学文献出版社2010年版，第85页。

李贽将赵贞吉视为泰州一脉中的发扬光大者,王艮之后,得泰州真髓者是赵、罗二人。这与近代学界研究泰州学派普遍聚焦于"王艮—颜钧—罗汝芳、何心隐"一系,而对赵贞吉鲜有关注的现象形成了强烈的反差。赵贞吉思想研究仍是目前泰州王门研究中一个缺失的环节,缺少这一环节,泰州思想的脉络难以得到全面的呈现。李贽认为赵贞吉笃信佛教,精研佛法,直至修行有得,有荣显王心斋乃至泰州学派之功。这一观点与李贽本身推崇佛教有关,难免有所夸大,但泰州思想发展的一个重要特点是涉入佛教,却不容置疑。将修习佛法当作契入圣道的一个重要途径,突出了泰州学脉突破传统儒学框架的一面。

黄宗羲在《明儒学案》中界定泰州学案的宗旨时也指出了"融摄佛老"的影响,如其所言:"阳明先生之学,有泰州、龙溪而风行天下,亦因泰州、龙溪而渐失其传。泰州、龙溪时时不满其师说,益启瞿昙之秘而归之师,盖跻阳明而为禅矣。"[1] 黄宗羲出于维护儒门正宗的立场,批判王艮、王畿"跻阳明而为禅",特别指出造成泰州一派脱离名教束缚,乃至"复非名教之所能羁络"的原因,是对禅学不加节制地吸纳所造成的。但事实上,当我们检视泰州学派的思想,会发现其开创者王艮的学说中涉入禅学的成分并不多,其关怀核心仍在于"格物""絜矩"等儒家命题。然而何以泰州学演变成为一波"风行天下"的引释入儒的思想潮流,除了良知学与佛学本身的共通性格为二者的接近提供了基础,其中有影响力的人物如赵贞吉等对佛学的关注和阐发所起到的推动作用也不容忽视。若我们接受黄氏设立泰州学案的立场,将好禅作为泰州一脉的主要思想特征之一,那么赵贞吉的身上无疑是非常具备这种"泰州学的特质"的。

赵贞吉不仅深研性命之学,并且对自己的入禅直言不讳,在与友人赵浚谷的书信中,大洲直言"夫仆之为禅,自弱冠以来矣,敢欺人哉!"[2] 明儒姜宝在给赵的文集写序时极力赞叹他的坦荡直接:"今世论学者,多阴采二氏之微妙,而阳讳其名。公于此能言之,敢言之,又讼言之,昌言之,而不少避忌。盖其所见真,所论当,人固莫得而訾议也。於乎,若公其可谓豪杰而圣贤矣。"[3] 诚如所言,宋明儒学与佛道之间复杂的交涉关系已是有目共睹,然作为正统儒者,出于立场需要而讳

---

[1] 黄宗羲:《泰州学案二·文肃赵大洲先生贞吉》,《明儒学案》卷33,第746—759页。
[2] 赵贞吉:《与赵浚谷中丞书》,《赵文肃公文集》卷22,第574页。
[3] 姜宝:《赵文肃公文集序》,载赵贞吉《赵文肃公文集》,第245页。

言甚至排斥佛道的现象实为多见，而赵贞吉一反风习，畅言自己出入儒释，并以自身的立身行事为禅学辩护："试观仆之行事立身，于名教有悖谬者乎？则禅之不足以害人明矣。仆盖以身证之，非世儒徒以口说诤论比也。"① 如此真诚爽快的态度与泰州学派的"豪侠之风""狂者胸次"甚为契合，可谓开一代风气之先。袁宏道称"近代性命之学，始于赵文肃，尝窃读公书，出入禅儒，而去其肤，关、闽所未及也"②，非常推崇赵贞吉思想的高度，将其视为晚明性命之学的引领者。

正是在这种推崇佛教的直率态度的影响之下，赵贞吉之后的泰州王门中，直接语佛演化成为一时风气。③ 最显著的如李贽，是受徐用检（号鲁源，1528—1611）拈提《金刚经》论学影响而始学佛理，而徐用检正是追随赵贞吉讲学者。此外如焦竑（号澹园，1540—1620）、管志道（号东溟，1536—1608）、杨起元（号复所，1547—1599）、周汝登（号海门，1547—1629）、陶望龄（号石篑，1562—1609）等，都有深入佛禅，谈玄说妙之经验，毫不避讳对佛学的喜好。钱谦益（号牧斋，1582—1664）认为"今之谈禅者，皆宗赵大洲'只贵眼明，不贵践履之说'"④，可见其直任好禅对当时的学风颇有影响。

综上而论，黄宗羲在设定泰州学派时，并不严格以地域为划分依据，亦不仅仅遵守师门传承的线索，而是将人物的思想和人格特征作为重要的判别指针。这种做法虽引发了不少争议，⑤ 但亦有其合理性。对于泰州学派这样一个人物复杂、思想个性鲜明的群体而言，判定某位学者的学派归属难于以师承等某一确定的标准衡量。正如李贽所言：

> 如其迹，则渠老（邓豁渠）之不同于大老（赵大洲），亦犹大老之不同于

---

① 黄宗羲：《泰州学案二·文肃赵大洲先生贞吉》，《明儒学案》卷33，第742页。
② 袁宏道：《寿何孚可先生八十序》，《袁宏道笺校》卷54，第1534页。
③ 其中还有罗近溪的影响不可忽视，罗"早岁于释典玄宗无不探讨，缁流羽客延纳弗拒，人所共知"，也是传承泰州学派的重要人物。
④ 钱谦益：《跋傅文恪公大事狂言》，《牧斋初学集》卷86，上海古籍出版社1985年版，第1800页。
⑤ 除赵大洲以外，耿定向、周汝登等人的学派归属问题也曾引发学界争论。如吴震先生《泰州学派研究》一书试图对泰州学案进行重新厘定。然而对泰州学派的争议点主要在于，是否一定要将泰州学派限定为王艮门徒的群体，或者是泰州一地的学术社群。若如此，泰州学派只是一个非常狭义的概念，远远不能产生历史上的重大影响力。或许我们可以采取一种折中的认识，在充分认识到泰州学者的多元性和异质性的同时，依然可以看到他们之间的学术渊源和联系，从而将其视为一个广义的"学脉"或学术共同体。

心老（王心斋），心老之不同于阳明老也。若其人，则安有数老之别哉！知数老之不容分别，此数老之学历以能继千圣之绝，而同归于"一以贯之"之旨也。①

从形迹而言，王阳明、王心斋、赵贞吉的经历、个性各不相同，思想主张也各有侧重点，而李贽之所以认定他们一脉相承，是因为他们有"一以贯之"的思想主张。从李贽答邓石阳的话中看，他所认为的"一贯之旨"是与朱子学有所区别的"精一之传"，也是心学一脉的自我定位。若我们接受李贽的判断，赵贞吉与泰州学派之间的思想渊源应是有据可依的。

---

① 李贽：《又答邓石阳太守》，《焚书》卷1，第5页。

草根学者良知学实践的启示[*]

——以中晚明的安福学者为例

张卫红[**]

摘　要：明代嘉靖至万历年间安福县人数众多的草根阳明学者，虽无科举功名，却是阳明学在地方社会传播的主力。他们由讲学、研磨心性而扩展至教化乡族，参与地方公益事业，进而协助官府参与地方社会治理。作为阳明学者的乡绅自我认同的角色是"乡人之心"，他们的讲学和化乡活动是以"万物一体"的济世理想和责任作为精神动力，对地方社会秩序的平稳运行起到长久的、潜移默化式的"风教"影响。

关键词：良知学实践　草根学者　安福

以往的研究多关注阳明及其知名弟子的哲学思想，而良知学在大多数普通士人那里如何体现，良知学的实践指向及其对地方社会的影响有哪些表现，这虽然是学术传播的一个重要体现，但在研究中所受重视不够。本文聚焦明代嘉靖至万历年间安福县的那些科举功名低或没有科举功名的普通阳明学者（草根学者），探讨在他们身上如何体现良知学，良知作为"万物一体之学"如何通过他们影响地方社会，以期探究王学对地方社会的影响。本文选取安福阳明学者为例的原因在于，安福县为中晚明王学讲会风靡的吉安府中的极盛之地，诚如江右王学的领军人物、安福籍学者邹守益（号东廓，1491—1562）所说："吉郡视四方为胜，而安福视吉郡为

---

[*] 本文原载《文史哲》2020 年第 3 期，原题为《草根学者的良知学实践——以明嘉靖至万历年间的安福学者为例》。

[**] 张卫红，中山大学哲学系教授。

胜。"① 此地讲会不仅人数众多、兴盛活跃、持续百余年，与王学从兴盛到式微相始终，而且阳明学者以良知学的精神进行讲学和教化乡里的实践活动具有典型性，故可以此地为例探讨良知学的实践指向。

笔者曾作《安福阳明学者暨邹东廓弟子一览表》，据不完全统计，明代中晚期安福阳明学者有212人，其中进士40人，举人40人，诸生73人，总计153人，占总数的72.1%，可知阳明学主要在掌控当地思想文教资源、社会地位高的官员及士人中传播。这些学者所在的宗族大都属于安福县文教程度较高的望族，学术的传播首先是在这些宗族子弟中进行的。阳明学者主要由三类人组成：一是如邹守益祖孙、刘邦采、王时槐、刘元卿这样有科举功名、有影响力的知名学者，他们是讲学活动的领袖和倡导者。二是地方宗族中有学识，但功名不高或没有功名的中下层士人，他们是参与讲学的主体。三是地方宗族的主事者、长老，他们的文教程度不高，但以敏于事务或德高望重成为家族中有号召力的人物，为讲学提供了直接的支持。本文聚焦于后两类草根学者，从四个方面展示他们的学术活动以及对地方社会的影响。

一　究心学理与工夫实践

首先，草根学者与知名学者一样，其学术热忱体现在究心阳明学义理并研磨心性的工夫实践上，这是阳明学的根基所在。在《安福县志》的人物传记中，常能看到这些中下层士人早在青年时代就一心志于儒家圣贤之学：

> 王钊……初为诸生，弃去，求所为身心性命。
> 朱淑相……少攻举子业，旋弃去。纳贽邹守益、刘邦采，研心理学。②
> 王皦……少弃举业，乐道耽隐，师事刘邦采。
> 刘继华……邑庠生。已而弃举子业，一志性命之学。③

---

① 邹守益：《彭子阎墓铭》，《邹守益集》卷21，董平编校，凤凰出版社2007年版，第957页。
② 以上引文分别见王基篆、高崇基修《安福县志》，清乾隆四十七年修，同治四年补刊本（以下简称同治《安福县志》）卷11《人物·儒林》，第14、15页。
③ 以上引文分别见同治《安福县志》卷13《人物·隐逸》，第3、5页。

· 146 ·

阳明学的核心在于真实体悟良知，如安福士子刘汝栋所说："吾侪为学，直以了性命为极……必真切于良知明照之体。"① 故"一志性命之学"意味着在日常生活中改过迁善、实地用功，如南乡三舍刘氏家族的刘以身受学于从叔刘邦采，"解组归田，时赴惜阴会，性恬淡，惩忿窒欲，迁善改过，至耄不倦，有日记以自考"②。更有进者，这一绵密恳切的工夫达到了精深隐微的心性深处，不仅知名学者如此，普通士人也是如此。南乡布衣学者朱淑相（出自槎江朱氏）、朱调（出自大桥朱氏）都是此类典型：朱调"神敛而志凝，静坐终日，不事言说"，"晚年更揭'敛气观心、忍欲成行'八字以示学者，欲令由此练习，以为入道之基"③。朱淑相"终日端坐，澄心省躬。尝曰：'人心虚故灵，灵故常精常明，常寂常运，吾致力在此，受用亦在此'"。其工夫显然有本于邹守益戒惧于心体之说，王时槐称道其"精研远诣"④。朱淑相孙朱世宾，以"心在腔子里，眼顾丹田下"⑤为日常工夫。朱淑相侄朱意，"始去念，继守念，终克念，一以致知为宗"。他认为若工夫不用猛力，就不能洞见道体，于是和同里士子刘汝栋一同去玉霄山静坐：

矢以达旦不寐，务使此心精明，不少昏愦。两人相对危坐，设手板相戒，目稍瞑即板击之，尤苦未能清朗。而山故多虎，则出户外露坐，曰："学不成，何贵此身？直宜饲虎耳！"如是者月余。⑥

这让乡人十分惊骇的举动，在阳明学者中并不鲜见。一些普通士子通过勤苦用功，也能有所体悟。如邹守益门人周以鲁（出自西乡横龙周氏），精思力践久之，悟曰："盈宇宙皆性也，尽性外无学矣。"王时槐门人欧阳鸣凤，"习静白云，豁然有悟"，被称为"王门子舆"。⑦

---

① 王时槐：《秋江刘君偕仲子邦桢墓表》，《王时槐集》之一《友庆堂存稿》卷6，钱明、程海霞编校，上海古籍出版社2015年版，第183页。
② 同治《安福县志》卷11《人物·儒林》，第18页。
③ 王时槐：《易庵朱先生墓志铭》，《王时槐集》之一《友庆堂存稿》卷5，第149—150页。
④ 刘元卿：《朱松岩先生外传》，《刘元卿集》卷7，彭树欣编校，上海古籍出版社2014年版，第275页。
⑤ 同治《安福县志》卷11《人物·儒林》，第17页。
⑥ 王时槐：《五山朱君墓志铭》，《王时槐集》之一《友庆堂存稿》卷5，第147页。
⑦ 同治《安福县志》卷11《人物·儒林》，第18、20页。

有些学者因常年坚持用功,临终能神志清明地安然离世。刘阳高足朱汝昌(出自南乡大桥朱氏),"目且瞑,神志不乱,第曰:'吾存此良知以俟命矣'"①。刘邦采弟子刘汝栋,于病危时一切置之度外,与家人绝口不提身后事。瞑目之际,其从兄问曰:"形气解矣,灵明能无改乎?"汝栋"以手指其心,挥其妻,使勿近,遂卒"②。做派之洒脱,甚至与儒家注重人伦的传统不类。

在中晚明三教合流的思想背景下,阳明学者将佛道二教的修养工夫纳入良知学中,抑或三教并尊的情形往往有之。如邹守益孙邹德溥就深受佛教影响:

(邹德溥)间以余力泛滥二氏家言,释子道流常加接引,于长生之说亦若有所默证,以为其精者不悖于吾儒。即相知者或劝公(按:指德溥)门墙稍峻,公不谓然,曰:"吾道至大,何必作藩篱?"③

草根学者也有三教并尊或兼取的情形。西乡士人赵师孔,早年先访方外服饵之术,后以闭关静坐炼气为事,"久之,复悔曰:'执有象不如还真空,其惟佛氏乎?'则历名山、礼禅宿、阅经教,冀有悟入"。至听闻邹守益发明良知之旨,谓:"道其在是乎!"后以五十之龄纳贽于王时槐门下。④ 南乡士子周礼与从侄周一濂(出自北溪周氏)二人青年时代与刘汝栋结为至交,"流视群子……或造请,终不得一幸见之",被人称为"三仙"。周礼"悟证敏速",曾先后从学朱调、刘邦采、王时槐,"触声而悟,每通一义,送一难,四座厌心",时人叹羡不已,争迎其教授弟子。但这些声誉并非周礼所好,传记生动描述了他的日常生活:

居常脱去巾袜行林间,见佳处,坐卧亡归。或穷途遇水石清雅,亦斐回竟日。性善酒,造人饮不记辞,或劝进,乃反辞,即不劝进,即又不辞。醉则据胡床酣睡,旁若无人。⑤

---

① 王时槐:《朱康夫墓志铭》,《王时槐集》之一《友庆堂存稿》卷5,第143页。
② 王时槐:《秋江刘君偕仲子邦桢墓表》,《王时槐集》之一《友庆堂存稿》卷6,第184页。
③ 叶向高:《宫洗泗山公墓志铭》,《澉源邹氏七修族谱》卷8,民国六年修,安福县博物馆藏,第105页。
④ 王时槐:《赵中庵墓志铭》,《王时槐集》之一《友庆堂存稿》卷5,第144页。
⑤ 以上引文及事迹见刘元卿《周公典传》,《刘元卿集》卷7,第261页。

其放浪形骸之状与儒者的温良形象相去甚远。周礼狂慧而不寿，三十四岁暴病而亡。卒前家人争问后事，答曰："生来死去，如脱故衣更新耳，第不得思极（按，周一濂）一见。"[1] 他临终惦念的同道兼从侄周一濂，从学于朱调、耿定向等人，偏好禅学，曾与其父手录佛典十万余言，"与人语，语多依禅"[2]。另一位南乡布衣王时椿（出自金田王氏），早年与其弟王时槐一同师事刘邦采、刘文敏、刘阳诸人，一意儒家圣贤之学，甚至"不以乌帽袍带见客，惟角巾野服而已"，以示其志决。然"晚闻净土之说，心悦之，尝素食持佛号不辍。病革，神志不乱"[3]。这些安福士子的所学所宗，是当时三教合流状况的一个体现。

二 讲学传道

与究心性理相伴随的是草根学者热诚的讲学传道活动。以讲学来明心性、正学术，进而带动社会建制的改善，不仅是王阳明及其知名弟子们实践儒家外王之学的基本思路，也是众多草根学者的人生志业。安福南乡金田王氏之王钊、王镜、王铸三兄弟，均受学于阳明、卒业于邹守益，以布衣之身终生致力于讲学。同族后生王时槐在青少年时代就曾受王钊、王铸的教诲，有志于儒家圣贤之学。万历年间王时槐弃官归田后，王钊、王铸已经谢世，他联合已至耄年的王镜聚集族人于南乡元阳观讲学，并推行乡约。[4] 王氏三兄弟之讲学不倦为时人称道，被一并列入《安福县志》之《儒林传》中。[5]

南乡朱淑相、朱调终生以讲学、论学为志业，闻名乡间。朱淑相"终其身，无日不会友讲学，至世态之低昂，家计之赢诎，未尝以纤芥干其衷"[6]。朱调除了勤于个人静修之外，还"远涉吴楚、新安诸郡，求友质订，经年忘归"，"每岁青原、复古、复真士友大会，先生虽祁寒暑雨必杖屦而赴"。他与朱淑相常年在南乡

---

[1] 以上引文及事迹见刘元卿《周公典传》，《刘元卿集》卷7，第261页。
[2] 以上引文及事迹见刘元卿《周山人墓志铭》，《刘元卿集》卷8，第331页。
[3] 以上引文及事迹见王时槐《先兄吉府典膳人峰公偕配谢刘二孺人志铭》，《王时槐集》之一《友庆堂存稿》卷5，第163页。
[4] 事见王时槐《世德堂纪序》，《王时槐集》之二《友庆堂合稿》卷末，第630—631页。
[5] 同治《安福县志》卷11《人物·儒林》，第14、25页。
[6] 刘元卿：《朱松岩先生外传》，《刘元卿集》卷7，第275页。

复真书院主持讲会，为安福二传阳明学者的中坚力量，被王时槐誉为邹守益、刘邦采"两先生之真传密印、高第弟子"。①

像王氏、朱氏这样热衷讲学并影响一方的布衣学者在安福各乡并不乏见。再如南乡士子康士宾，师事刘邦采、王时槐，他秉承刘邦采之学，主悟修并进之功，每岁讲学于复真书院，"议论铿发，学者信从之"。南乡汶源王氏的王宗舜，"受业者常百数十人"，为一方乡贤。西乡学者姚必连，"会讲中道书院，士林翕从"。②

还有一些不善讲论、无甚影响的学者，也把讲学传道作为他们不可或缺的生活方式：刘汝栋对于族中有动念于学者，"必密造其室，诱掖开导，惟恐其不入于善也"③。南乡三舍刘氏的刘伯寅是邹守益弟子，他长于处理事务，"性冲淡嗜学，老而弥笃"，"穷年居复古书院，置家事勿问"④。西乡老者刘继美，"年九十，尚与刘元卿、刘喜闻诸名人往来讲学，郡县钦其德望"⑤。西乡金滩王氏的王子应，"不甚敏慧"，青年时代便对阳明学津津向往，以为"此可学而至也"。他自嘉靖时代就受学于刘文敏、邹守益，切磋于复古书院，"虽晏岁，不舍去"。三十年后刘元卿倡学西乡时，其参与讲学的热情仍不减当年。据刘元卿描述：

> 公时虽老，无一会不赴，赴必虚心咨询，若一无所启者。既病聋，犹日坐一小楼，置先正语录明窗下，琅琅诵之。或时发浩歌，若出金石。其好学一念，自少至老若凤植云。邑令吴怀溪公闻其贤，造庐见之，且欲致公宾席，为乡饮重，公谢不往。⑥

三　举办家族讲会，为善乡里

草根学者除了热衷参加以士人为主体、以讲习义理为主的讲会外，还十分重视

---

① 事迹及引文见王时槐《易庵朱先生墓志铭》，《王时槐集》之一《友庆堂存稿》卷5，第148—149页。
② 以上事迹及引文分别见同治《安福县志》卷11《人物·儒林》，第17、18、19页。
③ 王时槐：《秋江刘君偕仲子邦桢墓表》，《王时槐集》之一《友庆堂存稿》卷6，第183页。
④ 刘氏合族修：《三舍刘氏六续族谱》，收入张海瀛等主编《中华族谱集成·刘氏谱卷》卷30《家传五》，巴蜀书社1995年版，第14册，第671页。
⑤ 同治《安福县志》卷11《人物·文学》，第34页。
⑥ 刘元卿：《王箕峰公墓铭》，《刘元卿集》卷8，第325页。

将阳明学在家族中传播。他们通过举行家会、族会，对一般百姓进行劝善规过的道德教化，以期达到睦族和乡、稳定社会秩序的目的。万历年间在南乡的金田王氏家族中，王时槐联合王镜于族中举行族会、推行乡约，此举得到同里大桥朱氏的呼应，朱调也率族中士子每年参与金田王氏的族会。① 王镜去世后，因王时槐已迁居庐陵县，金田王氏家族曾一度缺少德高望重的长者做讲会主盟，于是王时槐族叔王立吾出面，每月聚族人讲学于诚心堂。这样的宗族讲会不仅使王氏家族中的俊秀之士得以延续学术，也改进了族中的伦理风气。王时槐与王镜联手讲学的成效如他所说："一时族之耆旧俊彦咸欣欣以仁让相勉，数年之间，族人不以一字鸣于官司，官司亦无以一役追呼及于吾族者。"②

北乡的荷溪伍氏家族，嘉靖时代有伍思韶受学于邹守益，他辞官归田后于族中倡学。族子伍惟忠受其影响，也师事邹守益、刘阳。后来两人联手聚集族中弟子每月举办德业、举业两会，德业会由伍思韶主持，举业会由伍惟忠主持，"德业会，推九亭公（按：伍思韶）主之；举业则亲甲乙其文，奖劝诱掖，期于成才"。伍惟忠告诫子弟读书不当以科举为目的，"动举王、杨、卢、骆戒之，闻者汗流竟趾"③。西乡洋溪赵氏之赵师孔，"岁联里之同门诸友为季会，家之子弟为月会，皆以正心修身谆切致勉"，他自撰《乡约十条》，"以孝弟、仁让、敦朴、守俭、惩忿、息讼，为一乡劝。一乡之中或有衅端赖以潜消默解者，殆不可一二数"④。

阳明学者们还通过实际善举来教化宗族。在地方志的记载中，阳明学者赡亲睦族、修葺宗祠、筑桥修路、立保甲、置义仓、敦习俗、平忿争的善举比比皆是，他们也因此赢得乡人尊重，成为当地德高望重的道德表率。如师事邹守益、刘阳的李挺，"里中有相构者，得公一言而释，至以过失闻于公为耻"⑤。赵师孔在岁饥之年分粟给族人，竟至"罄不自给"，"慈仁及物，即毒虫微命不忍践伤"，赢得安福两任知县闵世翔、吴应明的礼重。⑥

学者们也带动了许多并未以理学为志业的族人以良知学的精神为善乡里，建设

---

① 王时槐：《易庵朱先生墓志铭》，《王时槐集》之一《友庆堂存稿》卷5，第149页。
② 以上引文及事迹见王时槐《寿族叔立吾公七十序》，《王时槐集》之一《友庆堂存稿》卷2，第62页。
③ 以上引文见刘元卿《进士尽吾伍先生行状》，《刘元卿集》卷8，第303页。
④ 王时槐：《赵中庵墓志铭》，《王时槐集》之一《友庆堂存稿》卷5，第145页。
⑤ 王时槐：《一吾李君志铭》，《王时槐集》之一《友庆堂存稿》卷5，第169页。
⑥ 王时槐：《赵中庵墓志铭》，《王时槐集》之一《友庆堂存稿》卷5，第145页。

宗族。如东乡清陂邓氏三兄弟中，其父安排长子邓国总理家政，仲子邓圌经商，季子邓周学儒，为庠生。邓周初学于阳明，卒业于邹守益。受其影响，邓国于四十岁时听闻良知学，于是：

  犁然有省，一意和乡睦族，置胜负于弗较。家庭弟侄聚论，砺以躬行，而以务名虚谈为戒。每岁出谷二百余石散贫者，不取息，而宗族施有等差，行之三十年余矣。……平生见道路之险也，则修理之；虑病涉之艰也，则桥梁舟楫之；怜疟痢之困、行旅之渴也，则制药设茶济之；至老而不倦。故其殁也，众咸哀而慕焉。①

  邓圌受兄弟的影响，也能够敦伦笃行，"平心应物，无忮求机械。甫五十，敛以家居，足迹罕入城郭"，于救济乡里之善事"尽其力不懈"。②邓氏兄弟还在家族中颁刻阳明的"谕善四条"作为道德规范。出于邓周为邹守益弟子的关系，邓圌与邹守益弟邹守蒙结为姻家，邹氏与邓氏家族的密切交往长达四十余年。邹守益曾亲至邓氏之堂揭"为善最乐"楹联，大力表彰邓氏"仁礼爱敬"的家风。③
  西乡人冯梦熊以敏于事务而著称乡里。他听刘元卿讲学后喜曰："吾乃今知良贵固在我"，从此一心向道，以良知学的精神造福乡里。他多次聚家会，以道德规范约束子弟；族中有倚势欺人者，晓之以善恶利害，一时间族人"争自濯其旧习"。冯梦熊因此赢得官府和百姓的倚重。对于乡约中不合理的条目，县令倪栋让他修订完善；遇到争议纠纷，乡人争相请他调停，往往"纠纷立解"。在万历年间安福西乡再次举行丈田时，乡人纷纷推举他做监督，他尽心尽力，令"人人称平"。④ 在中晚明的安福地方社会，像邓国、冯梦熊这样以良知学的精神为善乡里的地方长老不在少数，也成为邹守益、王时槐、刘元卿等知名学者撰文大力表彰的典型。

---

① 《明故横溪邓君墓志铭》，《邹守益集》卷23，第1081—1082页。
② 《明故北山邓君偕配尹氏合葬墓志铭》，《邹守益集》卷23，第1083页。
③ 《明故横溪邓君墓志铭》，《邹守益集》卷23，第1081页。
④ 以上引文及事迹见刘元卿《冯茶园墓志铭》，《刘元卿集》卷8，第345页。

四　管理地方公共事务

阳明学者们由宗族进而社会，热心参与地方民生事业，协助官府管理地方公共事务。他们"化乡"实践的特点主要在以阳明学"万物一体之学"为精神指导，具有更为自觉和强烈的济世责任感。这些久居乡里的草根学者不仅究心学术，还熟知地方民生事务，了解民间疾苦，以其在地方社会的声望和号召力，成为官府与民众之间上下沟通的桥梁。在阳明学兴盛的明代嘉靖、万历时代，随着他们在官府和民众中的被认可度不断提高，也因此拥有了管理地方社会的重要话语权。其中最辉煌的事件便是，邹守益在安福率刘伯寅、刘肇衮、张崧、夏梦虁等四十余阳明学者，从嘉靖十一年开始历时三年，协助官府重新清量土地并造册。这一场牵动地方大户利益的清丈活动进展得并不顺利，如邹守益所说："几成而败，败而复兴，兴而复摇，摇而复成。"① 他们把关怀百姓的"一体之仁"作为推行丈量的理念和动力，历经重重阻力，最终完成了安福，也是全国推行最早一批试点的清丈活动，部分赋役得以减轻。上述几位参与丈田的学者不仅热衷讲学，而且通达地方事务，富有声望。

刘伯寅精于计算，通达经济，传记称其"孝友敦笃，勇足济事"②。他协助邹守益处理安福赋役事务前后长达二十余年，③ 在嘉靖十一年开始的丈田活动中总管数据。邹守益说："以丈量为是，则刘某为功之首。"嘉靖十五年阳明学者程文德出任知县期间，也向刘伯寅咨询里役制度之利弊。他建议的数项赋役改革举措推广实行，使安福的里役制度在吉安府九县当中"尤称便"。程文德与邹守益商议筹建复古书院时，也由刘伯寅总理经费支出，"周慎详密，省费亦以千计"④。嘉靖二十四年，邹守益联合王门学者上疏江西省官员请求减轻全省赋役、重刻《督赋条规》，他特意将刘伯寅推荐给都察院巡抚江西右副都御史吴鹏协理计算，最终查减全省赋役凤弊每年达一万六千两。十年后，蔡克廉出任巡抚江西都察院右佥都御史

---

① 《邹守益集》卷17《县总后语》，第809页。
② 《三舍刘氏六续族谱》卷30《家传五》，第671页。
③ 参见聂豹《均差简两院二司各道》，《聂豹集》卷9，吴可为编校，凤凰出版社2007年版，第306页。
④ 以上引文及事迹见《三舍刘氏六续族谱》卷30《家传五》，第671页。

· 153 ·

时，邹守益再次推荐刘伯寅协助清查各县赋税欺隐之弊。①

刘肇衮在阳明赣州讲学时期趋而受业，在安福王门弟子中资历较老，深为邹守益器重。刘肇衮性情刚严清峻，他为诸生时参加考试，见监考甚严，叹曰："士不自重，致所司防闲如此。"竟然放弃考试回乡养母而去。刘肇衮以布衣身份在乡间深孚众望，"衮于乡间民瘼有所闻，率以告守益，为之转闻当道，民感其惠"，邹守益称他能"交修于人"。②

张崧出自南乡望族书冈张氏，为阳明弟子，其弟张岩师事邹守益。张崧虽无科名，然"敏干任怨"。面对盘根错节、牵动诸方利益的清丈事务，邹守益言："任此盘错，非张君不可竟举。"他在西乡负责督丈，面对干扰持法益坚，虽被诬而无所累。嘉靖二十四年安福受灾荒之际，他多次与邹守益商议救济对策，著《保民蠡测》数万言上达官府，百姓最终得以救济。吉安知府靳学颜、张元谕都是亲近王学的官员，他们在任时，采纳了多项张崧提出的治理建议。因其威望才干深孚人心，以至于"邑令长有大建置，因革能为士庶福泽者，不能自信，信于公，必悉心翊成之"。③

夏梦夔与李挺一同师事邹守益、刘阳，深得器重。二人为肺腑至交，常砥砺切磋。夏"时以见过为学"，李也敬诺奉之，"刻志销磨，不遗余力"。④ 夏梦夔精于地方经济事务，他在丈田中辅佐邹守益"剔弊除害，至今赖焉"⑤。万历六年张居正下令全国各县三年时间完成丈量土地，时安福知县闵世翔所倚重的地方士绅，仍然是四十年前负责督丈的阳明学者，"儒生者，故东郭邹先生所造士，居然好修之夫也，依依老胶序中，无权贵可吓。侯（按：闵世翔）独破崖岸优礼之，时与握手步庭，谈心计事"⑥，其中就包括夏李二人。"二公矢心公慎，册成，邑人胥服"⑦。闵世翔这次邀请参与丈田的士绅还包括朱调、朱淑相、刘元卿等阳明学者。朱淑相，"邑侯廉知其才名，属清税册事，至委琐条理，称邑侯指"⑧。

---

① 见《芹曝末议达蔡可泉诸公》，《邹守益集》卷14，第707页。
② 以上引文及事迹见同治《安福县志》卷11《人物·儒林》，第13页。
③ 以上引文及事迹见王时槐《王塘南先生又谍秋渠张公传》，《王时槐集》附录二，第805页。
④ 以上引文及事迹见王时槐《一吾李君志铭》，《王时槐集》之一《友庆堂存稿》卷5，第168页。
⑤ 同治《安福县志》卷12《人物·义行》，第42页。
⑥ 刘元卿：《送闵父母凤环翁擢水部郎序》，《刘元卿集》卷5，第141页。
⑦ 以上引文及事迹见王时槐《一吾李君志铭》，《王时槐集》之一《友庆堂存稿》卷5，第169页。
⑧ 刘元卿：《朱松岩先生传》，《刘元卿集》卷7，第265页。

朱调督丈时,"秉直持平,让能而晦迹,故终事而舆情胥服,亦其廓然顺应之一验也"①。这些草根学者也因熟知民情、德高望重而为当地官员礼重,时常登门造访,以民生事务咨询请教之。如朱调,"先后邑侯钦仰高义,往往式庐问政,先生必悉闾阎疾苦,毕陈无讳"②。李挺,"邑令闵世翔高其行,凡利害兴除多取裁焉"③。

据学界研究,明清地方乡绅的来源概有四类:第一类是通过科举入仕获得官员身份的高级士绅;第二类是无科举功名或功名低(如诸生出身)而以学问、道德名重乡里的士人;第三类是虽无功名,但能力出众、为善乡里而为乡人推重;第四类是因经济实力雄厚而有地方话语权的士绅。④ 而以上四类乡绅在安福阳明学者中兼而有之,第一类如邹守益、刘邦采、王时槐等,第二类如朱调、李挺、刘伯寅等,第三类如夏孟夔、冯梦熊等,第四类如邓国、邓圁兄弟等。这说明阳明学在地方乡绅当中有着广泛的涵盖面,影响不可小觑。这些草根阳明学者尤以第二类居多,有的还兼具第三类乡绅的能力,是草根学者的主力。他们由讲学、研磨心性而扩展至教化乡族、博施广济,进而参与地方社会治理。越是掌握诸多丰富资源的高级士绅如邹守益等人,越是全面参与上述的讲学与化乡活动,为学术下化乡里的实践典范;而一般的乡绅或草根学者,也至少参与了上述活动的一项或几项。无论如何,他们之所行都是对阳明学"实致其良知""万物一体"精神的落实,是对儒家士人明德亲民之社会理想的践履。

五 结语

近年来史学界有关乡绅(地方精英)对地域社会控制与影响的相关研究成果表明,在中晚明社会,乡绅在建立、运作和管理保甲、乡约、宗族等民间基层组织中发挥着关键性的作用,并在倡导、维持地方公共事务方面也发挥着重要作用,从

---

① 王时槐:《易庵朱先生墓志铭》,《王时槐集》之一《友庆堂存稿》卷5,第150页。
② 王时槐:《易庵朱先生墓志铭》,《王时槐集》之一《友庆堂存稿》卷5,第150页。
③ 同治《安福县志》卷11《人物·儒林》,第16页。
④ 学界对于"乡绅"的界定标准不一,早年的研究侧重将乡绅资格理解为有科举功名的士人,近年则将乡绅理解为参与地方公共事务、具有地方话语权的精英。本文所说的乡绅兼有这两个层面。参见施由明《论明清乡绅的产生——以江西为例》,《农业考古》2014年第4期。

而掌握着地方社会主要的经济政治资源。这一现代政治学角度的描述，侧重关注政治经济权力和利益的再分配，并没有重视乡绅作为儒者的内在动力，即他们的济世理想和责任。实际上，"万物一体""实学""讲学""政学"一体是王阳明及其弟子们极为重视的为学理念及实践活动。[1] 尽管这在宋代儒者那里亦有不同程度的体现，但在阳明学中得到了格外的强调。这几个相互融摄的观念，其学理基础正是良知学：良知是人人本具、万物同体的本体，也是创生宇宙万物的终极本源，故"实致其良知"的心性工夫体认乃是"实学"之切要。"学"直指心之本体、良知，是一切行为所由之基，同时"明明德必在于亲民，而亲民乃所以明其明德也"[2] 成为良知不容已的自觉诉求。此实学必然体现为"亲民之政"，为良知的推展和外化，体现为教化百姓、治理地方的诸多善举，"万物一体"则是学与政的承载者和终极社会理想。讲学的目的则是唤醒人人本有的"一体之仁"，同时讲学也是体认良知的一种实践形式。本文所述中晚明安福阳明学者的讲学与化乡活动，正是对以上这些理念的实践。江右阳明学者聂豹说的"明德以亲民者，乡大夫之责也。大夫士者，乡人之心也。心者，神几而诚应，明吾孝友之德，以亲吾之父兄，明吾睦姻任恤之德，以亲吾之乡党宗族，使人之父兄，人之乡党宗族，无一而不在吾亲睦之中"[3]，颇能体现良知学"万物一体"的社会关怀与实践向度。面对王道政治在三代以后"未尝一日得行于天地之间"（朱熹语）的历史现实，尤其是在明代政治高压专制、学术功利异化这样非常糟糕的历史背景下，阳明学者们，从知名的士绅到不知名的草根学者，仍以巨大的传道热忱从事民间讲学与化乡实践，这既非他们不谙世事、不懂政治谋略的天真之举，也非从掌握国家级权力转移到掌握地方级权力的功利性算计，而首先是理学家"仁其身以仁天下"（邹守益语）[4] 的济世路之实践，是真正意义上由"内圣"开出"外王"的取径，是他们从天理良知的真诚信仰和体道经验中，迸发出对身心—家国—天下—宇宙这一整全"大生命"的自我承诺与责任担当。当然，作为乡绅的阳明学者建构理想政治秩序的努

---

[1] 参见吴震《阳明心学与讲学活动》，载氏著《明代知识界讲学活动系年：1522—1602》，学林出版社2002年版，"引言"第1—41页。
[2] 以上引文均见王守仁《大学问》，《王阳明全集》卷26，第968页。
[3] 聂豹：《永丰乡约后序》，《聂豹集》卷3，第52页。
[4] 邹守益：《克复堂记》，《邹守益集》卷6，第366页。

力，并不体现为对政治制度的具体设计，也无法以现代政治的模式和效应来考量。他们对地方社会事务的参与，很多是在国家政权机构之外的非权力运作，目的在于通过道德教化来维系良善的地方风俗与秩序，对地方社会秩序的平稳运行起到长久的、潜移默化式的"风教"影响。在这个意义上，儒者的"外王"事业从来不曾缺位。

李贽与泰州学派思想的传承

——以童心说为例

李万进[*]

摘　要： 李贽作为泰州学派的传人，其思想在很多方面是对泰州学派的继承与发扬。李贽思想中的童心说具有代表性，童心说是对泰州学派创始人王艮的安心学说以及《乐学歌》的传承。王艮创立的泰州学派，其传人中，罗汝芳是较为重要的一个人物。罗汝芳在王艮安心理论的基础上提出了赤子之心，李贽则将罗汝芳的赤子之心发挥为童心。王艮的安心理论以及《乐学歌》提出的"乐"这一概念，以及罗汝芳的"赤子之心"，都体现了肯定自然、天性与人性的倾向，这些最终被李贽所吸收，发展成为绝假纯真的"童心"。

关键词： 李贽　童心　泰州学派　安心　赤子之心

泰州学派是由王艮开创的，这一学派在明清之际的中国思想史上留下了浓墨重彩的一笔。泰州学派人物众多，其思想传承呈现出复杂而缤纷的现象。在众多的思想家中，李贽无疑是泰州学派中较为重要的一个人物。李贽由于其思想具有超前性，敢于否定权威与假道学，因此不为时代所包容，遭到了打压与迫害。而他则不屈服于打压与迫害，以个人的生命为代价作了一种无声的抗争。从泰州学派思想学说对李贽的影响而言，最为显著的就是李贽在泰州学派前辈思想家的基础上，提出了肯定人欲的学说，这与他所倡导的童心说是一致的。从李贽的童心说中，可以看到他本人对于泰州学派思想的传承与发挥。学术界一般认为，中国社会的发展在明清之际具有了思想启蒙的意识，李贽等明朝中期思想家的学说，被认为是与思想启

---

[*] 李万进，宜宾学院四川思想家研究中心副教授。

蒙相一致的历史事件。泰州学派的思想之中，已经蕴含了倡导个性、自然、人性等具有思想启蒙的元素，李贽在此基础上予以强化，并加以发挥。这样，李贽所倡导的童心说就成为他传承泰州学派思想的见证。

一 童心说与王艮的安心思想

宋明理学主要分为程朱理学与陆王心学两个派别，泰州学派的创始人——王艮曾经问学于王阳明门下，被视为王阳明的弟子门人。阳明心学在对心的阐释上，体现了凸显自我主体意识的倾向，视程朱理学所主张的天理为束缚个人心性的障碍。尽管王阳明本人最终没有否定天理的合理性，但在凸显自我主体意识方面，已经开启了阳明后学的理路。

王艮作为阳明心学的传人，在凸显主体意识方面超过了王阳明。王艮在传世的《乐学歌》中，明确将人心之乐作为其思想体系的重要内容，这个乐字凸显的正是自我主体意识，这也是王艮对于其师王阳明的心学理论一个突破与发展：

> 人心本自乐，自将私欲缚。私欲一萌时，良知还自觉。一觉便消除，人心依旧乐。乐是乐此学，学是学此乐。不乐不是学，不学不是乐。乐便然后学，学便然后乐。乐是学，学是乐。呜呼！天下之乐，何如此学？天下之学，何如此乐？①

如果说王阳明的良知说已经具有突出个人主体意识的倾向，那么王艮则将这一倾向予以了进一步的发挥，这就是王艮在《乐学歌》中强调的自我个体内心的"本自乐"，即无有掩饰与人为矫揉造作痕迹的自然天性。宋明理学家们一直在天理与人欲这一问题上争论不休，到底应不应该肯定人欲的合理性，成为理学家们持久争论的焦点。从王艮的观点来看，他更为看重的是私欲对于良知的遮蔽，强调的是良知的自觉，这样从一定程度上为私欲即人欲的合理存在提供了的空间。从王艮

---

① 黄宗羲：《明儒学案》卷32《泰州学案一》，《黄宗羲全集》，浙江古籍出版社2012年版，第7册，第839页。

的乐学歌中可以看到,"这里没有儒家经典所具有的晦涩与沉闷,没有天理与人欲的激烈搏战中所呈现的痛苦和壮烈,更没有精英文化的虚玄和矫情,一切都在坦乐平易中,一切都在自然和谐中"①。王艮乐学歌的重点在于对天理与人欲的关系提出了一个解决之法,即不要去刻意制造天理与人欲的对立与矛盾,而是顺其自然,天理与人欲可以在一定程度上得以统一:

> 天理者,天然自有之理也;才欲安排如何,便是人欲。人性上不可添一物。心之本体,原着不得纤毫意思的,才着意思便有所恐惧,便是助长。②

王艮对于天理的解释着重于天然自有之义,对于人欲的解释则是有了自我意识的介入,并指出人性是自然的而不能够添得一物,于此而论,王艮认为心性本体也就是自然而然的,不能够人为地去干预。如果有了人为的干预,那么就是一种矫揉造作的行为,这是王艮反对的。王艮在此基础上,提出了如何安心的理论:

> 然所谓安身者,亦是安其心耳,非区区保此形骸之为安也。彼居危邦入乱邦见几不作者,身不安而心固不安也,不得已而杀身以成仁。文王之羑里,夷、齐之饿,心安则身亦未尝不安也。乃先生又曰:"安其身而安其心者上也,不安其身而安其心者次之,不安其身又不安其心,斯为下矣!"而以缗蛮为安身之法,无乃开一临难苟免之隙乎!③

身心的关系可以被视为天理与人欲关系的一种折射,理学家们更为看重的是心的问题,对身的问题则有所忽视乃至于否定,这样如同天理与人欲的对立一样,身与心也出现了对立。王艮对于身心问题强调的是合一,即安身即是安心,安心即是安身。他主张,既能安身,又能安心,才是最高的人生境界,只能够安心而不能安身则是次之的人生境界,最不好的就是身与心对立而失调,形成了身与心的矛盾。王艮之所以能够主张身心合一,安身即安心,在于他认为人性自然而然,不可人为

---

① 张学智:《明代哲学史》,北京大学出版社 2000 年版,第 252 页。
② 《明儒心斋先生遗集》卷 3《年谱》,神州国光社 1912 年版,第 5 页 a、第 4 页 b。
③ 黄宗羲:《明儒学案》卷 32《泰州学案一》,《黄宗羲全集》,第 7 册,第 830 页。

干预的，同时天理也是如此，这样在某种意义上批判了理学家们制造的天理与人欲的对立与矛盾。

王艮所强调的自然而然、不可人为干预与矫揉造作的安心理论，在李贽那里就被发展为童心说，即主张童心也是人性的本质。在王艮安心理论主张自然天性的基础上，李贽提出的童心说明确指出，童心的特征就是绝假纯真：

> 龙洞山叙《西厢》，末语云："知者勿谓我尚有童心可也。"夫童心者，真心也。若以童心为不可，是以真心为不可也。夫童心者，绝假纯真，最初一念之本心也。若失却童心，便失却真心；失却真心，便失却真人。人而非真，全不复有初矣。童子者，人之初也；童心者，心之初也。夫心之初，曷可失也？然童心胡然而遽失也。①

从李贽对于童心的阐述来看，童心就是个体最初的一念之心，此一念之心就是个人的自然天性，而不是人为地将自我本有的天性予以戕害，以此去符合理学家们所主张的圣人之道，这在李贽看来实质上是对自我童心的一种残害。李贽倡导的童心说，最为看重的就是童心即真心，这个真心就是李贽所说的绝假纯真，强调的是个人之心的自然本性，这个自然本性之中就否定了道学家们强加于个人之上的各种天理枷锁。李贽将童心、真心、真人三个概念放在一起，认为三者是合一的关系，没有童心就没有真心，没有真心就没有真人，而个人如若没有纯真的童心，那么就完全与"最初一念之本心"相背离了，这是李贽所反对的。在此基础上，李贽认为，童心就是人之心的最初原始状态，是纯真而没有被污染的，理学家与道学家所说的，经过了天理与人欲之对立的心，在李贽看来已经不是童心了。

从王艮的安心理论与李贽的童心说中可以看出，王艮对于身与心矛盾的调和，只是对于理学家们天理与人欲的一种有限度的矫正，还说不上对此有所批评与否定。所以，后世学者认为由王艮开创的泰州学派是阳明心学的一种异端，但是"如果说王艮提倡'修身'还指称一个道德个体，那么他强调'安身''保身''爱身'则已明确地指称一个血肉之躯，亦即自然个体。在王艮这里，伦理绝对主义变成了伦

---

① 李贽：《童心说》，《焚书·续焚书》，岳麓书社1998年版，第97页。

理相对主义,道德意识变成了功利观念,形上道德命令变成了现实利害计较。然而,真正正面地亮出自然人性论旗帜的,却要首推'非圣无法'的李贽。他从猛烈抨击假道学入手,公开将心学的核心范畴'心'阐释为私欲之'心'。比较王艮的从'心'到'身'更为直接彻底地突出了'心学'从伦理到心理、从道德理性到自然感性的走向。"① 这种心学异端的思潮,被李贽推向了极致,也就是他所倡导的童心说。童心说突破了王艮安身与安心的界限,更为明确地肯定了人欲。因此,"在李贽这里,私欲之心亦是人人先天之所同具,亦是人的善良根性。他由此以为,趋利避害,追求享乐,是人的自然天性,圣人亦在所难免"。② 王艮的安心理论还在纠缠于身与心的调和,还在天理与人欲之间苦苦地寻求一种合理的维度。但李贽主张的童心说,已经突破了身与心的矛盾与冲突,天理与人欲在童心说之中已经被取消了对立和矛盾。从这种意义上而言,李贽倡导的童心说,是对王艮安心理论的进一步大胆的突破与推进,由此使得泰州学派在对待天理与人欲的问题上,逐渐不再同于理学家们的"存天理,灭人欲"的路数。李贽的童心说的确是对王艮安心理论的发展与推进,这也是李贽童心说对于泰州学派思想的一种传承。

二 童心与罗汝芳的赤子之心

王艮开创的泰州学派,在初传时期是由王艮父子以讲学的形式,弘扬与传播泰州学派的思想。其后则由泰州学派的传人进行思想理论的发展与传播,这样泰州学派在明代思想史上颇具影响,同时也奠定了泰州学派在中国思想上的历史地位。在泰州学派的传人中,罗汝芳是颇具影响的人物。黄宗羲编订的《明儒学案》,在《泰州学案》一节中,专门录入了罗汝芳,由此可见,罗汝芳作为泰州学派的传人是毋庸置疑的。而罗汝芳之所以被认为是泰州学派的传人,乃是因为他主张的赤子说具有代表性。罗汝芳的赤子说,在很大程度上是对王艮主张的安心理论的传承与发挥,对于此,黄宗羲在《明儒学案》的《泰州学案》中,专门提及并评价了罗汝芳的赤子说,将赤子说作为罗汝芳思想的一个特征:

---

① 赵士林:《心学与美学》"内容提要",中国社会科学出版社1992年版,第3—4页。
② 赵士林:《心学与美学》"内容提要",第4页。

先生之学，以赤子良心、不学不虑为的，以天地万物同体、彻形骸、忘物我为大。此理生生不息，不须把持，不须接续，当下浑沦顺适。工夫难得凑泊，即以不屑凑泊为工夫；胸次茫无畔岸，便以不依畔岸为胸次，解缆放船，顺风张棹，无之非是。学人不省，妄以澄然湛然为心之本体，沉滞胸膈，留恋景光，是为鬼窟活计，非天明也。①

罗汝芳的赤子说主张不学、不虑，这与王艮在《乐学歌》中对于乐的阐述是一致的，都体现了随顺自然，不假以矫揉造作的行为。相较于王艮的安心理论调节身与心、天理与人欲的矛盾不同，罗汝芳的赤子说将赤子之心上升到了"以天地万物同体、彻形骸、忘物我为大"的高度，这样赤子之心就具有了本体的意义，即赤子之心具有亘古不变之理，这个理就是罗汝芳所说的生生不息之义。罗汝芳在确立了赤子之心的地位之后，指出赤子之心的特征在于"不须把持，不须接续，当下浑沦顺适"，这种随顺自然的特点也就是罗汝芳主张的不要人为地去干预与造作，让自我之心如孩提时的无忧无虑，而不是后天的各种人为措施的介入。罗汝芳对于此的解释是，赤子之心犹如"解缆放船，顺风张棹，无之非是"，这完全是解放自我天性的一种体现。

李贽倡导的童心说，在罗汝芳赤子之心的基础上有了进一步的推进与发展。罗汝芳赤子之心主张的不学不虑的天然本性，在李贽那里被予以继承与发扬，提出了童心的特征在于否定"事假事，文假文"，由此确立了童心具有的纯真特性：

夫既以闻见道理为心矣，则所言者皆闻见道理之言，非童心自出之言也，言虽工，于我何与？岂非以假人言假言，而事假事、文假文乎！盖其人既假，则无所不假矣。由是而以假言与假人言，则假人喜；以假事与假人道，则假人喜；以假文与假人谈，则假人喜。无所不假，则无所不喜。满场是假，矮人何辩也。然则虽有天下之至文，其湮灭于假人而不尽见于后世者，又岂少哉！何也？天下之至文，未有不出于童心焉者也。苟童心常存，则道理不行，闻见不

---

① 黄宗羲：《明儒学案》卷34《泰州学案三》，《黄宗羲全集》，第8册，第3页。

立，无时不文，无人不文，无一样创制体格文字而非文者。①

罗汝芳的赤子之心强调的是个人纯真的状态，此种状态之心是个人自然天性的体现。李贽在此基础上，提出的童心则有了进一步的推进与发展，将后天的各种见闻道理划入了与童心相对立的范围，认为后天的各种道理与见闻，由于基于一种假人假言的立场，因此个人一旦被后天的道理见闻所污染，就必然要失却童心之纯真。如此的结果，就是整个社会充斥着一种假人假言的氛围，童心就在这种假人假言的社会氛围中逐渐消失。相较于罗汝芳提出的赤子之心而言，李贽不是仅局限于不学不虑与不须把持这样的欲说还休的尺度，而是明确将道学家们主张的以见闻道理为其学问之道的理论，完全予以颠覆，从而将赤子之心的不学不虑这一特征推向了极致，这就是绝假纯真的童心。

罗汝芳对于赤子之心的阐述，指出了赤子之心的特征在于不学不虑的自然天性，且这个赤子之心在罗汝芳看来并没有违背圣人之道。圣人之所以成为圣人，在罗汝芳看来，就是因为圣人能够更好地显现出赤子之心，赤子之心与圣人之道是一致的：

> 天初生我，只是个赤子。赤子之心，浑然天理，细看其知不必虑，能不必学，果然与莫之为而为，莫之致而至的体段浑然打得对同过。然则圣人之为圣人，只是把自己不虑不学的见在，对同莫为莫致的源头，久久便自然成个不思不勉而从容中道的圣人也。赤子出胎，最初啼叫一声，想其叫时，只是爱恋母亲怀抱，却指着这个爱根而名为仁，推充这个爱根以来做人，合而言之曰"仁者人也"。亲亲为大，若做人的常是亲亲，则爱深而其气自和，气和而其容自婉，一些不忍恶人，一些不敢慢人。所以时时中庸，其气象出之自然，其功化成之浑然也。②

罗汝芳所说的赤子之心就是个人本有的天性，这些天性在罗汝芳看来，与儒家

---

① 李贽：《童心说》，《焚书·续焚书》，第98页。
② 黄宗羲：《明儒学案》卷34《泰州学案三》，《黄宗羲全集》，第8册，第6—7页。

主张的仁义礼智信等五伦相应，这也就是天理。因此天理应该是个人本有的天性，而不是加以人为干预与矫揉造作的行为，这与道学家们严格区分天理与人欲的态度截然有别。圣人之所以是圣人，在罗汝芳看来，是因为圣人可以在不用人为地虚言假语的矫揉造作的行为中，体现出不思不勉的从容中道的精神境界，这就是中庸。圣人在中庸与中道上面是不思、不勉的从容气度，而不是在人为地严防天理与人欲的对立中来讲求中庸之道的，这就是圣人具有赤子之心的体现。圣人能够从容自如地合于人伦与中庸之道，这是一般之人无法达到的境界。罗汝芳倡导的赤子之心与圣人之道的关系在于自然而然，即圣人之道应该是像赤子之心那样，不加任何人为介入的痕迹，这就是自然而然的从容中道。

循着罗汝芳赤子之心与圣人之道关系的论述，李贽肯定了赤子之心与圣人之道之间存在着自然、天然这些相同的特征，在倡导童心说时，将童心与圣人之道合而为一，将罗汝芳主张的赤子之心进一步发挥为以童心为主导的圣人之道：

> 盖方其始也，有闻见从耳目而入，而以为主于其内而童心失。其长也，有道理从闻见而入，而以为主于其内而童心失。其久也，道理闻见日以益多，则所知所觉日以益广，于是焉又知美名之可好也，而务欲以扬之而童心失。知不美之名之可丑也，而务欲以掩之而童心失。夫道理闻见，皆自多读书识义理而来也。古之圣人，曷尝不读书哉。然纵不读书，童心固自在也；纵多读书，亦以护此童心而使之勿失焉耳，非若学者反以多读书识义理而反障之也。夫学者既以多读书识义理障其童心矣，圣人又何用多著书立言以障学人为耶？童心既障，于是发而为言语，则言语不由衷；见而为政事，则政事无根柢；著而为文辞，则文辞不能达。非内含于章美也，非笃实生辉光也，欲求一句有德之言，卒不可得，所以者何？以童心既障，而以从外入者闻见道理为之心也。①

李贽认为，见闻与道理在实质上是有害于童心的，因此需要在很大程度上清除见闻道理对于童心的损害。但是，这并不意味着李贽完全否定了读书识理的修养方式。李贽认为，圣人之道的关键在于要确立童心的地位，有了绝假纯真为特征的童

---

① 李贽：《童心说》，《焚书·续焚书》，第98页。

心存在于自我的意念之中，那么即使是去经历见闻与道理，也是无损于童心的。圣人之所以能够不同于一般之人，就在于圣人具有童心存在于个人的意念之中，不会被见闻道理所迷惑与牵绊，童心始终存在于圣人心中，见闻道理始终无法污染圣人的童心。于此而言，李贽认为即使读书识理，即使经历见闻道理，也不会失去自我的童心。

罗汝芳将赤子之心与圣人之道合而为一，李贽则将童心与圣人之道合而为一，这也是李贽对罗汝芳赤子之心的一种传承。赤子之心主张以不思、不勉而从容中道为圣人之道的要旨；李贽的童心说，则以绝假纯真的不思不虑为其特征，并以此作为圣人之道的修养方式。这是李贽童心说对于罗汝芳赤子之心的一种传承与发挥。

三　童心说在泰州学派历史上的地位

关于李贽是否属于泰州学派的问题，在黄宗羲编订的《明儒学案》专门记录的《泰州学案》中，并没有提及李贽，由此可知，黄宗羲本人不承认李贽与泰州学派的关系。不过，从李贽的生平事迹及其思想理论的形成来看，李贽与泰州学派有着密切的关系。这是因为，"李贽在南京时，见过王畿与罗汝芳，对他们很崇敬。又与焦竑友善。这一时期的重要关键是李贽师事泰州学派的学者王襞。王襞是王艮的儿子，幼闻庭训，王艮在淮南讲学，王襞长期在其左右，对'乐学'之说，发挥尤多。据此，李贽实得泰州之传，属于泰州学派"。[①] 关于此，可以从李贽本人对于王艮以及由王艮开创的泰州学派的评价中看出端倪：

>　　当时阳明先生门徒遍天下，独有心斋为最英灵。心斋本一灶丁也，目不识一丁，闻人读书，便自悟性，径往江西见王都堂，欲与之辩质所悟。此尚以朋友往也。后自知其不如，乃从而卒业焉。故心斋亦得闻圣人之道，此其气骨为何如者？心斋之后，为徐波石，为颜山农。山农以布衣讲学，雄视一世而遭诬陷；波石以布政使请兵督战而死广南。云龙风虎，各从其类，然哉！盖心斋真英雄，故其徒亦英雄也。波石之后为赵大洲，大洲之后为邓豁渠，山农之后为

---

①　侯外庐、邱汉生、张岂之主编：《宋明理学史》（下），人民出版社1997年版，第466—467页。

罗近溪，为何心隐；心隐之后为钱怀苏，为程后台，一代高似一代。所谓大海不宿死尸，龙门不点破额，岂不信乎？心隐以布衣出头倡道而遭横死，近溪虽得免于难，然亦幸耳，卒以一官不见容于张太岳。盖英雄之士，不可免于世而可以进于道。今上人以此进。①

李贽认为，王阳明所传的心学门徒遍及天下，唯独王艮得其真传，原因在于王艮尽管学问不如阳明其他后学那么高深，但是王艮本人具有的悟性则是其他阳明后学无法达到的，这种悟性最终被李贽发挥为童心说。在李贽看来，王艮身上所具有的这种悟性，使得王艮能够具有大丈夫与真英雄的气概与气度，能够不加人为造作地体现出天地之道与天理之道的境界，这就是真正的圣人之道。王艮之后，李贽认为泰州学派的传人，诸如徐石波、颜山农、罗汝芳以及何心隐等都是具有大丈夫与真英雄气概之人，这都是传承了王艮的思想，这也是李贽极为推崇泰州学派的原因。

循此，则不难看出，李贽的童心说是对于王艮安心理论特别是其所传的《乐学歌》中，对于乐这一概念的传承与发挥。同时，罗汝芳作为王艮所创的泰州学派的传人，其所倡导的赤子之心，也成为李贽童心说的理论先驱。顺着这样一种理论发展的思路，则可以看到，"既然良知之中可以放进'乐'这样的内容，那么中性的'赤子之心'（罗汝芳）、艺术性的'童心'（李贽）为什么不能放进去呢？既然身成为本体，那么与物质性的身相联系的一切东西在理论上就逐渐有了合法的地位了"②。也就是说，王艮的乐—罗汝芳的赤子之心—李贽的童心，是一种必然的理论传承模式。这种理论的传承模式，其发展的过程是这样的："王艮提出'乐'为良知的内容是给良知凿了第一个洞，既然乐可以放入良知之中，那么别的同样可以。如果说罗汝芳的'赤子之心'还不至于使良知决裂，那么李贽的'童心说'以及对假道学的公开批判则已经把这个道德主体撑破了。"③ 王阳明主张的良知学说，在王艮和罗汝芳那里还被予以保持，但是到了李贽那里，则完全被搁置，以童心替代。个人的自然、天然的本性，到了李贽那里不是欲说还休，更不是

---

① 李贽：《为黄安二上人三首》，《焚书·续焚书》，第80页。
② 张岂之主编：《中国思想学说史·明清卷》（上），广西师范大学出版社2008年版，第107页。
③ 张岂之主编：《中国思想学说史·明清卷》（上），第127页。

羞答答地不敢公之于世，而是明确将人欲与童心相联系，不再视人欲为损害天理的障碍。这样，童心不仅仅将泰州学派的思想传承发挥到了一种新的境界，同时也是泰州学派思想发展的一种必然趋势。李贽的童心说，是泰州学派纠缠于天理与人欲之争的一种突破性的发展，也是泰州学派具有的肯定自然、人性的思想萌芽的必然结果。从这种意义上而言，李贽的童心说使得泰州学派更具有思想启蒙的历史意义。

　　李贽与泰州学派在倡导自然、天性以及解放人性方面，具有很多相同的内容。考察李贽倡导的童心说与李贽的思想形成的过程，就可以看到，"李贽青年时受学于王艮的儿子王襞，又从罗汝芳问学，故深受泰州之学的影响。他的中心观念'童心说'，就是得自泰州之学。李贽以王艮自然之旨，罗汝芳赤子之心不学不虑为根据，对人们丧失本真自我，以后天习染、道理见闻等蒙蔽纯净本心的现象进行猛烈抨击"[①]。王艮、王襞父子以及罗汝芳在个人的本真自我、自然天性、人欲等方面，只是一种不太自觉的本能意识，还不敢与理学家、道学家们确立的天理决裂。但是，李贽具有一种无所畏惧的理论勇气，敢于与天理、人欲的对立模式相决裂，明确以童心说来颠覆天理与人欲的对立模式。正因为如此，像黄宗羲这样的著名思想家都无法肯定李贽的思想，甚至不把李贽归入到泰州学派之中。但是，从泰州学派自身思想发展的思路与模式来看，最终会走向李贽所倡导的童心说。换言之，李贽的童心说，在某种意义上而言，是泰州学派思想发展的一种必然结果。抛弃道统以及正统的观念，以历史发展的角度来看，李贽的童心说对于传承与弘扬泰州学派的思想具有重要的历史意义。

[①] 张学智：《明代哲学史》，第299页。

王学的内在张力与王门后学的衍化

杨国荣[*]

摘 要：王阳明的心学作为一种独特的哲学系统，有其核心概念，后者主要体现于他一再主张阐发的两个观念，即"良知"与"致良知"。从内在的方面看，良知说与致良知说中都包含着某种理论的张力。就良知说而言，这种张力具体表现于个体性与普遍性之间：良知之中的"心"蕴含了对个体性的确认，其中的"理"则侧重于普遍性。在致良知说中，它则具体表现为先天本体和后天之致（致知工夫）之间的紧张：强调本体的先天性，同时也意味着肯定良知的既成性质，致知工夫侧重于本体要通过一个过程来达到，良知或本体的天赋性则表明良知一开始就先天具足，后天工夫并不能对它有所增益；"致"突出了过程性，良知的先天性则消解了过程。过程和非过程、先天的本体和后天的工夫之间这种张力，内在地存在于王阳明的致良知说之中。良知说和致良知说的以上两重性或内在张力，在逻辑上导致了王门后学的分化。

关键词：良知 致良知 王门后学

王阳明之后，王学经历了分化、衍变的过程，这种衍化无论从广度上说，还是就时间的持久性而言，都是比较独特的思想史现象。王学的分化、衍变究竟是如何引发的？其内在的根据到底何在？这是值得加以思考的问题。在《明儒学案》中，

---

[*] 杨国荣，国际哲学学院（IIP）院士、国际中国哲学史学会（ISCP）前会长、中国哲学史学会会长，华东师范大学教授。

黄宗羲主要根据地域的不同，将王门后学区分为浙中王门、江右王门、南中王门、楚中王门、北方王门、粤闽王门等，这种划分，基本上是以地域、空间的差异作为取舍的标准。从思想史的角度看，仅仅着眼于空间性、地域性，显然还是一种比较外在的考察方式。思想的演化，总是有其内在的根据，王门后学的分化也是如此。如果我们追溯王学分化的内在思想根源，往往便需要回到其源头，即王阳明的心学本身。无论从历史的角度着眼，抑或从逻辑的视域看，王门后学的衍化都与王阳明心学思想本身的多重性以及它的内在思想张力息息相关。

一

每一创造性的哲学系统都包含着某种核心的观念，或者说，都有其为学的宗旨。王阳明的心学作为一种独特的哲学系统，也有自己的核心概念，这主要体现于他一再主张阐发的两个观念，即"良知"与"致良知"。

从哲学史上看，最早提出"良知"概念的，并不是王阳明，而是孟子："人之所不学而能者，其良能也；所不虑而知者，其良知也。"（《孟子·尽心上》）这里的良知，主要指先天的道德意识。王阳明将这一范畴引入其心学体系，并赋予它以新的内涵，这种新的内涵主要体现在良知与"心即理"这一命题的沟通。心即理是王阳明心学的一个重要概念，它包含两个方面，其一为心，另一为理，"心"更多地侧重于个体性的方面，包括个体的意愿、个体的意志、个体的情感、个体之身、个体之知等。"理"则主要表现为一种普遍性的原则，包括天道意义上的普遍法则与人道意义上的普遍社会规范。在王阳明看来，个体之心与普遍之理并非截然分离，两者存在着内在的统一关系，而良知便是心和理统一的具体形态。可以看到，心与理的统一，构成了王阳明所理解的良知的具体内涵。

在王阳明那里，心和理的统一不仅仅是一个抽象的概念，更是展开于诸多方面，这一展开的过程，也是良知获得具体阐发的过程。按王阳明之见，良知作为个体的内在意识，同时又表现为内在的判断准则，每一个体所具有的良知，便是其"自家底准则"："尔那一点良知，是尔自家底准则。尔意念着处，他是便知是，非便知非，更瞒他一些不得。尔只不要欺他，实实落落依着他做去，善便存，恶便去。"① 以良知为个体意义的评判准则，其侧重点在于强调：对是非善恶的判断，主要是通过个体自身的认识来实现的。换言之，道德的判断准则就在个体的内在意识之中，评判的过程乃是基于个体自身的体认、理性的认识，而不是一个外在强加的过程。

但另一方面，王阳明又强调，这样的准则并不仅仅是个体的意念，他一再把良知与个体的私见、意见区分开来，并反复指出，作为内在的准则，良知同时又是以公是公非为内容，并不只是表现为个人的好恶、私意。换言之，它具有普遍的内涵。正是这种普遍的内涵，使良知能够对公是公非做出判定。与公是公非的如上关联，同时也表明了良知作为准则所具有的普遍性品格。在王阳明看来，良知的这种普遍性品格同时又来源于普遍之理、普遍之道。从其对是非准则的以上理解中可以看到，王阳明一方面注重个体在评判是非善恶中的能动作用，另一方面又赋予判断的准则以普遍的内涵，个体性的方面与普遍性的方面在王阳明那里内在地结合在一起。

对良知准则的如上看法，可以视为"心即理"观念的展开，其中所蕴含的哲学倾向，便是试图把个体性与普遍性沟通起来。事实上，沟通个体性与普遍性，是王阳明良知说的一个非常重要的方面。

从哲学的角度看，个体性与普遍性、共相与殊相、个别与一般，本身也表现为哲学的重要论题。作为心与理统一的具体形式，良知准则论从一个方面体现了联结个体性的品格和普遍性规定的哲学意向。

在意志与理智关系的辨析方面，我们可以看到同样的思路，王阳明一方面对个体的意志非常重视，认为"志"如同船之舵，提供了个体的行动导向、规定了个体走向何方："志不立，天下无可成之事，虽百工技艺，未有不本于志者。今学者旷废隳惰，玩岁愒时，而百无所成，皆由于志之未立耳。故立志而圣，则圣矣；立志而贤，则贤矣。志不立，如无舵之舟，无衔之马，漂荡奔逸，终亦何所底乎？"② 在具体的实践过程中，意志的作用则表现为一种坚忍不拔的力量，赋予行为以坚毅性。无论从立志以确定人生的方向看，还是从具体的实践过程来考察，意志都构成

---

① 王守仁：《传习录下》，《王阳明全集》，上海古籍出版社1992年版，第92页。
② 王守仁：《传习录下》，《王阳明全集》，第974页。

了一个重要的方面，这是王阳明所反复强调的。另一方面，王阳明又肯定，意志在总体上受到内在理性的制约。在王阳明的心目中，志与知是相互关联的，意志的作用，总是要受到理智的引导。如果缺乏这种引导，"志"就会演化为个体的意气之私，蜕变为一种私人化的意向。在这一意义上，普遍理性对意志的引导和规范是非常重要的。与强调这一点相联系，王阳明对道德行为的一些特点也做了具体考察，认为行善在总体上表现为"从心所欲不逾矩"。"从心所欲不逾矩"是孔子提出来的，"从心所欲"意味着行为完全出乎个人的意愿；"不逾矩"，则表明行为合乎普遍的规范。王阳明对此做了进一步发挥，在注重个体意愿的同时，又把普遍的原则和道德规范对个体行为的引导提到了一个非常重要的位置，要求遵循当然之则。王阳明一再提到在行为过程中应该做到当行则行，当止则止。这里的"当"即"当然"，引申为普遍的规范。按王阳明之见，行为取舍应该以当然之则、普遍规范作为依据。对个体意愿和普遍规范的双重肯定，从另一个方面展开了良知之中个体性的规定和普遍性的内涵。

从社会的层面上来说，在个体和自我的关系上，往往会面临群和己、个体和群体、个体和整体等关系。在以上方面，王阳明首先强调成己和为己。为己之学是早期儒学的一个重要的观念，孔子已区分为己之学和为人之学，"为己"的特点在于以自我完成、自我充实为学习过程和道德涵养的目标，"为人"则将道德行为的目的仅仅归结为获得他人的赞誉（做给别人看）。王阳明所注重的是前一方面。他在对克己的解释中，也提到了这一点，认为"克己"指向的就是成己。"克己"，从字面上来说，更多地有限制、否定的意义，但王阳明则认为，"克己"不应该单向地理解为对自我的否定，而应该更确切地看作是"成己"的过程："人须有为己之心，方能克己，能克己，方能成己。"[1] 这里不难注意到他对个体、自我的关注。与仅仅从个体意愿的层面强调个体性有所不同，成己、为己已开始将个体性落实到一个现实的社会层面。

然而，在具体考察自我和群体的关系时，王阳明又提出了无我的观念，无我侧重于认同社会、认同整体的价值，反对因个体利益的追求而否定、消解对群体的责任。从这方面看，王阳明又表现了对社会群体、对大我的关注。这种关注既有积极

---

[1] 王守仁：《传习录上》，《王阳明全集》，第35页。

的价值意义，又可能在某些条件之下导向整体主义，后一思维倾向与他所处的这样一个时代具有历史的关联。

可以看到，在良知说之中，心与理统一所隐含的个体性规定和普遍性品格的双重关切，在心学中展开为多重方面。从逻辑上看，这里隐含着在两者之中侧重某一方面并使之片面发展的可能，事实上，后来王门后学中的一些人物较多地关注良知中个体性的方面，另一些人物则更多地侧重于普遍性的一面。在王门后学的衍化中，我们确实可以看到对个体性方面和普遍性方面的不同展开。

王阳明心学中另一个核心观念是致良知说。王阳明晚年在自我回顾时曾说："吾平生讲学，只是致良知三字。"[1] 从心体的重建到意义世界的形成，致良知在王阳明的整个系统中，占据十分重要的地位。致良知说与良知说有着逻辑的关联，东林学者顾宪成说：阳明先生在良知之上，加一"致"字，此义最精密。将良知与"致"联系起来，确是一个具有重要理论意义的阐发。

在"致良知"的表述中，"致"展开为一种活动过程，良知则是一种要达到或落实的对象。"致"和"良知"的统一，构成了致良知说的总体理论构架。具体地说，致良知蕴含一个理论前提，即区分本然之知和明觉之知。按照王阳明的理解，一方面，良知是每一个人都先天具有的，没有良知就不成其为人，这是一个先天的设定；另一方面，王阳明又强调，人人都有良知，并不意味着每一个人一开始就对其有自觉地意识和理解。换言之，良知并不一定一开始就在个体之中呈现明觉的形态。先天具有良知与自觉其良知，这是两个不同的问题，王阳明首先把这两者区分开来。如何才能够使良知由本然的形态走向明觉的形态？按王阳明的理解，上述转化的实现，必须通过"致"的过程："人孰无是良知乎？独有不能致之耳。"[2] 可以注意到，王阳明区分明觉与本然，为其进一步突出致知的工夫提供了理论的前提：只有通过致知的工夫，才能从自在的、本然形态的良知，走向自觉形态的良知，亦即达到对良知的自觉意识。在王阳明看来，致知的工夫本身便展开为一个从本然到明觉的过程。

对致知的过程性，王阳明从社会（类）以及个体角度，做了多方面的阐述。

---

[1] 王守仁：《寄正宪男手墨二卷》，《王阳明全集》，第990页。
[2] 王守仁：《节朱守乾卷》，《王阳明全集》，第279页。

就类或社会的角度而言，王阳明提出了一个著名的论题：五经皆史。在他看来，五经本来是先王之道的一种凝聚，先王之道在历史过程中的展开，具体便记载在五经之中，在这一意义上，五经是先王治国理论和实践的总结与记录，从而，五经都具有历史的意义。这个观念的意义在于从类的社会角度，把人的认识发展看成是一个历史过程。先王之道从历史角度和社会的层面上看，可以理解为人类认识的展开、衍化过程。五经皆史观念背后，就是把认识的发展看成是历史中不断展开的过程。

社会的层面是如此，个体层面也是这样。在王阳明看来，个体意识同样也要经过一个发育、发展的过程，其中包括从心智的初开，到知识逐渐发展成熟。从致良知的角度上看，这一展开过程也是在个体层面上致知工夫不断发展、深化、提升的过程。对王阳明而言，这一过程总是"未有止"，亦即没有止境。由此，王阳明一再强调：工夫越笃，见道越深，即工夫越是深入展开，则对道的领悟便越是深刻："这个要妙，再体到深处，日见不同，是无穷尽的。""不可以少有所得而遂谓止此也；再言之，十年，二十年，五十年，未有止也。"① 要而言之，致知工夫从本然的状态转换为明觉的状态，是一个长期的，在历史中不断展开的过程。

在王阳明的哲学系统中，致知工夫同时又与知行学说相联系。知行观是其心学的一个重要方面，它与王阳明对致知工夫的理解紧密相连。按王阳明的看法，致知工夫具体便展开为知和行统一的过程，亦即从本然之知出发，经过行，再进一步达到对良知的明觉。知—行—知这三个环节，构成一个动态的知行展开过程，从良知的本然形态到明觉形态，展开为知行的统一。从致知过程来说，王阳明的特点在于把致良知理解为知和行互动的过程。同时，在王阳明那里，知和行的统一，同时也是致知和成就自我的统一。致知并不仅仅是获得外在知识，而是与成就自我联系在一起，这是儒家仁知统一观念的历史延续。

从其内在的方面看，王阳明的良知说与致良知说中都包含着某种理论的张力。就良知说而言，这种张力具体表现于个体性与普遍性之间：良知之中的"心"蕴含了对个体性的确认，其中的"理"则侧重于普遍性。在致良知说中，它则具体表现为先天本体和后天之致（致知工夫）之间的紧张：强调本体的先天性，同时也意味着肯定良知的既成性质，致知工夫侧重于本体要通过一个过程来达到，良知

---

① 王守仁：《传习录上》，《王阳明全集》，第12页。

或本体的天赋性则表明良知一开始就先天具足，后天工夫并不能对它有所增益。换言之，从内容上说，本体是先天具有的，任何后天的工夫都不能增加具体内容，但是，从方式上说，对这种内容的自觉理解和把握，又要经过过程和工夫；"致"突出了过程性，良知的先天性则消解了过程。过程和非过程、先天的本体和后天的工夫之间这种张力，内在地存在于王阳明的致良知说之中。良知说和致良知说的以上两重性或内在张力，在逻辑上导致了王门后学的分化。

二

从良知说的分化看，王门后学的不同派别往往分别突出和强化了良知学说中所包含的某一个方面：后学中的一些学派、人物较多地抓住、突出、强化了良知学说中个体性的一面，对个体之心给予了更多的注重，另一些学派和人物则侧重或强化了普遍之理。这里首先值得注意的是泰州学派。泰州学派主要从意志和理性关系上对个体性的品格做了强化。在泰州王门中，有三个观念特别值得我们关注，一是对"身"的注重，以身为万物之本："是故身也者，天地万物之本也，天地万物末也。"[①] 身即个体之身，泰州学派认为天体万物都以之为依据，这种身同时又被视为判断天下万物的普遍的准则，这些看法从身的角度突出了个体和自我。第二个观念是造命在我："我命虽在天，造命却由我。"[②] 这是泰州王门一个很重要的观念。"造命在我"突出的是自我在社会中的决定作用。在泰州王门看来，在必然性面前，个体并不是无能为力的。第三个观念是"意为心之主宰"："自心之主宰而言谓之意。"[③] 按泰州学派之见，造命在我突出的是个体、自我的作用，自我之中最主要的方面是个体之意，所谓"意为心之主宰"，强调的便是个体之意在自我中的主导性。根据泰州王门的理解，这种意志的力量，决定了个体能够与各种外在的命运相抗衡。这种思维趋向从意志和理智的关系上，对个体性的规定做了空前的强化，它带有某种意志主义的倾向。不过，尽管以上趋向在理论上包含消极性，但它在中国哲学的衍化中却有着重要的意义。从主流上看，中国哲学中天命论的传统往

---

① 王艮：《问答补遗》，《王心斋先生遗集》卷1。
② 王艮：《再与徐子直》，《王心斋先生遗集》卷2。
③ 王栋：《王一庵先生遗集》卷1。

往显得更为强大，在这样一种思想背景下，突出个体之意对于抑制天命论的趋向，无疑具有独特的作用。

从另一方面强化个体性的规定的，是李贽。李贽在思想渊源上与王学有着内在的关系。相对于泰州学派从意志与理智的关系上凸显个体之意，李贽更多地从社会层面的个体与整体关系上，强调个体性。具体而言，李贽有三个方面的观点特别值得我们注意。第一是童心说。就理论内涵而言，童心说与良知说有着很多相似之处，但同时也存在原则上的差异，后者表现在：王阳明所说的良知包含着心（个体意识）与理（普遍原则）的统一，李贽所理解的童心则是剔除了普遍意义的个体意识："童心者，心之初也。夫心之初易可失也！然童心胡然而速失也？盖方其始也，有闻见从耳目而入，而以为主于其内而童心失；其长也，有道理从闻见而入，而以为主于其内而童心失。……夫道理闻见，皆自多读书识义理而来也。"① 这种扬弃了普遍义理的童心说着重从个体精神、个体情感等方面突出了个体性的意识。李贽的第二个重要命题，是"天生一人，自有一人之用"②。这里的"用"包括作用、功能，其中包含肯定个人价值的意义，所谓"一人自有一人之用"，亦即认为在社会生活当中，每一个个体在生活结构当中，都有不可替代的独特价值。这一思想从社会层面体现了对个体性的关注。李贽思想中第三个方面，是强调"性情不可以一律求"。"莫不有情，莫不有性，而可以一律求之哉。"③ 这里注重的是情感的多样化。与仅仅把人格理解为单一、无差别的醇儒之境不同，"性情不可以一律求"所肯定的是精神世界的多样性、丰富性。

以上所体现的，是王门后学中对良知学说中所包含的个体性倾向的展开。同时，王门后学中又存在侧重和关注普遍性维度的一面。黄绾强调"志于道"，要求以道抑制个体意志的过分膨胀。胡直侧重于当然之则，主张以普遍的规范，来引导个体之志。更值得注意的是刘宗周，他可以视为明代理学的殿军。从思想渊源看，刘宗周的思想与王阳明心学具有深层面的关系。就总体而言，刘宗周的思想表现了某种回归性体的趋向。相对于"心"，"性"与"理"处于同一个序列之中：它可以看作理的内化形态，从而更多地与普遍性相联系。在刘宗周那里，性体被予以了

---

① 李贽：《童心说》，《焚书》卷3。
② 李贽：《答耿中丞》，《焚书》卷1。
③ 李贽：《读律肤说》，《焚书》卷3。

更多的关注："人之所以为心者，性而已矣。"① 事实上，刘宗周的思想特点之一，便在于通过侧重普遍性体来抑制个体之心的片面化发展。与注重性体相联系，刘宗周对意志与理智的关系做了考察，强调"知蕴于意"，并肯定"心中有意，意中有知"②。这可以说是针对泰州王门而发。知蕴于意强调的是理性之知内在于意，"意"本身需要由这种内在的理性来引导。突出性体以及要求用普遍的理性来引导个体之意，这种观点可以看作良知中普遍性规定的展开。

可以看到，良知说包含的两重性及其内在的张力，从一个方面导致了王门后学的分化，这种分化具体表现为对良知的不同引申与阐发。

三

在致良知说中，同样可以看到类似的分化现象。王门后学中的一部分人比较侧重于良知的先天性，并由此进一步强调良知的现成性和当下性，现成和当下都强调良知的既成性，肯定主体的良知本来就已处于一种明觉状态，这一趋向首先可以在王畿那里看到。王畿在理论上不同于王阳明的重要之处在于，他并不着重于对良知的本然形态和明觉形态加以区分。在王畿看来，良知不学不虑，一开始就以明觉的形态呈现于外，而并非处于自发自在的形态："至谓世间无有现成良知，良知非万死工夫断不能生，以此校勘世间虚见附和之辈，未必非对症之药，若必以现在良知与尧舜不同，必待工夫修整而后可得，则未免于矫枉之过。"③ 王畿强调良知的先天性，以此对良知的明觉与本然的区分做了某种消解，其重要之点则在于强调道德本体的内在作用。在他看来，先天具有的道德本体无时无刻不在起作用，任何情况之下，都在影响着、引导着人的行为。这种观念，对于理解道德实践过程来说，有其意义。个体在社会环境中的道德选择、道德行为确实都要以内在的道德意识或道德的本体作为依据，对于这一点，王畿似乎有所见。然而，由此他不免或多或少忽视了致知工夫，认为本体本身就是工夫，不需要另外通过工夫以达到本体，这与王阳明通过工夫以获得对本体的自觉理解，意味明显不同。从逻辑上看，这种看法容

---

① 刘宗周：《中庸百章说》，《刘子全书》卷8。
② 刘宗周：《学言中》，《刘子全书》卷11。
③ 王畿：《松原晤语》，《王龙溪先生全集》卷2。

易导向拒斥工夫以及对致知过程的消解。

具有类似倾向的另一王门后学是泰州学派。泰州学派一方面强调个体之意，另一方面，在致良知说上，又与王畿的说法具有某种相通性或相关性。泰州王门提出率现成良知，在他们看来，第一，良知是现成、已然的；第二，人只需要率现成良知，"率"就是顺从：正因为良知是现成的，故只需顺从，不需要经过明觉、致知的过程；第三，良知作用不假丝毫人力，从而，为学也没有实际的意义："才提一个学字，却要起几层意思。不知原无一物，原自见成，顺明觉自然之应而已。自朝至暮，动作施为，何者非道了更要如何，便是与蛇添足。"① 所谓"才提一个学字，就起几分意思"，意即"学"是人为的，不合乎自然。对泰州学派而言，最好是消解为学过程，回到一种自然的状态。这种观念的特点在于强调本体，消解工夫，突出"良知"，剔除"致知"。

与以上倾向不同，王阳明的另一些后学更多地注重后天的工夫。罗念庵、聂双江，便曾对王畿的现成良知提出了种种批评，往返驳难，讨论很多。他们反对用本体消解工夫，肯定后天工夫的重要性。不过，在聂双江、罗念庵那里，工夫往往被理解为一种"归寂"过程，即通过反身向内，回归到良知的先天状态，这种归寂或多或少使工夫带有某种神秘主义的色彩。王门的另一些后学从不同的角度对工夫做了阐发，其中，比较重要的有欧阳德、陈九川、邹守益、钱德洪等，他们可以称为王门后学中的工夫派。工夫派强调良知呈现于日用常行之中，是在人的日常活动、践履中逐渐呈现出来的，离开了人的日用常行过程，就没有良知的呈现形态。与之相联系，达到对良知的理解，也需要人在日用常行中体认。由此出发，他们对现成良知说以本体消解工夫提出了种种批评。在他们看来，不能简单地只提本体，不言工夫："做不得工夫，不合本体；合不得本体，不是工夫。"② 就工夫与本体的关系而言，工夫派提出了由工夫而得本体、循本体而更进于工夫的看法，即一方面本体需要通过工夫获得，另一方面，在获得本体之后，可以运用对本体的认识，展开新的工夫过程。这样，工夫和本体便呈现为一种互动的过程。不难看到，这种看法把致良知中的"致"这一方面，做了具体的展开。在东林学派那里，"致"知工

---

① 王襞：《王东厓先生遗集》卷1。
② 邹守益：《再答聂双江》，《东廓邹先生文集》卷6。

夫的内涵进一步得到扩展："致"不仅与个体的日用常行、道德涵养相联系，而且与经世治国、事功致用这样的社会历史活动相联系，从而，致知过程也获得了更广的历史内涵。

以上是王门后学衍化的大致过程。到了明清之际，在黄宗羲那里，王学的内在二重性开始在理论上得到某种扬弃。以个体性与普遍性的关系而言，黄宗羲着重从个体与社会、群和己的关系上对二者的关系做了新的阐释。他一方面强调个体在社会过程中都可以各得其利，个人的权利是不可剥夺的，个体自身的独特价值，及与此相关的权益也应该加以尊重；另一方面，黄宗羲又提出"为天下"的观念，即出仕、做官，不是为君主一个人，而是为整个天下。"为天下"包含对社会群体的关切。可以看到，黄宗羲在关注个体的价值、个体的权利的同时，对群体的价值同样给予了充分的承认和肯定，这一思想表现了把个体性与群体性重新加以沟通的趋向。

在工夫与本体的关系上，黄宗羲提出了无工夫则无真本体的看法，认为本体只有通过工夫的过程才能真正把握："无工夫而言本体，只是想象卜度而已，非真本体也。"[①] 更值得注意的是，黄宗羲提出了"心无本体，工夫所至即其本体"这一命题，从而在理论上开始化解王阳明"致良知"说的内在张力。"心无本体，工夫所至就是本体"的内在含义在于：本体并非先天预设，而是形成于工夫的展开过程之中，离开了人的致知过程，本体便无法生成。正是在工夫的展开过程之中，本体和工夫，致知过程和良知本体获得了内在的统一。以上看法扬弃了内在于王阳明心学中的先天之"知"（本体）与后天之"致"（工夫）之间的理论对峙，可以看作王门后学演化的积极理论成果。

---

① 黄宗羲：《明儒学案》卷60。

乾元与阳明学派之龙象

翟奎凤[*]

摘　要：尽管阳明本人很少结合《周易》乾卦的象义来阐发其思想，但阳明的弟子王畿、王艮、季本，及其后学陈嘉谟、王时槐、唐鹤征等人则经常借助乾卦来发挥其性理、良知学说。王畿、王艮是阳明最有影响的两大弟子，二王虽都以良知为现成，但两人的学术旨趣实际上差别很大，就两人关于乾卦及对孔子形象的诠释来看，王畿是"潜龙"派，认为天下无道，可以选择潜藏隐逸，而王艮是"见龙"派，越是天下无道，越是救世心切，体现了"天下兴亡匹夫有责"的精神。泰州的"张皇见龙"为当时专制社会所不容，体现了"道"与个体独立意识的现实自觉。个体"龙德"精神的崛起、"无首"寓象所体现的民主精神，这在当时有思想启蒙与解放意义。

关键词：乾元　乾知　潜龙　见龙　民主

乾卦为《周易》首卦，其重要性与特殊性不言而喻，历代关于乾卦义理多就易学视域来讨论。在明代，许多学者特别是阳明后学多借助乾卦义理来诠释其性理、良知及人生哲学，使得阳明学派呈现出一种别开生面、格局宏阔之龙象。尽管阳明本人很少借助易学特别是乾卦来生发其思想，但是其弟子及后学，关于"乾元"与"性"、"乾知"与"良知"，以及借助乾卦初九"潜龙勿用"、九二"见龙在田"、九三"君子终日乾乾，夕惕若"、用九"见群龙无首""乾元用九，乃见天则"等来发挥其哲学思想的讨论则非常之多。本文多就阳明后学而论，个别地方

---

[*] 翟奎凤，山东大学哲学与社会发展学院教授。

也讨论到阳明学之外的明儒。

一 "乾元"与"性海"

"乾元"出自《周易》乾卦象辞"大哉乾元，万物资始，乃统天"。把"乾元"作为一个哲学命题予以独立讨论和特别注意，在明代阳明学兴起之前比较少。江右王门陈嘉谟在《答友人书》中说"天地万物孰为之始？咸资始于乾元，乾元性也。天地万物孰为之生？咸资生于坤元，坤元命也"，"乾性坤命之理，合天地万物为一体者也"①，他认为，天地万物之所以一体一贯，是因为同源于乾父（性）、坤母（命）。嘉谟这里所说的"命"，不是指天命的命，而是偏指人的身体。② 明儒唐伯元也曾说"性乾而身坤"，此说当与嘉谟同，即以"身"为"命"之义。王畿认为"乾属心，坤属身，心是神，身是气"③，鉴于心学派多以心性为一体，此说也可视为"乾性坤命（身、气）"说。

江右王门王时槐（号塘南）也说"乾元者性也，首出庶物者也"④，"乾元之性，我固有之"⑤，塘南之学以"透性"为宗，那么其"透性"也可以说要"透"乾元。江右王门万廷言也说"学者先须识得乾元本体，方有头脑。盖坤以乾元为主，元是生理，须时时有天地变化草木蕃意思，以此意自存，始不失乾元太始气象"⑥，黄宗羲论万廷言之学，说其"盖深见乾元至善之体，融结为孩提之爱敬，若先生始可谓之知性矣"⑦。结合黄宗羲的评述，万廷言所说"乾元本体"应该也大致可以理解为性体，当然，廷言侧重这个元本体的生生之义，故强调"元是生理"。

南中王门唐鹤征非常密集地讨论到"乾元"，与万廷言比较类似的是，他对乾元的论述，也多从"生"这个角度来立论，他说："人与天并生于乾元，乾元每生

---

① 黄宗羲：《明儒学案》卷21《江右王门学案六·参政陈蒙山先生嘉谟》，中华书局2008年版，第495页。
② 道教内丹说性命双修，此命也是偏指人的身体和气。
③ 《王畿集》卷4《东游会语》，吴震编校整理，凤凰出版社2007年版，第85页。
④ 黄宗羲：《明儒学案》卷20《江右王门学案五·太常王塘南先生时槐》，第484页。
⑤ 黄宗羲：《明儒学案》卷20《江右王门学案五·太常王塘南先生时槐》，第485页。
⑥ 黄宗羲：《明儒学案》卷21《江右王门学案六·督学万思默先生廷言》，第502页。
⑦ 黄宗羲：《明儒学案》卷21《江右王门学案六·督学万思默先生廷言》，第501页。

一物，必以全体付之，天得一个乾元，人也得一个乾元，其所得于乾元，绝无大小厚薄之差殊。"①唐鹤征是一个鲜明的气本论者，他认为"乾元"也是气，他说"盈天地间一气而已，生生不已，皆此也。乾元也，太极也，太和也，皆气之别名也"②。唐氏对"性"的阐释也立足于乾元、气之"生生"，他说："心中之生，则性也，盖完完全全是一个乾元托体于此，故此方寸之虚，实与太虚同体。故凡太虚之所包涵，吾心无不备焉，是心之灵，即性也"③，"知天地之间，只有一气，则知乾元之生生，皆是此气。知乾元之生生皆此气，而后可言性矣"④。显然，相比万廷言，唐氏更加明确地把乾元与性做了关联，相比陈嘉谟、王时槐等人的以乾为性，他对乾元与性关系的论述更加具体，即强调了"气"与"生"的实质性和根本性。乾元生天、生地、生人，因此，天地人统一于乾元生生之气。"乾元"是生天地人之根本，学问修养的根本也是要"见乾元"，唐鹤征说："惟《易》标出一个乾元来统天，见天之生生有个本来。其余经书，只说到天地之化育而已，盖自有天地而乾元不可见矣。然学者不见乾元，总是无头学问。"⑤

被黄宗羲列入泰州后学的管志道直接提出了"乾元性海"一词，他说：

　　乾元无首之旨，与《华严》性海浑无差别，《易》道与天地准，故不期与佛老之祖合而自合。……唐宋以来，儒者不主孔奴释，则崇释卑孔，皆于乾元性海中自起藩篱，故以乾元统天，一案两破之也。⑥

研究管氏思想的学者常引述此段，以强调其三教会通的主张，于"乾元性海"一语似留意较少。"乾元性海"是现代新儒家熊十力哲学思想的重要概念，⑦但实际上把"乾元"与"性海"关联起来并非熊先生首创。熊先生本人似未对此有交代，但我们可以推断，他的这一哲学用语当源自管志道。管氏认为"乾元"体现

---

① 黄宗羲：《明儒学案》卷26《南中王门学案二·太常唐凝庵先生鹤征》，第604页。
② 黄宗羲：《明儒学案》卷26《南中王门学案二·太常唐凝庵先生鹤征》，第605页。
③ 黄宗羲：《明儒学案》卷26《南中王门学案二·太常唐凝庵先生鹤征》，第605页。
④ 黄宗羲：《明儒学案》卷26《南中王门学案二·太常唐凝庵先生鹤征》，第606页。
⑤ 黄宗羲：《明儒学案》卷26《南中王门学案二·太常唐凝庵先生鹤征》，第607页。
⑥ 黄宗羲：《明儒学案》卷31《泰州学案一》，第708页。
⑦ 熊十力先生论"乾元性海"，集中见于其晚年《原儒》一书的《原内圣第四》。

了孔子的出世心法，即代表了孔子思想的最高境界，他说：

> 愚以毗卢法界印乾元，以普贤行海印孔矩，意有在也。盖戒儒者毋以名利心希孔子，孔子自有出世心法，通乎毗卢，则乾元统天之旨是也。①

"毗卢法界"即"性海"之义，管氏通过"乾元"与"性海"来会通儒释，认为孔子与释迦牟尼在心灵的最高处是一致的，他说："孔子之上达，达乾元也。孔子之外，岂无达乾元之圣人乎？则释迦是已。"② 同时，管氏也通过"乾元"来论述其"性无善恶"之主张，在他看来，"若言乾元则举善遗恶，而乾元有所不统，恶在其为大？乾元之所以为大，正以其立于无善无恶之先，而通于有善有恶之后也"③，认为"《易》所谓乾元，周子所谓无极之真"④，显然，他的"乾元"是佛教特别是华严"性海"思想的儒家表述。明末刘宗周也说"要识乾元，不识乾元，则心无主宰，即惩窒迁改，未免以后起为功，岂能直达本原乎？"⑤ 宗周虽未直言乾元为性，但从这句话来看他是有这个意思的。从以上讨论可见，以乾、乾元为性，这是阳明后学及明儒的一个普遍性看法。

二 "乾知"与"良知"

《易传·系辞上》说"乾知大始，坤作成物。乾以易知，坤以简能"，阳明后学从其哲学立场出发对这句话赋予了更多的独立思想内涵。阳明曾说"乾知大始，心体亦原是如此"，似有以乾知为良知的意思。最早拈出"乾知"，并把它与"良知"进行直接关联叙述的，当为王畿（号龙溪），他在《致知议略》中说：

---

① 管志道：《答屠仪部赤水文书》，《问辨牍》卷之元集，《四库全书存目丛书》，齐鲁书社1997年影印本，子部，第87册，第668—669页。
② 管志道：《答顾选部径阳文书》，《问辨牍》卷之利集，《四库全书存目丛书》，子部，第87册，第736—737页。
③ 管志道：《答顾选部径阳文书》，《问辨牍》卷之利集，《四库全书存目丛书》，子部，第87册，第736—737页。
④ 管志道：《答顾选部径阳文书》，《问辨牍》卷之利集，《四库全书存目丛书》，子部，第87册，第725—726页。
⑤ 刘宗周：《刘宗周全集》第三册《语类》，浙江古籍出版社2012年版，第470页。

《易》曰"乾知大始",乾知即良知,乃混沌初开第一窍,为万物之始,不与万物作对,故谓之独。以其自知,故谓之独知。乾知者,刚健中正,纯粹精也。七德不备,不可以语良知,中和位育皆从此出,统天之学,首出庶物,万国咸宁者也。①

　　对龙溪的"乾知即良知"说,同门聂豹提出了质疑。聂豹根据朱熹《周易本义》的说法,认为"乾知大始"之"知"当训为"主"。② 面对聂豹的质疑,王畿坚持认为"知之为义本明,不须更训'主'字。下文证之曰'乾以易知',以易知为易主可乎?"③ 王畿的逻辑是"乾知大始"与"乾以易知"这两处"知"的意思应该一致,若"知"训为"主","乾以易知"就讲不通。在与同门季本的辩论中,王畿也强调:

　　《易》曰"乾知大始",良知即乾知,灵明首出,刚健无欲,混沌初开第一窍,未生万物,故谓之大始,顺此良知而行,无所事事,便是坤作成物。④

　　综合来看,在"乾知大始"的解释上,他坚决反对朱子训"知"为"主"之说。"乾知"的具体内涵包括"刚健中正,纯粹精也","灵明首出,刚健无欲",而"坤作成物"为良知的展开运行。

　　南中王门查铎曾学于龙溪,他发挥"乾知即良知"的观点,提出"乾知即良知之真体,坤作即良知之实用"⑤,以乾知、坤作为良知之体用,这也是龙溪的意思。查铎说:"盖良知即是乾知,物即是坤作成物之物,天之生意乃其知也,此生意遍满两间,然不着土则空无所寄,亦如野马絪缊旋吹旋散,故必乾坤合德,然后

---

① 《王畿集》卷6《致知议略》,第131页。
② 朱子在《周易本义》中说"'知',犹主也,乾主始物,而坤作成之,承上文男女而言乾坤之理",《朱子语类》又云"'知'训'管'字,不当解作'知见'之'知',大始未有形,知之而已,'成物'乃流行之时,故有为"。
③ 《王畿集》卷6《致知议略》,第135页。
④ 《王畿集》卷9《答季彭山龙镜书》,第213页。
⑤ 黄宗羲:《明儒学案》卷25《南中王门学案一·副使查毅斋先生铎》,此节见于文渊阁《四库全书》所据贾刻紫筠斋本,中华书局2008年版(所据为郑刻二老阁本)无查铎语录。

能四时行百物生，所以曰坤作成物。"① 查铎以"乾知为良知之真体、坤作为良知之实用"，乾知不能离开坤作，坤作也不能离开乾知，乾坤知作合一实际上也代表了知行合一。与龙溪相比，他这里应该是更加凸显了良知呈现落实即"坤作成物"的重要性。

对于王畿、查铎的"乾知即良知"说，李材（号见罗）② 予以反对，他说：

> 二十年前，曾见一先辈，谓乾知即良知，不觉失笑。乾主始物，坤主成物，知者主也，昔贤之解不谬。……此真可谓欲明良知，而不复究事理之实，且不察文理矣。……又谓乾有知，杜撰无端，可为滋甚。③

李材这里说的"先辈"，很可能就是指王畿，所谓"昔贤之解不谬"，是赞成朱子训"知"为"主"。李材认为"先辈"这样发挥是"不究事理，不察文理"，认为谓"乾有知"，乃"杜撰无端"。李材把"知"理解为主体性的知觉和理智，这说明他对阳明"良知"说的精神没有吃透，或者说他并不认同阳明的良知说，因此才提出"止修"之说。实际上在阳明，"良知"即是主体性的存在，同时也是本体性的存在。作为阳明的大弟子，龙溪的发挥自有其道理，尽管这种"知"的理解未必符合《易传》文本的"文理"，但对于富有创造性的思想家王畿来说，这种发挥无疑在一定程度上拓展丰富了阳明良知说的思想内涵。

江右王门王时槐在对"乾知"的理解上，与王畿同调，他的一些话也可以看作是对李材批评王畿的回应。塘南说：

> 《易》曰"乾知大始"，此知即天之明命，是谓性体，非以此知彼之谓也。《易》曰"坤作成物"，此作即明命之流行，是谓性之用，非造作强为之谓也。故知者体，行者用，善学者常完此大始之知，即所谓明得尽便与天地同体。故

---

① 黄宗羲：《明儒学案》卷25《南中王门学案一·副使查毅斋先生铎》。
② 见罗曾从学于阳明弟子邹守益，后不满阳明良知说，提出"止修"作为学问宗旨，一般认为见罗为阳明良知说的修正派。
③ 黄宗羲：《明儒学案》卷31《止修学案·中丞李见罗先生材》，第671页。

即知便是行，即体便是用，是之谓知行一、体用一也。①

这里塘南虽然没有直接说"乾知即良知"，但毫无疑问，他是认同这一主张的，这段话可以看作是对王畿"乾知即良知"说的再发展，也富有思想新意。塘南明确指出"乾知"是"性体"，是"天之明命"，"非以此知彼之谓"。他以"知行"来发挥"乾知""坤作"，视"坤作"为"流行"之"用"，这也与查铎"乾知为良知之真体、坤作为良知之实用"的观点比较类似。

晚明顾宪成又以"乾元""坤元"对应"良知""良能"，他说："性太极也，知曰良知，所谓乾元也；能曰良能，所谓坤元也。不虑言易也，不学言简也。故天人一也，更不分别。"② 高攀龙以乾知为觉悟、坤能为行修，他说："凡了悟者皆乾也，修持者皆坤也。人从迷中忽觉其非，此属乾知；一觉之后，遵道而行，此属坤能。……心境都忘，宇宙始辟，方是乾知。"③ 这些都可以说是"乾知即良知"说的进一步演绎。

三　王畿"天则"与季本"龙惕"

乾卦用九曰"见群龙无首，吉"，《文言传》对此解释说"乾元用九，乃见天则"。王畿认为"乾元用九"乃"和而不倡之义。吾人之学，切忌起炉作。惟知和而不倡，应机而动，故曰'乃见天则'"④。龙溪论良知，也多结合"天则"来阐发，如说："良知自有天则，纵恣不肯为，只是违了天则。"⑤"良知者，性之灵也，至虚而神，至无而化，不学不虑，天则自然。"⑥ 于此可见，在龙溪，良知是个虚灵的存在，但虚灵中有个天则，此"天则"也可以说就是天理。同时龙溪还以"天则"来诠释"格物"，他说："格者，天然之格式，所谓天则也。"⑦ "格者正

---

① 黄宗羲：《明儒学案》卷20《江右王门学案五·太常王塘南先生时槐》，第476页。
② 黄宗羲：《明儒学案》卷58《东林学案一·端文顾泾阳先生宪成》，第1381页。
③ 黄宗羲：《明儒学案》卷58《东林学案一·忠宪高景逸先生攀龙》，第1413页。
④ 《王畿集》卷1《三山丽泽录》，第13页。
⑤ 《王畿集》卷1《抚州拟岘台会语》，第23页。
⑥ 《王畿集》卷2《白鹿洞续讲义》，第46页。
⑦ 《王畿集》卷8《〈大学〉首章解义》，第177页。

也，物者事也，格物者，致吾心良知之天则于事事物物之中也。"① 显然这种对格物的理解与阳明是一致的。以"格"为"正"也是阳明的主张，王畿这里进一步发挥，以"天则"来释"正"和"格"。实际上，以"天则"来诠释"良知"，阳明也有论及，如说"良知只在声色货利上用功，能致得良知，精精明明，毫发无蔽，则声色货利之交，无非天则流行矣"②。可见，龙溪的"天则良知"说渊源有自，是对阳明思想的发展。

王畿以天则论良知，体现其良知自然现成的思想宗旨。不满龙溪的天则自然良知说，同门季本提出"龙惕"说。季本以"龙"来比喻心体，"夫心之为龙也，言乎其惕也"③，他强调龙的"惕"——戒慎、恐惧、慎独、主敬之义，他以此为"良知"之第一义。在季本看来，强调良知的自然无为义，实乃迷于坤道，他说"敬则惕然有警，乾道也；简则自然无为，坤道也"④，"故惕若者，自然之主宰也。夫坤，自然者也。然以承乾为德，则主乎坤者乾也"⑤。季本"贵主宰而恶自然"，这个主宰在他看来也就是理，他说"语自然者必以理为主宰可也"⑥。显然，在季本看来，"龙惕"也即天理。季本还说"理者阳之主宰，乾道也；气者阴之流行，坤道也。流行则往而不返，非有主于内，则动静皆失其则矣"⑦，在他这种"乾道—理—阳、坤道—气—阴"的分析模式下，王畿的"自然"说不但被拉低为坤道，甚至还被贬低为气、阴。季本之所以严厉批评王畿的自然说，主要是因为在他看来这会"陷入异端"，他说"佛老之学于义不精，随气所动，惟任自然而不知其非者矣"⑧。

季本的龙惕说，源自乾卦九三爻"君子终日乾乾，夕惕若，厉无咎"，他以龙惕为乾知、良知之本性，也主要是自己的创造性发挥。季本坚持以"龙"喻心，反对以"镜""水"喻心，他说"今之论心者，当以龙而不以镜，龙之为物，以警

---

① 《王畿集》卷 10《答吴悟斋》，第 253 页。
② 引自陈荣捷《王阳明传习录详注集评》，台北：台湾学生书局 1983 年版，第 376 页。
③ 《季彭山先生文集》卷 1《送杨君序》，《北京图书馆古籍珍本丛刊》，书目文献出版社 1999 年版，第 106 册。
④ 黄宗羲：《明儒学案》卷 13《浙中王门学案三·知府季彭山先生本》，第 275 页。
⑤ 黄宗羲：《明儒学案》卷 13《浙中王门学案三·知府季彭山先生本》，第 273 页。
⑥ 黄宗羲：《明儒学案》卷 13《浙中王门学案三·知府季彭山先生本》，第 273 页。
⑦ 黄宗羲：《明儒学案》卷 13《浙中王门学案三·知府季彭山先生本》，第 271 页。
⑧ 黄宗羲：《明儒学案》卷 13《浙中王门学案三·知府季彭山先生本》，第 275 页。

惕而主变化者也"①　"今之论心者,当以龙而不以镜,惟水亦然"②,在他看来,"盖心如明镜之说本于释氏,照自外来,无所裁制者也。而龙则乾乾不息之诚,理自内出,变化在心者也"③。而王畿认为"水镜之喻"有其合理性,"未为尽非","无情之照,因物显像,应而皆实,过而不留,自妍自丑,自去自来,水镜无与焉。盖自然之所为,未尝有欲"④。王畿坚持自然为宗,"夫学当以自然为宗,警惕者,自然之用。戒谨恐惧,未尝致纤毫力,有所恐惧则便不得其正,此正入门下手工夫"⑤,在王畿看来,季本所说"以警惕而主变化",不如"以无欲而主变化更为得理"⑥。王畿批评季本"乾主警惕,坤贵自然"的说法,认为这样的话"警惕时未可自然,自然时无事警惕",这是"堕落两边见解,易道宗原恐未可如是分疏也"⑦。同时,龙溪认为"警惕"取于乾卦九三"因时之义","时不当故危厉生,惟惕始可至于无咎,非龙德之全也。无欲则自然警惕,当变而变,当化而化,潜见飞跃,神用无方,不涉踪迹,不犯安排,吾心刚健之象、帝命之不容已者正如此"⑧。

王畿与季本的争论,引起同门的关注。浙中王门邹守益出来调和二人,说"警惕变化,自然变化,其旨初无不同者。不警惕不足以言自然,不自然不足以言警惕,警惕而不自然,其失也滞,自然而不警惕,其失也荡"⑨,即主张要把警惕与自然结合起来。浙中王门胡瀚说:"汝止以自然为宗,季明德又矫之以龙惕。龙惕所以为自然也,龙惕而不恰于自然,则为拘束;自然而不本于龙惕,则为放旷。"⑩ 此说强调龙惕为本,当是倾向于季本。

的确,自然无为有柔顺义,一般认为儒家为刚健之乾道,老庄为柔顺之坤道,故儒家"乾元统天",老庄顺其自然。但如果把王畿的"自然"与"天则"联系

---

① 黄宗羲:《明儒学案》卷13《浙中王门学案三·知府季彭山先生本》,第272页。
② 黄宗羲:《明儒学案》卷12《浙中王门学案二·郎中王龙溪先生畿》,第256页。
③ 黄宗羲:《明儒学案》卷12《浙中王门学案二·郎中王龙溪先生畿》,第275页。
④ 黄宗羲:《明儒学案》卷12《浙中王门学案二·郎中王龙溪先生畿》,第256页。
⑤ 黄宗羲:《明儒学案》卷12《浙中王门学案二·郎中王龙溪先生畿》,第277页。
⑥ 《王畿集》卷9《答季彭山龙境书》,第212页。
⑦ 《王畿集》卷9《答季彭山龙境书》,第212页。
⑧ 《王畿集》卷9《答季彭山龙境书》,第212、213页。
⑨ 黄宗羲:《明儒学案》卷13《浙中王门学案三·知府季彭山先生本》,第272页。
⑩ 黄宗羲:《明儒学案》卷15《浙中王门学案五·教谕胡今山先生瀚》,第330页。

起来，那么"自然"也与乾卦是对应的。实际上，全面理解王畿的自然良知说，也应该与"天则"结合起来，在王畿，天则就是天理，自然天则是强调天理的自然流行。当然，王畿的自然良知说也流露出佛老的隐逸之风，这从其论"潜龙"也可见一斑。

四 王畿"潜龙"与王艮"见龙"

乾卦初九曰"潜龙勿用"，《文言传》引"子曰"对此的解释是"龙德而隐者也。不易乎世，不成乎名；遁世无闷，不见是而无闷；乐则行之，忧则违之；确乎其不可拔，潜龙也"。王畿很推崇潜龙之学，他在给聂豹的信中说："吾人今日正当潜龙之学，不易乎世，不成乎名。故君子立心为己，莫先于淡，淡是入德之基。吾人潜不久，淡不下，只是世情心未忘。此是最初发轫第一步不可以不深省也。"① 在答毛瑞泉的信中，王畿也说："且执事独不闻畏垒之事乎？潜龙之学，以无闷为宗，尽视此何如也？"② 关于潜龙之学，最集中的发挥见于龙溪在万松仰圣祠对诸生的讲演，他认为"吾人所积不厚，精神易于泄漏，才智易于眩露，汲汲然求见于世，只是不能潜，未免于易世成名之心，不足以达天道"③，在他看来"不见是无闷"比"遁世无闷"更难做到，"学至于无闷其至矣"，无闷是为学的最高境界。

与龙溪重视乾卦初九"潜龙"不同，王艮重视的是乾卦九二爻"见龙在田，利见大人"，他说："见龙，可得而见之谓也，潜龙，则不可得而见矣。惟人皆可得而见，故利见大人，圣人岁时乘六龙以御天，然必当以见龙为家舍"④。这里王艮训"见"为"现"，就是说要表现大人"德普施"——觉悟大众、奉献社会的本性。王艮认为孔子的一生就是"见龙"精神的鲜明体现，他说：

> 孔子谓"二三子以我为隐乎"，此"隐"字对"见"字，说孔子在当时虽不仕，而无行不与二三子，是修身讲学以见于世，未尝一日隐也。隐则如丈

---

① 《王畿集》附录三逸文辑佚，第800页。
② 《王畿集》卷10，第264页。
③ 《王畿集》卷5，第128页。
④ 王艮：《王心斋全集》，陈祝生等校点，江苏教育出版社2001年版，第4页。

人沮溺之徒，绝人避世而与鸟兽同群者是已。乾初九"不易乎世"，故曰"龙德而隐"，九二"善世不伐"，故曰"见龙在田"。观桀溺曰"滔滔者天下皆是也，而谁以易之"，非隐而何？孔子曰："天下有道，某不与易也。"非见而何？①

王艮以他所理解的孔子作为自己人生的榜样和信念，在他看来，孔子坚持积极入世，不认可隐遁的生活态度，天下无道，更要出来做事，不能躲起来。因其志在天下，当时有人以伊尹、傅说来称赞王艮，王艮说"伊傅之事我不能，伊傅之学我不由"②。在他看来，伊尹、傅说得到明君赏识，这是"奇遇"，如果遇不到明君，他们终身也只能"独善其身"；但是孔子不然，不管遇不遇，都坚持修身讲学以明道于天下。因此，王艮再三强调"我而今只说志孔子之志，学孔子之学"③。

《论语·先进篇》载曾皙言志："莫春者，春服既成，冠者五六人，童子六七人，浴乎沂，风乎舞雩，咏而归，孔子喟然叹曰：'吾与点也！'"历史上多认为这反映了孔子对曾皙自然逍遥人生志趣的欣赏与认同，但王艮认为"点得'见龙'之体，故与之也"④。为什么说"点得'见龙'之体"呢？在与薛侃的信中，王艮说：

> 弟近悟得阴者阳之根，屈者伸之源。孟子曰："不得志则修身见于世。"此便是"见龙"之屈，利物之源也。孟氏之后，千古寥寥，鲜识此义。今之欲仕者必期通，而舍此外慕，固非其道。陶渊明丧后归辞之叹，乃欲息交绝游，此又是丧心失志。周子谓其为隐者之流，不得为中正之道。后儒不知，但见高风匍匐而入微，吾兄其孰与辨之？⑤

王艮认为孟子所说"不得志则修身见于世"，便是"'见龙'之屈，利物之

---

① 王艮：《王心斋全集》，第7页。
② 王艮：《王心斋全集》，第5页。
③ 王艮：《王心斋全集》，第4页。
④ 王艮：《王心斋全集》，第20页。
⑤ 王艮：《王心斋全集》，第46页。

源",所云近悟得"阴者阳之根,屈者伸之源",这些都可以帮助我们理解"点得'见龙'之体","阴""屈"之体最终是要发用为"阳""伸"。在君主专制社会里,知识分子实现自己抱负的机会和空间基本上锁定在科举从政这条狭窄的道路上。王艮一方面反对"仕者必期通"的心态,因为这很容易让人陷入丧失个性与尊严的外慕之非道;另一方面,他也不认可陶渊明"息交绝游""丧心失志"的隐者心态。王艮的选择是清晰而坚定的,既不期必于政治仕途,也不灰心丧气而归隐,所要做的就是通过讲学明道,来移风易俗,觉悟大众,改良社会。王艮说:"飞龙在天,上治也,圣人治于上也。见龙在田,天下文明,圣人治于下也。惟此二爻,皆谓之大人,故在下必治,在上必治。"① "飞龙在天"为九五之尊,为在上圣人——天子,"见龙在田,天下文明"是"圣人治于下",为在下之圣人——得道君子。每一个得道的人都是大人,都是圣人,都有责任来觉悟大众,改良社会,这是"在下必治"的心志。在君主专制社会里,平民百姓要参与社会治理,这显然是"胆大妄为""痴心妄想"。王艮凸显了"道"的独立尊严,"道"与"政"对立性开始彰显,这一点在泰州后学那里变得更加激烈,乃至酿成了一些悲剧。

王艮与龙溪都可以看作良知现成派,王艮也重视自然天则,他曾说:"良知之体,与鸢鱼同一活泼泼地,当思则思,思过则已。如周公思兼三王,夜以继日,幸而得之,坐以待旦,何尝缠绕?要之自然天则,不着人力安排。"② 但二王的学术风格和外在气质实际上差别很大,许敬庵说"淮南(王艮)亢而高之,山阴(王畿)圆而通之"③,吴震认为"王艮的亢高性表现在他有强烈的现实感和社会意识,相对说来,王艮的哲学思辨色彩不浓;王畿的圆通性主要表现在他的抽象思辨的哲学理论方面和宁静淡泊的心境气质方面,而对现实社会缺乏一种'舍我其谁'、匡世济民的承担意识"④。这种思想性格与气质的差异其实也鲜明体现在王畿重视初九"潜龙"、王艮强调九二"见龙"上。二王同为王门高足,但关系似乎并不密切,这实际上也是两人的性格使然。从现有的材料看,二王的书信往来不多,在王艮的文集中保留了唯一一份《答王龙溪》的信:

---

① 王艮:《王心斋全集》,第11页。
② 王艮:《王心斋全集》,第11页。
③ 许孚远:《敬和堂集》卷5《答周海门司封谛解》,日本内阁文库藏明万历二十二年序刻本,第31页。
④ 吴震:《王艮与王畿合论》,《浙江学刊》1986年第4期。

书来云"罗子疑出入为师之说",惜不思问耳。谚云:"相识满天下,知心有几人。"非先生而何?先生知我之心,知先师之心,未知能知孔子之心否?欲知孔子之心,须知孔子之学。知孔子之学,而丈夫之能事毕矣。①

耿宁认为这里的"罗子"指罗洪先(号念庵),② 王畿可能想借罗洪先的话来委婉劝说提醒王艮不要背离师说,但师兄弟之间确实很难相互说服,王艮回信认为王畿"不知孔子之心",把龙溪给"顶"了回去。王艮并不在乎他的思想是否与阳明一致,而是多次声称"回到孔子",这也可见其强烈的思想个性。同时王畿认为"孔子退藏于密,得用九之义",把孔子理解为"潜龙"的形象,这与王艮认为"孔子未尝一日隐"的"见龙"形象形成鲜明对比。从一定角度讲,以王畿为潜龙派,王艮为见龙派,或许能更好地区别出二王学术旨趣的不同。

泰州学派的"张皇见龙"遭到当时社会的扼杀,何心隐等人的人生结局非常悲惨。管志道(号东溟)被黄宗羲列入泰州一系,而实际上"泰州张皇见龙,东溟辟之"③,东溟甚至说"姚江虽以致良知振朱子之衰,而张皇复过于朱子……其徒泰州王氏艮,益从而标榜之……其流安得无梁汝元(何心隐)之霸徒哉!"④ 东溟认为"圣人不在天子之位,但可任文,不可任道也。此仲尼之所以述而不作也"⑤,东溟把道统归之圣上,这种主张"未免过于消极,其理论后果则是使得儒学失去批判政治威权的基石,儒者亦只能成为在精神上对圣王绝对忠诚的顺民"⑥。就此主张而言,管志道实际上不能列入泰州一系。

王艮曾纵言天下事,阳明提醒他要"君子思不出其位",王艮却说"某草莽匹

---

① 王艮:《王心斋全集》,第52页。
② [瑞士]耿宁:《人生第一等事——王阳明及其后学论"致良知"》,倪梁康译,商务印书馆2014年版,上册,第478页。
③ 黄宗羲:《明儒学案》卷32《泰州学案一》,第708页。
④ 管志道:《追求国学社学塾本来正额以订书院旁额议》,《从先维俗义》卷2,《四库全书存目丛书》,子部,第88册,第294—295页。
⑤ 管志道:《追求国学社学塾本来正额以订书院旁额议》,《从先维俗义》卷2,《四库全书存目丛书》,子部,第88册,第294—295页。
⑥ 陈畅:《管志道三教一致论初探——以管志道、顾宪成"无善无恶之辨"为中心》,载杨国荣主编《思想与文化》,华东师范大学出版社2008年版,第287页。

夫，而尧舜君民之心，未尝一日忘"；阳明进一步点化他说"舜居深山，与鹿系木石游居，终身䜣然，乐而忘天下"，王艮竟然说"当时有尧在上"。① 此可见王艮胆量之大，意气之高，显然，在他看来当时皇上昏庸，天下无道，社会危机重重，有道之士就应该出来担当。龙溪说"吾人今日正当潜龙之学"，他也认为当时天下无道，但选择了"潜"，对时事采取消极不关心的态度。王艮则不然，据说他曾"一夕梦天堕压身，万人奔号求救，先生举臂起之，视其日月星辰失次，复手整之。觉而汗溢如雨，心体洞彻"②，这个梦非常富有象征意义，可见其"救世主"的心态非常强烈，"天下兴亡，匹夫有责"的使命感很强。王艮曾自创蒲轮车，招摇道路去北京宣扬阳明的学说，据载"将至都下。有老叟梦黄龙无首，行雨至崇文门，变为人立。晨起往候，而先生适至"③。"无首之龙"也让我们联想到乾卦用九"见群龙无首，吉"。有学者认为"群龙无首"乃民主社会的象征。无论如何，王艮所代表的泰州学派非常典型地体现了阳明学派的龙象——重视个性，追求自由、民主的启蒙精神。

　　通过对乾卦义理的创造性阐发，来建构自己的思想学说，这是阳明后学的一个重要现象。如此从义理上对乾卦进行富有创新性的诠释，这在思想史上也是少见的。阳明由宋儒的"得君行道"转向"觉民行道"，这是道的独立意识的自觉，尤其是在泰州学派那里，这种个体龙德精神的崛起非常鲜明。季本以"龙"喻"心"也富有象征意义。即"心"即"龙"，每个人都是"龙"，而且"龙"与"龙"是可以相融相贯，相互促发。历史的进步、社会制度的完善也不外是使每个个体的"龙德"都能得到最大限度地展现，这也是自由与民主精神不断伸张的历史。

---

① 王艮：《王心斋全集》，第70页。
② 黄宗羲：《明儒学案》卷32《泰州学案一》，第709页。
③ 黄宗羲：《明儒学案》卷32《泰州学案一》，第710页。

泰州学派的教化实践

明代基层教化实践与当代乡村文明建设*

颜炳罡**

摘　要：明代是中国历史上最重视基层教化的朝代，"治国以教化为先，教化以学校为本"是明朝的基本国策。在这一国策指导下，从中央到地方建立了一系列教化组织，尤其是基层教化组织如社学、乡约、书院、义学、塾学等。"圣谕六条"是明代教化的核心价值观，无论是木铎老人的宣谕，还是王阳明、王廷相等地方官员的乡约、社学等宣教，拟或是王艮、颜钧等民间学者的讲学，都没有脱离这一核心观念且让这一观念在乡村中不断强化，深入人心。在中央、地方官员，民间贤达三方互动下，明代乡村教化取得巨大成效，是明代社会长期稳定且持续繁荣的精神保证和价值支撑。明代的乡村教化对当代乡村文化振兴，对塑造乡村"三风"（文明乡风、淳朴民风、良好家风），实现乡村"三治"（自治、德治、法治）都具有一定的启发意义。

关键词：教化为先　圣谕六条　乡约　泰州学派　乡村儒学　乡风文明

一　明代"教化为先"治国策略的制定与教化制度的设计

朱元璋是明朝的开国之君，也是有明一代基本国策的制定者。由于他出身贫民，来自社会底层，对基层社会的状态及问题有深入的了解，这是他重视民众教化

---

* 本文原载《乡村论丛》2021年第3期，原题为《明代乡村教化与当代乡村文明建设》。
　基金项目：本文为中央文史馆"中华优秀传统文化与治国理政"项目的阶段性研究成果。
** 颜炳罡，曲阜师范大学特聘教授，乡村儒学研究院院长。

尤其是基层民众的教化的重要缘由。明朝初定，他深刻地认识到民众"所急者衣食，所重者教化"①。衣食是民众最基本的物质生活保障，没有这种保障，百姓就无法生存，教化是民众的精神生活，不重视民众的精神生活，社会就无法实现长治久安，由此他明确指出："治国之要，教化为先。"② 教化是治国先决条件，也是治国的根本所在，教化成为明代治国的基本国策。

朱元璋明确指出，教化旨在"劝善惩恶，移风易俗"。鼓励善人，惩治恶徒，改变世道人心，优化社会风气，这是"有国之务"即执政者的政治责任和社会担当。洪武五年，朱元璋在颁布"命礼部重定官民相见礼""诏天下举行乡饮酒礼"之后，又颁布了《正礼仪风俗诏》，此诏可以看作明代以教化为基本国策端始：

朕闻三皇立极，导民以时，庖厨、稼穑、衣服始制，民居舍焉；五帝之教以仁信，不过遵三皇之良规。盖未备之时，宜当时之君示其所以，天下从之。自周至汉、唐、宋，亦因时损益，国乃昌，民乃安。朕蒙皇天后土之恩，命统天下，祖宗之灵，百神护佑，得正帝位，已五年于兹。朕本布衣，失习圣书，况摧强抚顺二十有一年，常无宁居，纪纲粗立，故道未臻，民不见化，市乡里间尚循元俗，天下大定，礼义风俗，可不正乎？③

明政权建立，由"天下初定"到"天下大定"，朱元璋对于"民不见化，市乡里间尚循元俗"的现状极为不满，而重拾世道人心，拨元蒙之乱，反华夏之正，重新制定礼义风俗，是大明王朝一项十分重要的文化工程。这一工程直接关系到明朝千年基业治乱安危，由此他果断实施一系列的文化措施：第一，还"奴隶"以自由，解放奴隶，"曩者兵乱，人民流散，因而为人奴隶者，即日放还"。第二，恢复古人"邻保相助，患难相救"的传统，救贫困，收孤残。"今州、县、城、市、乡、村或有冻馁不能自存者，令里中富室假贷钱谷以资养之。""孤寡残疾不能生理者，官为养赡，毋致失所。"第三，重建礼义规范，"明长幼，厚风俗"。涉

---

① 《明实录·太祖实录》卷26"吴元年癸丑"条，台北："中央研究院"历史语言研究所1968年版，第2册，第387—388页。
② 《明实录·太祖实录》卷46"洪武二年辛巳"条，第3册，第924页。
③ 《明实录·太祖实录》卷73"洪武五年三月"条，第4册，第1351—1352页。

及婚姻政策、丧葬风俗、经济政策、僧道管理等,"因时制宜,与民更化,其臻礼义之风。""於戏!用夏变夷,风俗之所由厚;哀穷赈乏,仁政之所当施。"施仁政,赈穷乏,厚风俗,兴礼仪,改变元朝遗留的夷族风俗,再现华夏礼义文明,因而必须除旧朝礼俗,建新王朝即明朝的礼乐制度,推行社会教化。

如重新厘定祭祀天之礼、释奠孔子之礼、君臣上下相见之礼等,洪武五年诏令天下举行乡饮酒礼,以敦叙长幼之节。乡饮酒礼是中国古代嘉礼之一,是敬贤尊老之礼,"是综合性的宣传孝道,推行礼法的活动。"① 在朱元璋的倡导下,从城市到乡村,从官员到百姓,每年正月十五、十月初一两次隆重举行乡饮酒礼。其中特别规定了"读律令"的仪式。"赞礼唱读律令,执事举律令案于堂之中。读律令者诣案前,北向立读,皆如扬觯仪。有过之人俱赴正席立听,读毕复位。"② "凡我长幼,各相劝勉:为臣尽忠,为子尽孝,长幼有序,兄友弟恭,内睦宗族,外和乡里。无或废坠,以忝所生。"③ 洪武五年二月,朱元璋以田野之民不知禁令,往往误犯刑宪,乃诏令有司于府州县及乡之里社皆立申明亭,"凡境内人民有犯,书其过名,榜于亭上,使人有所惩戒"。④ 申明亭内悬挂有木质牌匾,书人所犯罪过于其上。明洪武八年,朱元璋命府州县及乡之里社设立社学,"延师儒以教民间子弟"⑤,洪武十八年,设立旌善亭,与申明亭宗旨相同,不过,申明亭主要功能是惩恶,旌善亭的意义是扬善。

明初,经过一系列的制度性订定和礼仪规范的设计,在"以夏变夷"的口号下,明初的社会教化体系已具雏形。朱元璋终于洪武三十年发布"圣谕六条"。洪武三十一年,朱元璋又命户部将此前颁布的乡里老人制度与乡里治理的榜文重新辑录,编定《教民榜文》,第十九条再次申明"圣谕六条"。

> 每乡每里各置木铎一个,于本里内选年老或残疾不能理事之人或瞽目者,令小儿牵引持铎循行本里,如本里内无此等之人,于别里内选取,俱令直言叫唤,使众闻知,劝其为善,毋犯刑宪。其词曰:孝顺父母,尊敬长上,和睦乡

---

① 张仁善:《中国法律文明》,南京大学出版社2018年版,第38页。
② 张廷玉等撰:《明史》卷56,中华书局1974年版,第1421页。
③ 李东阳等撰,申时行等修:《大明会典·礼部·乡饮酒礼》卷79,广陵书社2007年版,第1251页。引文由本人重新标点。
④ 《明实录·太祖实录》卷72"洪武五年二月"条,第3册,第1332—1333页。
⑤ 《明实录·太祖实录》卷96"洪武八年正月丁亥"条,第4册,第1655页。

里，教训子孙，各安生理，毋作非为。如此者每月六次。其持铎之人，秋成之时，本乡本里内众人随其多寡资助粮食。如乡村人民住居四散泻远，每一甲内置木铎一个，易为传晓。①

所谓"圣谕六条"，又称"圣谕六言""圣训六谕""圣训六条"或"教民六条"，指的是"孝顺父母，尊敬长上，和睦乡里，教训子孙，各安生理，毋作非为"这六句话二十四个字。这六句话是平常话，似乎没有什么高深的道理，也不是出人意料的高谈阔论，都是日常言，口头话，但借助朱元璋的政治权威一再强化，木铎宣谕、乡约、社学、书院等反复讲习，族谱家训反复引用等，在民间社会广泛传播。在播扬过程中，众多知识分子、农夫野老、地方官员等人对《圣谕六条》身体力行，不仅对明代，而且对清代的中国社会产生了深刻的影响。

诚如上述，"圣谕六条"没有什么高深的道理，基本上是儒家伦理思想的通俗表达。"孝顺父母，尊敬长上"是后辈对先辈、下对上的伦理要求，"教训子孙"是上对下的伦理责任，所谓"养不教，父之过"，父母或长辈有教训子孙的责任与义务。"和睦乡里"是社区或乡村群居之伦理，"各安生理"是职业伦理，"毋作非为"是底线伦理，即不要触犯刑宪。朱元璋十分聪明，"六条"中没有一条是讲"忠于皇上"或"忠君报国"的话，全是父母或长辈教训晚辈的家常话，是人伦之常、人情之常。"六条"的高明之处在于没有说忠君而忠君在其中矣，不说爱国而爱国在其中矣。"六条"如同父母对子女的耳提面命，不出古圣往贤的教导之外，这强化了大众对"六条"的认可度，使民众对"六条"心甘情愿地接受。虽然"六条"是通过明代最高政治权威之口发布的，但很快转化为全民共守的伦理守则。《教民榜文》是明代教化的具体体现，朱元璋命有司在乡之里社四处张贴、宣读，由此开启了儒家伦理全民化运动，这对推动儒家价值观深入、持续发展和向海外传播起到了重要作用。

在明代，在中央政府大力倡导下，建立起一套以播扬"圣谕六条"为主旨的较为完整的教化体系。"在官学的基层系统中，即使下邑、荒徼、山陬、海涯，无不设有社学。"② 在明代，虽然没有全民义务教育的理念，但已有全民义务教化的

---

① 张卤辑：《皇明制书》卷9，《续修四库全书》，上海古籍出版社1996年版，史部，第788册，第355页。
② 陈宝良：《明代儒学生员与地方社会》，中国社会科学出版社2005年版，第14页。

意识，也就是说，在明代不一定人人享有受教育的权利，但人人却有接受教化之责任与义务。通过官方木铎宣谕制的推动和社学、乡约的开办以及申明亭、旌善亭的设立，在官方形成无缝对接的教化系统，辅之以民办义学、私塾、书院以及儒家生员的讲学，明代的教化几乎无处不在，无时不在。"治国之要，教化为先"治国方略落到了实处。

二 方式的突破：地方官员对乡村教化的推进

乡里是传统中国最基层的社会组织，"圣谕六条"如何贯彻到乡之里、社，明朝洪武年间设立了"木铎老人"宣教制度。木铎，木舌的铜铃，天子发布政令时摇动它以召集四方民众。《论语·八佾》将孔子喻为木铎："仪封人请见，曰：'君子之至于斯也，吾未尝不得见也。'从者见之。出曰：'二三子何患于丧乎？天下之无道也久矣，天将以夫子为木铎。'"木铎不仅仅是一种振动发声的器物，更是一种教化的符号或象征。这种符号与象征因孔子被赋予了更多的文化意涵。手持木铎进行宣教的老人不需要有高深的文化，也不需要有健壮的体魄，凡在本里内生活的年老或残疾不能理事的人乃至盲人，均可充当。盲人看不见，可让一位未成年的孩子在前面做导引，老人手持木铎，且走且击，且击且唱，每月六次，反复唱诵"圣谕六言"。木铎老人的待遇，"秋成之时，本乡本里内众人随其多寡资助粮食"，"木铎老人"的待遇并无客观、制度性保障，这是后来木铎宣教衰微的原因之一。

诚然，木铎老人由谁来充当？木铎老人的待遇又由谁来保障？申明亭、旌善亭又由谁去设立？哪些人列入申明亭，以彰其过？谁又该列上旌善亭，以劝其善？这一系列的问题不可能由中央政府具体解决，只能由地方政府乃至基层民众去落实，地方官员对宣教活动认可程度直接关系到明代宣教政策的效果乃至成败。木铎传谕制度刚一出现，民众感到新鲜，久而久之，单调、流动、录音机式的宣谕方式就让民众失去了新鲜感，再加上里甲制的逐渐破坏，发展到明代中期，木铎传谕制度已经走向式微。正统八年，直隶扬州府通州知州魏复奏：洪武年间，曾经颁布《教民榜文》，令每乡各里各置木铎，选年老或残疾不能生理之人，持铎循行，"此诚化民成俗之良法也。近岁以来，木铎之教不行，民俗之偷日甚。乞令天下乡里仍置木铎，循行告戒庶人，心有所警省，风俗日归于厚。"① 此奏虽然获得明英宗批准，但如果一种制度设计不是出自民众自身的内在需求，而一味靠上级指令进行推动，那么这项制度或政策走向衰微就是不可避免的了。到明中期，木铎宣谕制度的衰微已是"无可奈何花落去"。

这里要问，木铎宣喻的衰微是"人病"，还是"法病"？或者说是"圣谕六条"本身的问题，还是宣教方式与方法的问题？显然，就明代而言，无法改变的是"圣谕六条"，而可以改变的是宣教方式。无论怎样高明的道理或教义没有新鲜活泼的、不断创新的宣教方式都会变成干枯、无聊的教条。明朝中后期，王阳明、王廷相、吕坤、罗钦顺、罗近溪等地方官员对"圣谕六条"的创造性诠释以及对宣教方式创造性转进是明代乡村教化方式的重大突破，也是对木铎宣谕制度的创新性发展。"圣谕六条"没有过时，过时的是陈旧、刻板、单调的木铎宣谕方式。对于任何一个政权而言，宣教本身没有错，但仅仅是简单的留声机式的口头高声叫喊对百姓不会有持久的吸引力，更无法深入人心。由木铎宣谕转向社学、乡约、书院等宣谕是明代基层民众教化的一次重大变革。在这次变革中，地方官员如王阳明、王廷相、邹守益、罗钦顺、罗龙溪、吕坤、高攀龙等贡献良多。

王阳明（1472—1529），名守仁，号阳明。明代杰出哲学家、教育家，陆王心学的集大成者。曾任贵州龙场驿丞、庐陵知县、左佥都御史、南赣巡抚、两广总督、南京兵部尚书、左都御史等职，因平定南赣、两广盗乱及朱宸濠之乱，获封新建伯。

正德十一年八月，王守仁被擢为都察院左佥都御史，巡抚南安、赣州、汀州、漳州等地。正德十二至十三年间，王阳明亲率精锐之师，对叛乱之敌发动出其不意的进攻，大破敌兵，由此王阳明认识到"破山中贼易，破心中贼难"。"区区剪除鼠窃，何足为异？若诸贤扫荡心腹之寇，以收廓清平定之功，此诚大丈夫不世之伟绩。"② 在王阳明看来，"山中贼"之患不足虑，"心中贼"之祸才是心腹大患，有"心中贼"才会产生"山中贼"，不破"心中贼"，就会随时产生"山中贼"。他要求弟子们"扫荡心腹之寇"，成就"大丈夫不世之伟绩"。

---

① 《明实录·英宗实录》卷101"正统八年二月乙卯"条，台北："中央研究院"历史语言研究所1968年版，第26册，第2049页。
② 王守仁：《王文成公全书》，王晓昕、赵平略点校，中华书局2015年版，第1420页。

事实上，王阳明既防"山中贼"，也破"心中贼"，或者说他一边破"心中贼"，一边防"山中贼"，为此他发明了"十家牌法"这一基层治理的新方法。具体方法是每十家为一牌，每家门前置一小牌，查实人口造册报官备用。规定每日每人执牌挨户察纠情况，随时报官。如有隐匿者，十家连坐。"凡置十家牌，须先将各家门面小牌挨审的实，如人丁若干，必查某丁为某官吏、或生员、或当差役，习某技艺、作某生理，或过某房出赘，或有某残疾，及户籍田粮等项，俱要逐一查审的实。十家编排既定，照式造册一本，留县以备查收。及遇勾摄及差调等项，按册处分，更无躲闪脱漏，一县之事如指诸掌。"① 其实，王阳明的"十家牌法"是戡乱时期治理基层的方法，不应是和平时期日常管理的方法，如果将这战时原则运用到和平时期，人们会不胜其扰，自然会导致民众的不满。

"十家牌法"对防"山中贼"有益，但对破"心中贼"无功。如何破"心中贼"呢？王阳明回到朱元璋的方式上去，"为政之要，在于教化"。如何教化基层百姓呢？王阳明的方法是办社学、定乡约。社学是源于元代一种教化方式，不是王阳明的发明。明代，对前朝这种教化制度的态度是矛盾的，一方面明王朝自己政权的合法性与合理性，在于否定元朝蒙古人的统治及相关制度设计，实现"以夏变夷"，另一方面管理天下国家具有管理的一般性原则与规律，前朝行之有效的制度性设计又无法尽废，这样社学作为一项元朝的举措到了明代就陷入了时废时兴困局。"社学，自洪武八年，延师以教民间子弟，兼读《御制大诰》及本朝律令。正统时，许补儒学生员。弘治十七年，令各府、州、县建立社学，选择明师，民间幼童十五以下者送入读书，讲习冠、婚、丧、祭之礼。"② 当然，有的地方官员重视，社学办得就好些，有的地方官员不重视，办得就差一些，以至于存在着"其法久废，浸不举行"的状态，往往造成只有社学之名而无社学之实的状况。王阳明深入考察和了解了赣州的社学情况，认为赣州社学、乡馆虽然存在，但良莠不齐，教读之人多是滥竽充数，社学未能发挥通过诗礼教化以淳厚风俗的作用。正德十四年王阳明在赣州大力兴办社学，颁行"社学教条"，建"旌奖节妇"碑祠等。他从自身做起，在其巡抚衙门的大门前放置了两个让百姓提意见或建议的小匣子，上面大

---

① 王守仁：《王文成公全书》，王晓昕、赵平略点校，中华书局2015年版，第738—739页。
② 张廷玉等撰：《明史》卷69，第1690页。

书"求通民情""愿闻己过",同时令赣州所属各县俱立社学,以宣风教。仅赣州城中就立了五所社学:义泉书院、蒙正书院、富安书院、镇宁书院、龙池书院,选儒生为教读。他在《兴举社学牌》中说:"看得赣州社学乡馆,教读贤否,尚多淆杂;是以诗礼之教,久已施行;而淳厚之俗,未见兴起。为此牌仰岭北道督同府县官吏,即将各馆教读,通行访择;务学术明正,行止端方者,乃与兹选;官府仍籍记姓名,量行支给薪米,以资勤苦;优其礼待,以示崇劝。以各童生之家,亦各通行戒饬,务在隆师重道,教训子弟,毋得因仍旧染,习为偷薄,自取愆咎。"[1] 他要求各县行政主管,基层"约长""里长",务必"延师设教",同时要求从教人员"务遵本院原定教条尽心训导,视童蒙如己子,以启迪为家事,不但训饬其子弟,亦复化喻其父兄;不但勤劳于诗礼章句之间,尤在致力于德行心术之本;务使礼让日新,风俗日美,庶不负有司作兴之意,与士民趋向之心。而凡教授于兹土者,亦永有光矣。"[2] 王阳明力图达成由文化而带动乡村治理的目标,实现"礼让日新,风俗日美"为政理想。

王阳明"虽军旅扰扰,四方从游日众,而讲学不废。……赣人初与贼通,俗多鄙野。为立保甲十家牌法,于是作业出入皆有纪。又行乡约,教劝礼让。又亲书教诫四章,使之家喻户晓。而赣俗丕变,赣人多为良善,而问学君子亦多矣"[3]。无论是社学,还是乡约,目的在于化民成俗,导民向善。在他看来,民众积习已久,一时难以尽变,但如下几条可以立刻实行。第一,居丧不得用鼓乐,不做佛事,不浪费财物。第二,病者宜求医药,不得听信邪术,专事巫祷。第三,嫁娶之家,丰俭称贳,不得讲排场,大宴宾客酒食连朝。第四,亲戚随时相问,唯贵诚心实礼,不得徒饰虚文,为送节等名目,奢靡相尚。第五,街市村坊,不得迎神赛会,百千成群。王阳明移风易俗主旨有两个,即节俭与务实。他特别申明:"十家牌邻互相纠察;容隐不举正者,十家均罪"。通过一系列强有力的手段,软硬两手交互配合,使"赣俗丕变",收到良好的效果。

经过一段时间的探索和治理基层的实践,参考北宋时期吕大钧、吕大临兄弟的《吕氏乡约》,结合明代基层管理与教化的实际,王阳明推出了《南赣乡约》。

---

[1] 王守仁:《王文成公全书》,王晓昕、赵平略点校,中华书局2015年版,第733页。
[2] 王守仁:《王文成公全书》,第741页。
[3] 王守仁:《王文成公全书》,第1623页。

《南赣乡约》开宗明义地告诉民众，乡约之目的在于"务为良善之民，共成仁厚之俗"：

> 咨尔民，昔人有言："蓬生麻中，不扶而直；白沙在泥，不染而黑。"民俗之善恶，岂不由于积习使然哉！往者新民盖常弃其宗族，畔其乡里，四出而为暴，岂独其性之异，其人之罪哉？亦由我有司治之无道，教之无方。尔父老子弟所以训诲戒饬于家庭者不早，薰陶渐染于里者无素，诱掖奖劝之不行，连属叶和之无具，又或愤怨相激，狡伪相残，故遂使之靡然日流于恶，则我有司与尔父老子弟皆宜分受其责。呜呼！往者不可及，来者犹可追。故今特为乡约，以协和尔民，自今凡尔同约之民，皆宜孝尔父母，敬尔兄长，教训尔子孙，和顺尔乡里。死丧相助，患难相恤。善相劝勉，恶相告戒。息讼罢争，讲信修睦，务为良善之民，共成仁厚之俗。呜呼！人虽至愚，责人则明；虽有聪明，责己则昏。尔等父老子弟毋念新民之旧恶而不与其善，彼一念而善，即善人矣；毋自恃为良民而不修其身，尔一念而恶，即恶人矣；人之善恶，由于一念之间，尔等慎思吾言，毋忽！①

《南赣乡约》没有对"弃其宗族，畔其乡里，四出而为暴"这种恶人恶行一味进行斥责，更没有对这种人的蔑视之意，反而倒有些人格尊重的意味。他对这些恶人恶行出现的原因进行综合分析，指出政府有责任，管理者有责任，因为他们"治之无道，教之无方"；家庭有责任，因为家庭父老"教之不早"；街坊邻里有责任，因为他们"诱掖奖劝之不行"，甚或"愤怨相激，狡伪相残"，以致这些人由善而流于恶。正因如此，王阳明规劝那些曾经犯下过错的人，"往者不可及，来者犹可追。"过去的已经无法挽回，但可以从头再来，可以加入乡约，重新开始。

王阳明的《南赣乡约》以朱元璋的"圣谕六条"为宗，但它没有照抄"圣谕六条"，而是对"圣谕六条"进行扩展、完善并予以新的诠释，可以看作朱元璋的"圣谕六条"与《吕氏乡约》基本精神的融合。"圣谕六条"的"孝顺父母"《南

---

① 王守仁：《王文成公全书》，第 2 册，第 727—728 页。

赣乡约》改为"孝尔父母","恭敬长上"王阳明改为"敬尔兄长","和睦邻里"王阳明改为"和顺尔乡里","教训子孙"王阳明改为"教训尔子孙","各安生理""毋作非为"两条王阳明用《吕氏乡约》及他所理解的儒家思想扩展为"死丧相助,患难相恤,善相劝勉,恶相告戒,息讼罢争,讲信修睦"等数端,这一方面表明王阳明坚持了忠君爱民的原则立场,另一方面又彰显了作为思想家"和而不流""中立而不倚"的独立精神品格。

《南赣乡约》约定共十六条,如果将第十六条视为独立部分,作为约定只有十五条,这十五条的具体内容如下:

一,同约中推年高有德为众所敬服者一人为约长,二人为约副,又推公直果断者四人为约正,通达明察者四人为约史,精健廉干者四人为知约,礼仪习熟者二人为约赞。置文簿三扇:其一扇备写同约姓名,及日逐出入所为,知约司之;其二扇一书彰善,一书纠过,约长司之。

一,同约之人每一会,人出银三分,送知约,具饮食,毋大奢,取免饥渴而已。

一,会期以月之望,若有疾病事故不及赴者,许先期遣人告知约;无故不赴者,以过恶书,仍罚银一两公用。

一,立约所于道里均平之处,择寺观宽大者为之。

一,彰善者,其辞显而决,纠过者,其辞隐而婉,亦忠厚之道也。如有人不弟,毋直曰不弟,但云闻某于事兄敬长之礼,颇有未尽,某未敢以为信,姑案之以俟;凡纠过恶皆例此。若有难改之恶,且勿纠,使无所容,或激而遂肆其恶矣。约长副等,须先期阴与之言,使当自首,众共诱掖奖劝之,以兴其善念,姑使书之,使其可改;若不能改,然后纠而书之;又不能改,然后白之官;又不能改,同约之人执送之官,明正其罪;势不能执,戮力协谋官府请兵灭之。

一,通约之人,凡有危疑难处之事,皆须约长会同约之人与之裁处区画,必当于理济于事而后已;不得坐视推托,陷人于恶,罪坐约长约正诸人。

一,寄庄人户,多于纳粮当差之时躲回原籍,往往负累同甲;今后约长等劝令及期完纳应承,如蹈前弊,告官惩治,削去寄庄。

一，本地大户，异境客商，放债收息，合依常例，毋得磊算；或有贫难不能偿者，亦宜以理量宽；有等不仁之徒，辄便捉锁磊取，挟写田地，致令穷民无告，去而为之盗。今后有此，告诸约长等与之明白，偿不及数者，劝令宽舍；取已过数者，力与追还；如或恃强不听，率同约之人鸣之官司。

一，亲族乡邻，往往有因小忿投贼复仇，残害良善，酿成大患；今后一应门殴不平之事，鸣之约长等公论是非；或约长闻之，即与晓谕解释；敢有仍前妄为者，率诸同约呈官诛殄。

一，军民人等若有阳为良善，阴通贼情，贩买牛马，走传消息，归利一己，殃及万民者，约长等率同约诸人指实劝戒，不悛，呈官究治。

一，吏书、义民、总甲、里老、百长、弓兵、机快人等若揽差下乡，索求赍发者，约长率同呈官追究。

一，各寨居民，昔被新民之害，诚不忍言；但今既许其自新，所占田产，已令退还，毋得再怀前仇，致扰地方，约长等常宜晓谕，令各守本分，有不听者，呈官治罪。

一，投招新民，因尔一念之善，贷尔之罪；当痛自克责，改过自新，勤耕勤织，平买平卖，思同良民，无以前日名目，甘心下流，自取灭绝；约长等各宜时时提撕晓谕，如踵前非者，呈官惩治。

一，男女长成，各宜及时嫁娶；往往女家责聘礼不充，男家责嫁妆不丰，遂致愆期；约长等其各省谕诸人，自今其称家之有无，随时婚嫁。

一，父母丧葬，衣衾棺椁，但尽诚孝，称家有无而行；此外或大作佛事，或盛设宴乐，倾家费财，俱于死者无益；约长等其各省谕约内之人，一遵礼制；有仍蹈前非者，即与纠恶簿内书以不孝。①

这十五条约规可视为王阳明地方乃至基层治理经验的总结，其中不少内容已经出现在他征剿"山中贼"前后的各种"告谕"中。十五条中，涉及乡约的组织结构、举办的场所、聚会日期、经费来源等内容的是前四条，而第五条到第十五条是约定的实质内容，也是乡约的主体。这十一条内容不出"德业相劝，过失相规，

---

① 王守仁：《王文成公全书》，第728—730页。

患难相恤，礼俗相交"的范围。第十六主要说明乡约执行的程序与方法：

当会前一日，知约预于约所洒扫张具于堂，设告谕牌及香案南向。当会日，同约毕至，约赞鸣鼓三，众皆诣香案前序立，北面跪听约正读告谕毕。约长合众扬言曰："自今以后，凡我同约之人，祗奉戒谕，齐心合德，同归于善；若有二三其心，阳善阴恶者，神明诛殛"。众皆曰："若有二三其心，阳善阴恶者，神明诛殛。"皆再拜，兴，以次出会所，分东西立，约正读乡约毕，大声曰："凡我同盟，务遵乡约。"众皆曰："是。"乃东西交拜。兴，各以次就位，少者各酌酒于长者。三行，知约起，设彰善位于堂上，南向置笔砚，陈彰善簿；约赞鸣鼓三，众皆起，约赞唱："请举善！"众曰："是在约史。"约史出就彰善位，扬言曰："某有某善，某能改某过，请书之，以为同约劝。"约正遍质于众曰："如何？"众曰："约史举甚当！"约正乃揖善者进彰善位，东西立，约史复谓众曰："某所举止是，请各举所知！"众有所知即举，无则曰："约史所举是矣！"约长副正皆出就彰善位，约史书簿毕，约长举杯扬言曰："某能为某善，某能改某过，是能修其身也；某能使某族人为某善，改某过，是能齐其家也；使人人若此，风俗焉有不厚？凡我同约，当取以为法！"遂属于其善者；善者亦酌酒酬约长曰："此岂足为善，乃劳长者过奖，某诚惶怍，敢不益加砥砺，期无负长者之教。"皆饮毕，再拜会约长，约长答拜，兴，各就位，知约撤彰善之席，酒复三行，知约起，设纠过位于阶下，北向置笔砚，陈纠过簿；约赞鸣鼓三，众皆起，约赞唱："请纠过！"众曰："是在约史。"约史就纠过位，扬言曰："闻某有某过，未敢以为然，姑书之，以俟后图，如何？"约正遍质于众曰："如何？"众皆曰："约史必有见。"约正乃揖过者出就纠过位，北向立，约史复遍谓众曰："某所闻止是，请各言所闻！"众有闻即言，无则曰："约史所闻是矣！"于是约长副正皆出纠过位，东西立，约史书簿毕，约长谓过者曰："虽然，姑无行罚，惟速改！"过者跪请曰："某敢不服罪！"自起酌酒跪而饮曰："敢不速改，重为长者忧！"约正、副、史皆曰："某等不能早劝谕，使子陷于此，亦安得无罪！"皆酌自罚。过者复跪而请曰："某既知罪，长者又自以为罚，某敢不即就戮，若许其得以自改，则请长者无饮，某之幸也！"趋后酾酒自罚。约正副咸曰："子能勇于受责如此，是能迁于善也，某等亦可免于罪矣！"乃释爵。过者再拜，约长揖之，兴，各就位，知约撤纠过席，酒复二行，遂饭。饭毕，约赞起，鸣鼓三，唱："申戒！"众起，约正中堂立，扬言曰："呜呼！凡我同约之人，明听申戒，人孰无善，亦孰无恶；为善虽人不知，积之既久，自然善积而不可掩；为恶若不知改，积之既久，必至恶积而不可赦。今有善而为人所彰，固可喜；苟遂以为善而自恃，将日入于恶矣！有恶而为人所纠，固可愧；苟能悔其恶而自改，将日进于善矣！然则今日之善者，未可自恃以为善；而今日之恶者，亦岂遂终于恶哉？凡我同约之人，盍共勉之！"众重曰："敢不勉。"乃出席，以次东西序立，交拜，兴，遂退。①

乡约的关键在于执行，正是"徒善不足以为政，徒法不能以自行"。任何乡约如果不能实行或无法执行都是一纸空文。王阳明深知这一点，《南赣乡约》最后一条用很长的篇幅，详细说明《南赣乡约》怎样执行和如何执行，规定得十分细致、具体。

王阳明兴社学，创"十家牌法"，建乡约，为明代的"治国之要，教化为先"的治国方略在地方上的落实做出了积极的、开创性的探索，不过王阳明的经验并没有推向全国，而真正将乡约教化制度推向全国并在全国各地切实执行的是王廷相在《乞行义仓疏》中提出的宣教主张。

王廷相（1474—1544），字子衡，明朝开封府仪封县（今河南省兰考县仪封乡）人。官至都察院左都御史。嘉靖八年，时任兵部左侍郎王廷相上《乞行义仓疏》，该疏将义仓建设与乡约讲学有机结合，赋予明代教化以经济利益，且与公益相结合，借助民间信仰的力量保证"圣谕六条"推行过程的神圣与庄严。具体办法：

> 每月朔望日一会，在村镇者以土地神为主，在城市者以城隍神为主，至期设神位香案，社首、社正率一会之人，诣神位前上香、奠酒，行再拜礼毕，社

---

① 王守仁：《王文成公全书》，第730—732页。

首以下各序长幼，立于神位两旁，社副出于序末中立，向神读太祖高皇帝《教民榜文》云："孝顺父母，尊敬长上，和睦乡里，教训子孙，各安生理，毋作非为。"读毕，再读曰："凡我同会之人，能遵圣教者，神必降之福，有违圣教者，神必降之祸，慎哉！慎哉！"又向神前再拜，礼毕，撤神位。序坐，社首、社正将前月会中行过好事者一人，举其事而称奖其善，众人共一揖以赞赏之，再将行过不好事者一人，举其事而论说其不善，众人亦一揖而劝戒之。如无善恶可举，即收米入仓，一茶而散，间有于会法抗拒不遵者，重则社首率众告于官而治之，轻则社首、社正量情罚米一倍入仓。①

王廷相是与王阳明同时代的哲学家、思想家、无神论者。王廷相这篇奏议很长，涉及问题很多，这里所引主要是与乡约相关的部分。王廷相对王阳明的《南赣乡约》是了解的，其奏议中吸收了王阳明《南赣乡约》的不少内容或者说受到王阳明启发。与《南赣乡约》相比，王廷相的奏议主题集中，方法简单，推广起来更加方便。

第一，王廷相将"圣谕六条"的宣导程序化、组织化，由"木铎老人"个体行为转化基层组织行为，这一点与《南赣乡约》大致相同。"社首、社正率一会之人"，社首、社正是组织者、领导者，"一会之人"是团体行为，不是无组织的个人行为。第二，约会有固定的日期，"每月朔望日一会"即每月初一与十五两次聚会。第三，王廷相施教不分城市与乡村，这一点《南赣乡约》也有体现。第四，"神道设教"，请出土地神和城隍神作为信守教义的保证，而在土地庙与城隍庙等神圣空间里举行聚会活动增加了其庄严性与神圣感。其具体做法是"在村镇者以土地神为主，在城市者以城隍神为主，至期设神位香案"，《南赣乡约》对同约之人聚会地点则没有具体说明。土地庙、城隍庙遍于中国南北城乡，是中国基层民众的神圣空间，王廷相以此作为乡约会所，一方面强化了"圣谕六条"宣教活动的神圣性、权威性，另一方面土地庙、城隍庙是公共空间，一般说来，面积较大，以此为会所，无须再建乡约会所，便于推行。第五，强化乡约聚会的仪式感。"诣神位前上香、奠酒，行再拜礼毕，社首以下各序长幼，立于神位两旁，社副出于序

---

① 王廷相：《王廷相集》，王孝鱼点校，中华书局1989年版，第1241—1242页。

末,中立","又向神前再拜,礼毕,撤神位"。

经过王廷相的改造,"圣谕六条"的宣导与义仓、民间信仰、民间社会组织有机结合在一起,并赋予其教化、乡约、保甲的功能,这样洪武年间推行的木铎老人、申明亭、旌善亭等有了经济和组织的双重保证。这篇奏议让以"圣谕六条"为核心价值观,以《教民榜文》为标志的明代教化的基本国策找到了适宜的宣教方式。事实上,王廷相的义仓比王阳明的乡约更合乎明代统治者胃口,更受统治者的欢迎。首先,在核心价值观的宣导上,王廷相设计非常单一、纯粹,就是"圣谕六条",而王阳明则比较驳杂,除"圣谕六条"外,还依据《吕氏乡约》以及他个人对儒学的理解。其次,王廷相主张在聚会中"向神读太祖高皇帝《教民榜文》云:'孝顺父母,尊敬长上,和睦乡里,教训子孙,各安生理,毋作非为。'""凡我同会之人,能遵圣教者,神必降之福,有违圣教者,神必降之祸,慎哉!慎哉!"利用民间信仰的力量从事宣谕活动是王廷相的一大发明。再次,《南赣乡约》有十六条之多,而《乞行义仓疏》则简单得多,一简一繁,两者不同,"简则易行"。最后,王廷相会费是交粮,而王阳明的乡约是交钱,粮与钱可能等值,也可能不等值,但对基层民众尤其是乡村社里的百姓而言,向义仓交粮比交钱方便。综合种种情况,王廷相的奏议得到明世宗的认可并上升到国策,而王阳明的《南赣乡约》只能算是地方经验,没有在明代中国普遍推行。万历《大明会典》卷20《户部·读法》如此规定:"嘉靖八年题准:每州县村落为会,每月朔日,社首社正率一会之人,捧读圣祖《教民榜文》,申致警戒,有抗拒者重则告官,轻则罚米入义仓,以备赈济。"① 由朝臣奏议上升为国家宣教的国策,王廷相将个人意志转化为国家意志。就当时而言,王廷相是成功的;但从长远来看,王阳明的《南赣乡约》反而更有价值。

在明人看来,"致治在于善俗,善俗本于教化。"推行教化是明朝中央政府的既定国策,地方官员当然责无旁贷,恢复学社,定乡约,厚风俗,兴善政,也是地方官员施政能力的重要体现。王阳明、王廷相之外,如罗近溪、吕坤、高攀龙等一大批学术性官员积极参与,将"治国以教化为先"的理念推向新高度。

---

① 李东阳等撰,申时行等修:《大明会典·户部·读法》卷20,第368页。

三 泰州学子讲学宣教与乡村儒学都化实践

明朝是中国历史上最重视教化的朝代。朱元璋多次下诏,令办国子监、府学、州学、县学、社学等各级学校。"天下府、州、县、卫所,皆建儒学,教官四千二百余员,弟子无算,教养之法备矣。""延师儒,授生徒,讲论圣道,使人日渐月化,以复先王之旧。""盖无地而不设之学,无人而不纳之教。庠声序音,重规叠矩,无间于下邑荒徼,山陬海涯。此明代学校之盛,唐、宋以来所不及也。"[①] 处处有学,人人可学,当然这里的人是指男性,不包括女性,人人可学未必人人能学。明代统治者十分明白,学校是培养人才的地方,更是教化的场所,举办学校的目的在于贯彻统治者的思想理念,维护社会安定,实现其长治久安。

由于明代朝廷重视教化,主张"教化以学校为本",大力倡导学校教育,这样就为地方官员、乡绅、社会显达办义学、私塾、书院提供了合法性依据。明宪宗成化年间至孝宗弘治年间,官学教育和科举考试百弊丛生,引起一些朝臣与士子的不满,强烈要求朝廷采取措施,以纠正官学和科举之弊。成化元年南康太守李龄在白鹿洞书院旧址增建房舍,复建白鹿洞书院。成化五年长沙知府钱澍修复岳麓书院,陈钢、李锡、杨茂元继续修缮,岳麓书院足以"振文教于湖南,流声光于天下"。至正德年间,"缙绅之士,遗佚之老,联讲会,立书院,相望于远近"[②]。私人讲学之风再度兴盛。王阳明、湛若水、胡居仁、曹端、吕坤、薛瑄、罗钦顺等一批学者聚徒讲学。"成、弘以上,学术醇而士习正,其时讲学未盛也。正、嘉之际,王守仁聚徒于军旅之中,徐阶讲学于端揆之日,流风所被,倾动朝野。于是缙绅之士,遗佚之老,联讲会,立书院,相望于远近。"[③] 有明一代近三百年,似乎王阳明之前,是为王阳明的出现做准备的,而王阳明之后,是为延续、光大王阳明服务的,王阳明实为明代思想之中心。王阳明之后,其后学钱绪山、王龙溪、邹守益、林春、林大钦、徐樾、朱衡、王惟贤、傅颐、欧阳德、季本、何廷仁、刘旸、黄弘纲、王艮等或聚或散,在不同地区传承并弘扬师说,阳明学在明代成为最富有原创

---

① 张廷玉等撰:《明史》卷69,第1686页。
② 张廷玉等撰:《明史》卷231,第6053页。
③ 张廷玉等撰:《明史》卷231,第6053页。

性、影响最大的学术流派。

阳明以下，缙绅之士，遗佚之老，联讲会，立书院，可谓风起云涌。然而，不受利益诱惑，绝意仕途，侧身民间，对民众进行宣教活动，成就最大，影响最为深远者当属阳明后学中的泰州学派。

泰州学派的创始人为王阳明的弟子王艮，字汝止，号心斋。因王艮为泰州人，故他创立的学派称为泰州学派。泰州学派是阳明后学中影响最大的学派，其门下学生上至师保公卿，下及士庶樵陶农夫，成为一时风行天下的显学。王艮对朱元璋的"圣谕六条"给予极高的评价。他说"钦惟我太祖高皇帝教民榜文，以孝弟为先，诚万世之至训也"[1]。"诚万世之至训"，用今天话说，"圣谕六条"就是永恒、超时空的绝对真理。以孝悌为先的"圣谕六条"完全应和了王艮的致学心态。耿天台在《王心斋先生传》中指出："先生为学，其发志初根本于诚孝"[2]。王艮一方面是"诚孝"的践行者，另一方面又是孝悌理论诠释者。他在践行孝悌之道方面非常人之所能及，足为当世乃至后世之楷模！他诠释孝悌更是别有洞天。他在《孝弟箴》中说：

> 事亲从兄，本有其则。孝弟为心，其理自识。爱之敬之，务至其极。爱之深者，和颜悦色。敬之笃者，怡怡侍侧。父兄所为，不可不识。父兄所命，不可不择。所为若是，终身践迹。所为未是，不可姑息。所命若善，尽心竭力。所命未善，反复思绎。敷陈义理，譬喻端的。陷之不义，于心何择？父兄之愆，子弟之责。尧舜所为，无过此职。[3]

《孝弟箴》是孝与弟合说。他用浅近的言语道出了孝与弟的真谛。孝悌就是出自内心地对父母、对兄长"爱之敬之"，或者说爱父母爱到极致就是孝，敬兄长敬到极致就是悌。所谓极致就是"爱之深者，和颜悦色。敬之笃者，怡怡侍侧"。王艮出身贫穷，属于下层体力劳动者，他的孝、悌不是无条件对父母、兄长的顺从，

---

[1] 王艮：《王心斋全集》，陈祝生等校点，江苏教育出版社2001年版，第50页。
[2] 耿定向：《耿天台先生文集》，《四库全书存目丛书》，齐鲁书社1997年影印本，集部，第131册，第352页。
[3] 王艮：《王心斋全集》，第54页。

所以"父兄所命，不可不择"，"陷之不义，于心何择？父兄之愆，子弟之责"。王艮的孝与悌是理性的，不是非理性的情绪化表达。他对"圣谕六条"的"孝顺父母""尊敬长上"的理解是辩证的，甚至放到今天都不过时。

孝是中国文化的根本性观念，甚至有人说中国文化是孝文化。朱元璋将"孝顺父母"放在首位，人为什么要孝？孝何以是中国文化的根本观念？王艮作《孝箴》回答这一问题。

> 父母生我，形气俱全。形属乎地，气本乎天。中涵太极，号人之天。此人之天，即天之天。此天不昧，万理森然。动则俱动，静则同焉。天人感应，因体同然。天人一理，无大小焉。一有所昧，自暴弃焉。惟念此天，无时不见。告我同志，勿为勿迁。外全形气，内保其天。苟不得已，杀身成天。古有此辈，殷三仁焉。断发文身，泰伯之天。采薇饿死，夷齐之天。不逃待烹，申生之天。启手启足，曾子之全。敬身为大，孔圣之言。孔曾斯道，吾辈当传。一日克复，曾孔同源。①

王艮《孝箴》对孝的理解，别有高致。他认为最高的孝就是保身。保身就是"外全形气，内保其天"。"外全形气"就是保全父母给予我的"形气俱全"身体，父母全而生之，子全而还之。"内保其天"就是保上天给予我内在的道德生命、精神生命，这个天是我的性、我的命、我的仁、我的理、我的德，当形气之身与内在之天发生冲突时，即"苟不得已，杀身成天"。王艮告诉人们，自然生命或形气生命与道德生命、精神生命相比，是第二位的，故而可以杀身成仁。

泰州学派的许多人物来自民间，终生讲学民间，在民间积极宣教，向下层百姓反复倡明朱元璋的"圣谕六条"，颜钧对"圣谕六条"的发挥最为典型。颜钧，江西永新人，号山农。从学于王阳明弟子徐樾，并由徐樾引荐，受业于王艮门下。他曾著《箴言六章》，以诗歌的形式诠释"圣谕六条"，以自己独特的理解发挥"圣谕六条"的思想。

先看《箴言六章》首章：孝顺父母。

---

① 王艮：《王心斋全集》，第54页。

明代基层教化实践与当代乡村文明建设

  天地生民，人各有身。身从何来，父母精神。形化母腹，十月艰辛。儿生下地，万般殷勤。儿饥啼食，儿冷啼衣。乳抱缝浣，惕惕时时。儿渐长大，择师教儿。儿长大矣，求妇配儿。人有此身，谁不赖亲。幼赖养育，长赖教成。儿幼赖亲，儿幼恋亲。娶妻生子，何忍忘亲！父母衰老，舍儿谁亲？儿不孝顺，亲靠谁人？亲不忍我，我忍忍亲。忍亲饥寒，饥寒我身。亲不逆我，我忍逆亲。我逆亲心，天逆我心。我若不孝，子孙效行。阳受忤逆，阴受零丁。儿幼亲怜，施德施恩。亲老儿痛，报德报恩。摩痛搔痒，喘息忧惊。老人多病，顺志体情。思之痛之，泪血淋淋。孝顺父母，圣谕化民。

  附诗曰：
  孝顺父母好到老，孝顺父母神鬼保。孝顺父母寿命长，孝顺父母穷也好。
  父母贫穷莫怨嗟，儿孙命好自成家。勤求不遂大家命，孝顺父母福禄加。[①]

  颜钧对"孝顺父母"一条的阐释，从人身从哪里来说起，是谁给我生命？"天地生民，人各有身"。天地对于中国人而言，是至高无上、至博无疆的，是人的生命的最终源头。天地创生万民，父母精神创生我身。颜钧告诉世人，父母之恩如同天地。他继而历述父母从孕儿、生儿、养儿、教儿，到儿成婚和自身老病等整个过程，其中作为儿女成长的每一步都浸透着父母汗水、艰辛，他连续发问："父母衰老，舍儿谁亲？儿不孝顺，亲靠谁人？"这种发问真正戳到人们的痛点，会让每一个人的内心世界五味杂陈，而且自己不孝顺，给子孙树立坏榜样，"子孙效行"，会"阳受忤逆，阴受零丁"。孝顺父母就是知恩图报，父母"施德施恩"，儿女要"报德报恩"。面对年老多病父母，"思之痛之，血泪淋淋"，到此时，感情的大门全部打开，一泄而发。结束语"孝顺父母，圣谕化民"，可谓画龙点睛。

  附录两首七言古诗，朗朗上口，一方面强化记忆，另一方面凸显孝顺父母的效果与福报，孝顺父母"好到老""神鬼保""寿命长"，即使是"穷也好"。孝在中国不仅仅是道德伦理范畴，而是具有宗教意味的信仰性存在，在颜钧那里是十分鲜

[①] 颜钧：《颜钧集》，黄宣民点校，中国社会科学出版社1996年版，第39页。

明的。鉴于篇幅，其他五章，抄写在这里，不作分析。

箴言第二章：尊敬长上。

观彼蜂蚁，犹如有上。看彼鸿雁，亦知有长。蜂蚁鸿雁，尚知尊长。人灵万物，不敬长上。以己之心，度人之心。人作我尊，我作人尊。手足左右，左与右同。人为我兄，我为人兄。兄弟手足，血脉贯通。通则安泰，滞则疽痛。人来慢我，我必怒焉。我去慢人，人不我嫌。四海九州，个个好谦。谦则招敬，慢则招怨。要免人慢，敬自我先。尊敬长上，圣谕劝贤。

附诗曰：
伯叔姑姊伯叔公，常循礼义要谦恭。有些言气休嗔较，原是同根共祖宗。
更劝人家弟与兄，相恭相友莫相争。譬如树大分枝叶，当念同根共本生。

箴言第三章：和睦邻里。

鸟雀失群，飞跃呼寻。人生处世，和乡睦群。居住一乡，事同一体。一体相关，是非不起。是非不起，情和意美。出入相逢，如兄如弟。前缘前世，同住一乡。急难救济，好歹商量。有无借换，信确情长。情和信实，凡事相当。喜怒在乡，好恶在乡，一体相关，谁害谁伤？只喜只好，莫怒莫恶。乡里和睦，天喜人助。乡里和睦，近喜远慕。人助人慕，和气生福。贤良辈出，礼义风俗。和气生福，异姓骨肉。和睦乡里，圣谕锡福。

附诗曰：
出入同乡块土生，莫因些小便相争。大家忍耐无边福，省好钱财全好情。
和睦族邻莫斗争，好人劝解必须听。常施方便依天理，敬老怜贫阴骘深。

箴言第四章：教训子孙。

人遗子孙，田屋财物。不能教训，承受难必。教训子孙，看他资质。能言能走，就莫娇惜。粗衣淡饭，忠厚老实。教莫说谎，教莫习谲。教莫骂人，教莫粗率。教莫戏舞，勤习纸笔。明亮说话，深圆作揖。缓缓行步，真真择术。

根苗不伤，叶条秀出。他日变化，高大人物。不能教训，骄纵傲忽。任气任情，志卑身屈。祖父无靠，家业倾失。教训子孙，圣谕立极。

附诗曰：

养儿骄纵失便宜，淡饭粗衣教读（习）①。作揖出言和气好，小时周正大根基。

儿孙幼小历艰辛，纵遇时衰也立身。若是骄奢无算计，一贫如洗步难行。

箴言第五章：各安生理。

人之生理，自心与身。礼法养心，衣食养身。养身养心，身心兼□。生理经营，信行天理。天理莫欺，信行为主。鬼神协赞，人情助辅。士农工商，生理各业。心尽利归，自有时节。若不居业，必然穷折，书读不成，田作不得。工不能工，客不像客。一生愁苦，十欠九缺。士勤文业，囊萤映雪。农勤田业，犁雨灌月。工勤工业，早作夜歌。商勤商业，忘寒忘热。如此居业，久则生发。运转时来，精神各别。男子外勤，妇人内助，内外勤助，身心自富。衣食日足，礼义日兴。各安生理，圣谕叮咛。

附诗曰：

生理随时只要勤，有何大小富豪贫。人凭信行当钱使，无本皆因无信人。

劝君勤俭度年华，谨慎长情莫谎奢。须信家由勤俭起，莫言勤俭不肥家。

第六箴言：毋作非为。

大明律例，一部礼经。礼法立教，出礼入刑。人知守礼，自不非为。非为不作，刑法何拘。不犯刑法，不作法非为。士农工商，安分随宜。刑具牢狱，人长见之。见之畏之，戒之警之。警戒畏惧，非为不生。心不戒惧，身必遭刑。非为初起，一念毫丝，忍之又忍，思之又思。再思再忍，愈忍愈思。自消自化，不敢非为。不忍不思，非为如虎。身受刑狱，心受愁苦。身心刑苦，身

---

① 淡饭粗衣教读（习）："习"原为缺字，根据文句意义与字韵添加。

心囚房。何颜人父，何颜人母。身体发肤，受之父母。不自爱敬，甘受刑苦。毋作非为，圣谕明睹。同会同心，警戒为主。

附诗曰：

莫讼官司莫教唆，及时努力办差科。奉公守法兢兢过，纵使家贫乐也多。

倚恋衙门结怨仇，己身漏网子孙忧。请观造恶欺天者，几个儿孙得到头。①

《箴言六章》并不烦琐，不是洋洋大著，也不是长篇大论，没有学究气，但充满了人间的烟火味。这烟火味是人间的真味道，是实实在在的生活味。从"圣谕六条"到《箴言六章》是颜钧对朱元璋思想的创造性转化，即从教条转为说理。颜钧阐述"圣谕六条"，语言通俗易懂，简洁明快，识字的人一看便知，不识字的人一听便懂，而且采用诗歌的形式，易学易记，朗朗上口，易于传诵。在明代，解释、发挥"圣谕六条"者多矣，《箴言六章》，最能体现泰州学派的特点，切近百姓人伦日用。

"圣谕六条"极简略，不过六句话，二十四个字。因其简略，才给后人发挥、诠释留下了足够空间，也为没有接受过文化教育、不识一字的乡民记诵带来了方便。这里不是学究们玩弄笔墨的领域，反而成为泰州学派发挥才能的胜场。一方面，"圣谕六条"的确是儒家伦理的简练表达，是颜钧等泰州学者施教的方便法门，另一方面借诠释"圣谕六条"而讲学，颜钧等民间儒生找到了政治的护符。当然，这不是说对"圣谕六条"的诠释是从泰州学派开始的，也不是说泰州学派对"圣谕六条"解释最合乎的朱元璋的原意，而仅仅是说泰州学派对"圣谕六条"的诠释、发挥更合乎民众的心理期许，更合乎一般百姓的需求。王恕的《圣训解》、许赞的《圣训赞》、唐琦的《圣训颂》等都早于泰州学派诸君子对"圣谕六条"诠释，由此可见宣传、推广"圣谕六条"是明代许多官员、士绅、民间学人的共同责任。

泰州学派是一个庞大的学术群体，也是明期中后期影响最为广泛的宣教团队，王艮、王栋、徐樾、颜钧、韩贞、何心隐、罗汝芳等，在"圣谕六条"的宣教中

---

① 参见颜钧《颜均集》，第39—42页。

各有建树，亦各树旗帜。泰州学派对"圣谕六条"的宣导和对平民的儒学教化具有自己鲜明的特点。

其一，泰州学派讲学"接地气"，贴近百姓的人伦日用。泰州学派讲学不是学术性的，不是只讲给少数知识精英听的，而是讲给大众听的。王艮、王栋、颜钧、韩贞、罗近溪等人讲学不是仅讲到了老百姓的心坎上，甚至其所讲的道理好像都是从百姓的心里迸发、流淌出来的，因此受到百姓欢迎。王艮从童子捧茶，指点"百姓日用即道"。颜钧从"急救心火"到别有新解的"放心"说，都是从生活中悟出，从人心处体悟，不是引经据典论证出来的。有位老者问韩贞，何谓良心，韩贞让他脱衣，当老者脱到羞愧不能再脱时，韩贞指点老伯那就是你的"良心"。这种说教不再是形而上的思辨，也不再是概念的推演，而是从生活上讲道，从穿衣吃饭处指点，从人心处论理，让人人明白，个个晓得。以此宣教尤其是宣导《圣谕六条》当然会受到民众的欢迎。

其二，泰州学人以身担道，具有强烈的讲学愿望和献身精神。泰州学派自创始人王艮起，就以身担当，以传道为使命。"先生一夕梦天坠压身，万人奔号求救，先生独奋臂托天而起。见日月列宿失序，又手自整布如故。万人欢舞拜谢。醒则汗溢如雨，顿觉心体洞彻，万物一体，宇宙在我之念益真切不容已。"[1] 此梦是真是假，只有王艮自己清楚，别人无法验证，但王艮有一腔扭转乾坤、拯救万民的雄心大愿，却不是假的。他提倡"道尊则身尊，身尊则道尊"，圣人以道济天下，人能弘道，身与道同为"至尊"，不轻易做官事人。[2] 王艮崛起于草莽鱼盐之中，以道统自任，风动宇内。韩贞终生不仕，坚守"大丈夫出则为帝王师，入则为百世师，所以伊尹三聘不起，为重道也"[3]。颜钧更是"自立宇宙，不袭今古"[4]。泰州诸君不合时流，毅然以身担道，慷之慨之，流寓四方，以贤化不肖自任，是狂者型的儒者，也是勇于进取的平民儒者。颜钧深陷牢狱，几濒于死，不忘讲学。罗近溪蔑视张居正毁学禁讲，坚持原学原讲，最终遭迫害而死，其以身殉道的精神最后得以升华。

---

[1] 王艮：《王心斋全集》，第68页。
[2] 王艮：《王心斋全集》，第75页。
[3] 《颜钧集》附《韩贞集》，中国社会科学出版社1996年版，第191页。
[4] 《颜钧集》，第31页。

其三，泰州学派讲学简洁明快，直透人心。泰州学派追求乐学圆融，学即是乐，乐即是学，不学不是乐，不乐不是学，乐是乐此学，学是学此乐，泰州学派追求至简至易至乐。王艮反复开导弟子"学不是累人的"。陶望龄也说："心斋父子盛时，升堂谈道，万众咸集。既退，虽皂隶臧获，人人意满，若怀宝而去者。"① 学道即学乐，乐即道，道即乐，乐道即乐学，万众咸集时，众乐乐，个人独处时，自乐乐，无处不是乐，无处不是学。王艮的儿子王襞讲学，注重随机指点，因材施教，认为学即是要复本体之乐。如此论学，闻者如大梦初醒，骎骎向往之志，如百川赴归大海。这种宣教方式深受大众欢迎，故而皂隶臧获，人人意满，如同得宝珠而归。

其四，泰州学派开大众儒学、平民儒学之先河。泰州学派最大特征是开儒学下行之路，让儒学真正走进人伦日用，走进穷乡僻壤，走进寻常百姓之家。王艮讲学，弟子"上至师保公卿，中及疆吏司道牧令，下逮士庶樵陶农吏，几无辈无之"。② 李春芳曾见王艮与乡人的讲学情景："乡人中若农若贾，暮必群来论学。时闻逊坐者，先生曰：'坐！坐！勿过逊废时。'"③ 王艮的弟子韩贞，作为陶工，通过随朱恕、王艮、王襞学习，毅然走上宣道化俗的道路。他讲学深入民间，是儒学走向基层百姓尤其是乡村民众的开拓者。他抱定"固知野老能成圣，谁说江鱼不化龙"的坚定信念，厕身于乡村百姓之间，以道化民。

> 每秋获毕，群弟子班荆跌坐，论学数日，兴尽则拿舟偕之，赓歌互咏。如别林聚所，与讲如前。逾数日，又移如所欲往，盖遍所知交居村乃还。翱翔清江，扁舟泛泛，下上歌声洋洋，与棹音欸乃相应和，睹闻者欣赏若群仙子嬉游于瀛阆间也。④

这是乐学、乐道、乐生活的落实。一位儒者可能只有与乡村百姓为伴，才有学

---

① 陶望龄：《罗近溪先生语要序》，《罗汝芳集》（下），凤凰出版社2007年版，第959—960页。
② 王艮：《王心斋全集》，第109页。
③ 李春芳：《李文定公贻安堂集·崇儒祠碑记》，《四库全书存目丛书》，齐鲁书社1997年影印本，集部，第113册，第261页。
④ 颜钧：《颜钧集》，第188页。

即是乐，乐即是学的情感体验。因为"学"在百姓那里不是为了科考，不是为了谋生，除了学之外没有任何诉求，这种求道之学就是乐。与众乐乐，与民乐乐，同样也会独乐乐，其乐无穷。

李贽记述颜钧的弟子罗近溪讲学：

> 至若牧童樵竖，钓老渔翁，市井少年，公门将健，行商坐贾，织妇耕夫，窃屦名儒，衣冠大盗，此但心至则受，不问所由也。……是以车辙所至，奔走逢迎，先生抵掌其间，坐而谈笑。人望丰采，士乐简易。解带披襟，八风时至。①

儒学大门打开，让四面八方的人们走进儒学殿堂，不分职业，不分老少，不分贵贱，不分贫富，皆可教之化之，学之习之，真正落实孔子的"有教无类"的教育理念，这是泰州学派的最大特点。从某意义上说，泰州学派开平民儒学、社区儒学、乡村儒学、大众儒学、百姓儒学之先河，对于儒学在当代的普及、传播、弘扬及发展具有十分重要的借鉴意义。

四　明代教化对当代乡村文明振兴的启示

中华文明根植于农耕，乡村是中华文明的基本载体，儒家文明的原乡。文化振兴是乡村振兴的重要组成部分，乡风文明是乡村振兴的五大战略目标之一，也是乡村振兴的灵魂与精神支撑。从中央到各级政府对培育文明乡风、良好家风、淳朴民风都非常重视，但乡风文明怎样实现？乡村文化如何振兴？明代的教化方式多少能给我们一些有益的启示。

乡风文明的关键取决于乡民的道德觉悟。没有善良的乡民，就不可能有文明的乡风、良好的家风、淳朴的民风。村容村貌整治，广场的兴建，运动、健身器材摆设等对文明乡风建设固然重要，但由乡民内心善良而生发的语息动默、举手投足以及待人接物展现出来的态度与行为方式更加重要。说到底，广场好建，健身器材也好购，只要资金到位，几天或几个月就可以完成，但人们善良本性的扩展与放大，

---

① 李贽撰，陈仁仁校释：《焚书·续焚书校释》，岳麓书社2011年版，第212—213页。

君子人格的养成以及高素质乡民的再造则是一长期的、缓慢的过程，这一过程其实是一个润物细无声的教养、化育的过程。明代的教化方式对于我们今天建设乡风文明仍有借鉴意义，主要体现在如下几方面：

首先，我们应充分挖掘明代乡村教化的文化资源，实现"古为今用"，建构基层尤其是乡村文明教化系统。吴晗先生指出："明代地方学校建设力度之强、成果之大在中国历代王朝中是首屈一指的。"[①] 明代地方学校包括府州县学，也包括乡学、社学以及个人或家族创办的义学、私塾、书院。对于明朝统治者而言，兴学校的目的，在于培养人才和教化百姓。朱元璋在总结历代兴衰存亡尤其是元代政治积弊的基础上，走了一条以儒治国的路线，高度重视教化尤其是基层教化，明代"治国之要，教化为先"脱胎于《礼记·学记》"建国君民，教学为先"的基本理念。朱元璋针对元朝蒙古人对中原文化近百年的统治、改造，努力在文化上拨乱反正，使华夏文化归根复命。百余年来，所谓激进知识分子一直走在彻底反传统、倡导西化乃至全盘西化的路上，21世纪的今天，中国人已经觉悟到：彻底否定传统的做法不可行，而全盘西化的路走不通，只有不忘本来，才能开辟未来，只有善于继承，才能更好创新，只有对中华优秀传统文化进行创造性转化与创新性发展，做到古为今用，才是21世纪的中国人正确的选择。

明代建立了从社学、乡校、书院、义学、私塾等一套相对完整的基层教化体系。朱元璋要求在统治区域内广兴学校，府、州、县设学，都城设立太学，延聘名儒施教。弘治、嘉靖年间，在全国推行乡约。社学、乡校、书院、义学等机构的设立，使明朝的基层尤其是乡村教化体系臻于完善。明代的学校不仅具有今天学校的功能，还有举行乡饮酒礼、孔子释奠礼等社会教化以及向大众宣教和展示礼义规范的功能。这就启发我们，基层教化，乡风文明的重建不是孤立的，不是基层或乡村自身能够完成的事情，而是整个国家教育、教化体系下的配套工程；乡村文明重建不仅仅是基层或乡村工作者的事情，而是全国上下共同的责任，只有各级政府与人民上下联动，政府与民间学者以及乡贤全社会共同努力才能真正完成。

其次，教化固然重要，但教什么显得更为重要。明代教化的基本内容就是"圣谕六条"和大明律令，21世纪的中国拿什么去教育民众，这是需要我们深思的

---

① 吴晗、苏建文：《明代地方学校的兴衰》，《文史知识》2018年第12期。

问题。众所周知，在明代，"圣谕六条"是针对每一个人、每一个家、每一个村庄、每一个社区乃至是对整个大明帝国所有臣民的。"孝顺父母，恭敬长上，和睦乡里，教训子孙，各安生理，毋作非为"，这六句话对谁都有效，无论你是乡下人，还是城里人；你是富人，还是穷人；是官员，还是百姓；只要一个人是人，就应当这样做，所以"圣谕六条"受到各阶层的普遍认同。当然，我们不可能照抄明代的内容，但我们可以从中得到启发。它昭示人们，教化乡村百姓，不能用空洞政治的或道德的说教，一定要合乎人性，通乎人情，即乡风文明建设说到底是人的建设，是健全人格建设。我们理解的健全人格应是既要内心善良，又要外在儒雅的人格，即文质彬彬的君子人格。成就君子人格传统美德与社会主义的核心价值观是教化的基本内容，而传统美德与社会主义核心价值观教育落实应内化于心，外化于行，以情动人，以理说人，以德服人。

再次，乡风文明需要一大批有理想、有担当精神、乐于奉献的人文知识分子，走向基层，深入民间，从事乡村教化，激发乡民的良善。泰州学派在明朝中后期独步天下，成为天下最有影响力的学派，关键在于他们讲学没有脱离民众。他们了解民众，懂得百姓，深知民情，深得民心。王艮、颜钧、韩贞、罗近溪、罗汝芳等泰州学人有着强烈的担当精神和积极有为的雄心大愿，他们决心走一条与当时主流知识分子通过科考取士进入体制之内以便"得君行道"的路不同的"觉民行道"、觉民醒世之路，如罗近溪认识到"天下无一空处可补，以报朝廷。惟仲尼之道，海内寥寥莫闻，诚为一大空尔。此空一补，岂小补哉？补之何如？亦不过聚英才以育之，将使英才布满于下以待上用，即周子所谓善人多而朝廷正，天下治矣"[1]。觉民行道意在培养善人，用今天的话说，培养好人，增进国民素质。有什么样的国民就有什么样的政府，国民素质高了，从政人员的素质就好了。"善人多而朝廷正"，这是很高明的见解。王艮、颜钧、韩贞、何心隐、罗汝芳等都有讲学的热情、激情，决心以传道、施教为使命，正是有这样一批不计功名，不为利益所诱惑，以传道为使命的儒者，才为黑暗中的大明王朝保留了几束烛灯和萤火。明代黄宗羲说："阳明先生之学，有泰州、龙溪而风行天下"。泰州后学"其人多能以赤手搏龙蛇"，这种"赤用搏龙蛇"的力量来自哪里？当然来自民间，来自民众。

---

[1] 《何心隐集》，容肇祖整理，中华书局1960年版，第66页。

泰州学人告诉我们，讲学既要乐于讲学，更要善于讲学。邓豁渠曾目睹王襞讲学情景，嘉靖三十一年二月，邓往泰州访问王襞，正赶上讲会："是会也，四众俱集，虽衙门书手，街上卖钱、卖酒、脚子之徒，皆与席听讲，乡之耆旧率子弟雅观云集，王心斋之风犹存如此。"① 颜钧讲学动辄数千人，而罗汝芳在腾冲讲学，听众"遍塞场中，不下四五万人"②，这场面是何等壮观！当时，学者讲学场面之宏大甚至可以比肩今天的明星演唱会。泰州学子以觉民弘道为使命，以教化善人、淳厚民风为目标，此种思想至今仍然有意义。当代社会的确需要一批不计名利，乐于奉献，心甘情愿从事基层教化的人文学者，以他们的知识服务社会，以他们的激情去感染民众，以他们的大爱去关怀社会，以他们的德行修为做世人的楷模，在乡风文明建设的社会实践中成就其人生的理想。

诚然，明代的教化不仅仅是教化，更是一种乡村治理的方式，是乡村德治、自治具体呈现方式与手段。寓教化于乡约，寓乡约于治理，这是中国乡约的重要特征。无论是《南赣乡约》，还是"十家牌法"，还是义仓以及各式各样的"会"都是维护社会安稳，实现天下和谐的方式和手段。文明乡风，优良家风，淳厚民风的形成也不仅仅指向精神文明建设，同样是实现乡村自治、德治与法治的方式。党的十九大报告提出健全自治、法治、德治相结合的乡村治理体系的具体构想，为乡村治理指明了路径。明代的乡约最起码为当代乡村的自治、德治提供了参考范本。

明代推行"治国之要，教化为先"的治国策略，在明代起到了良好效果。在社学、乡约、乡饮酒礼等推行好的地方，风俗大变。"闾巷里，蔼然弦歌礼教之风"③。乡约教化的作用对边疆地区的影响更大，效果更加明显。万历三年，罗汝芳至腾越州（今云南腾冲）宣讲圣谕，边境官员告诉罗汝芳"吾辈既恐外侵，且虞中变，独赖乡约圣谕，朝夕宣扬，故民兵不呼而自集，城守不戒而自严"④。教化对于巩固边防，维护社会稳定，提高军民的守土意识，发挥了重要作用。

改革开放 40 多年从根本上解决了 14 亿中国人的"物质贫困"问题，21 世纪的国人已经由物质生活的不满足转向精神生活的不丰富，由对富裕生活的向往转向

---

① 邓豁渠撰，邓红校注：《〈南询录〉校注》，武汉理工大学出版社 2008 年版，第 29—30 页。
② 方祖猷、梁一群、李庆龙等编：《罗汝芳集》，凤凰出版社 2007 年版，第 759 页。
③ 嘉靖《广东通志初稿·学校·社学》卷 16。
④ 方祖猷、梁一群、李庆龙等编：《罗汝芳集》，第 758 页。

对高品质生活的追求。富裕起来的中国人只有进而儒雅起来才与大国国民的形象相匹配。古人有云："仓廪实而知礼节，衣食足而知荣辱"，又讲"富而好礼"，让摆脱了物质贫困的中国人尤其是乡村民众文明起来，打造德业相劝，过失相规，礼俗相交，守望相助，邻里和睦，谦和守礼的文明乡风，有赖于乡村教化体系的完善与高素质讲师队伍建设。通过政府、人文知识分子、乡贤的相互配合和共同努力，文明乡风、良好家风、淳朴民风一定会吹绿中国的山山水水、村村寨寨，一幅人人君子、家家善良、村村和谐的中国乡村巨图一定会绘就，从而为乡村民众对美好生活的向往奠定坚实的人文基础和精神支撑。

泰州学派的现代性特征及其影响

何　俊　丁少青[*]

摘　要：泰州学派与阳明王门的关系问题虽然学界还未有定论，但不可否认的是泰州学派的思想具有独特性。因其学术形式与哲学风格易流于禅化，故在传统语境中泰州学派的思想往往被视作对名教的一大冲击；而在当今视域下，有必要继之以现代性的阐释维度探究泰州学派的特征及其影响。泰州学派一方面尝试建构以人为本的现代性个体观念，另一方面力求传播有教无类的平民化儒学思想；前者提出了尊重个体生命和价值的理性诉求，后者则致力于民间讲学，承担觉醒平民的责任，塑造平民的君子人格并使其自觉参与社会建设，体现了公民社会的特征。同时，泰州学派的民间教育思想和社会讲学活动，不仅深深影响了梁漱溟，对于现代乡村教育建设也有重要的启示作用。

关键词：身本论　个体观念　平民化儒学　公民社会　乡村建设

泰州学派是从属于阳明王门的传承流派，还是有别于阳明王门的独立学派[①]，一直是学界讨论的问题。一方面，泰州学派在学术关系上无法与阳明心学割断联系；另一方面，泰州学派中的人物又与正统阳明学派有别，因而黄宗羲另立一学案

---

[*] 何俊，复旦大学哲学学院教授；丁少青，复旦大学哲学学院硕士生。
[①] 详见侯外庐、邱汉生、张岂之主编《宋明理学史》（下），人民出版社1987年版，第416页。

来归类。① 不管学界对这一问题的看法如何，无可争议的是泰州学派确实有其独特之处，派中人物的异端思想，张扬个性与传统格格不入，不能不具有成为旧时代的叛逆的可能了。② 由于缺乏一般士子的学养，心斋于学理上自然地选择在生活中进行体认观照的思想路向，其学术形式和哲学风格易流于禅化导致冲决名教，因而黄宗羲评泰州学派"遂复非名教之所能羁络矣"③。但正如我在《西学与晚明思想的裂变》中所言"当局者迷是无法避免的，人们往往只能站在历史赋予自己的基础上、进而囿于这种赋予来看待问题"④，故我们在当今的时空视域下，有必要转变传统语境中"冲决名教"的角度，而继之以现代性的阐释维度，探究泰州学派的现代性特征及其影响。

一般意义上而言，现代性的基本特征有以下几个方面：第一，追求理性精神，尊重个体生命和尊严的价值，强调主体性的挺立；第二，追求民主政治，建立现代国家概念；第三，商品经济的增长打破农业社会的稳定，市场至上的经济观念合法化；第四，公民意识觉醒，积极主动承担社会责任构建公民社会。⑤ 因而我们在判定一事物具有现代性时，就需要明确相关方面的特征，然后才能去说这个事物中具有与现代价值相契合的思想观念。而在某些情况下，仅仅是出于束缚或者压抑寻求转变，继而批判以前的思想观念，这仅仅称得上是变通，并不能说开出了现代性。以泰州学派为例，在当时政治经济形势转变的背景下，其一方面提出了尊重个体生命和价值的理性诉求，另一方面致力于民间讲学，唤醒平民并培养其具备"士族"的担当意识，朝着"人人君子，比屋可封"的理想社会前进。因此，在上述意义下，可以说泰州学派是具有现代性意义的思潮，是中国本土现代性意识的孕育者之一，我们有必要对其进行深入探讨。

---

① 与其他王门学案（以中华书局 2008 年版的《明儒学案》版本为例，与阳明心学有关的学案分别为：《浙中王门学案》《江右王门学案》《南中王门学案》《楚中王门学案》《北方王门学案》《粤闽王门学案》《止修学案》《泰州学案》）不同的是，《止修学案》与《泰州学案》的名称中并未出现"王门"二字。而在《止修学案》的前言中，黄宗羲说："见罗从学于邹东廓，固亦王门以下一人也，而到立宗旨，不得不别为一案"[沈善洪主编，吴光执行主编：《明儒学案》（上），《黄宗羲全集》，浙江古籍出版社 2005 年版，第 7 册，第 777 页。在第 819 页，有"《止修学案》序言原缺，据莫刊本补"的校勘记说明]的说法，《泰州学案》虽然并未有此直接论述，但可以推测黄宗羲认为泰州学派中的人物与正统阳明学派有别，需要另立一学案来归类。

② 参见何俊《西学与晚明思想的裂变》，上海人民出版社 2013 年版，第 32 页。

③ 黄宗羲：《明儒学案》（修订本）（下），沈芝盈点校，中华书局 2008 年版，第 703 页。

④ 参见何俊《西学与晚明思想的裂变》，第 25 页。

⑤ 详见汪民安《现代性》，南京大学出版社 2012 年版，第 1—10 页。

一　以人为本的现代性个体观念建构

心斋幼年曾就读于乡塾，但不久因为家贫而被迫中辍，之后开始帮助治理家业，即以被人所熟知的"灶丁"身份开始行商。鉴于世代与"盐"打交道的出身以及短暂的乡塾经历，心斋的思想形成与一般士林中人迥然异趣，因为无法像精英士大夫那样基于长期的知识滋养和学问训练实现思想的成熟，故其讲学和著述完全可以说是基于思想者个人的主体性发明。在其未从学于阳明的自学阶段，《年谱》就有这方面的记载：

> 归则日诵《孝经》、《论语》、《大学》，置其书袖中，逢人质义。
> 默坐体道，有所未悟则闭关静思，夜以继日，寒暑无间，务期于有得。
> 先生讲说经书，多发明自得，不泥传注，或执传注辩难者，即为解说明白。①

心斋自学阶段有以下几个特点："逢人质义""默坐体道""发明自得"以及"不泥传注"。由于其缺乏一般士子那样的学养，因此不可能像阳明，以及浙中、江右等别的王门弟子那样，在学理上进行思辨式的玄学讨论，而是更自然地选择在生活中进行体认观照的思想路向。② 所谓"在生活中进行体认观照的思想路向"，主要有两方面的意涵：第一，从"逢人质义"的角度来说，心斋通过他人口述或者其他现场解答的方式所得到的义理，较之文献上的训诂注疏之学在形式上必然更贴近生活；第二，从"默坐体道""发明自得"的角度来说，心斋也必然需要借助生活经验来更好地帮助自己思考继而有所得。换言之，心斋通过对生活领域的观察和思考，直接面对经典原文和圣人教义，反对拘泥于传统传注释经的为学方式，而以个人思想认识解读经文，并与之相互印证。一般在传统语境下，我们认为心斋实际的思想结果附于其学风，在学术形式上流于禅化，在现实生活中冲决名教；而站

---

① 王艮：《年谱》，《王心斋全集》，陈祝生等校点，江苏教育出版社2001年版，第68页。三条依次分别为心斋二十五岁、二十七岁、三十二岁时的记录。
② 参见何俊《西学与晚明思想的裂变》，第27页。

在当今的意义上来讲，这其实是一种现代性的表达，即每个人可以成为自己思想的主宰者。这样一种以个人为主体进行思考的方式强调了对个体存在的重视和对个人意见的尊重，彰显了主体性挺立的价值，在某种程度上可以说是启蒙意识和理性精神的一种表达，心斋后来的讲学和撰著，也都反映了这样一个特征。此处所说的"以个人为主体"并非一般意义上的视角问题，提倡"良知现成"的心斋，认为现实人心可以作为判断是非的依据，因此每个人可以根据自己的良知去行动，从而树立了个人的主体性观念。因而在上述意义下，心斋并不认为是非判断的标准是客观和普遍的，而是主观和相对的，作为普通个体的平民的看法和意见均有其价值，理应受到肯定。而按照传统的儒家伦理，民众在思想上需要服从圣人的权威，在朝堂中需要服从君王的权威，在家庭里需要服从长辈的权威，在学校内需要服从师长的权威。心斋则在阳明提出"不以孔子之是非为是非"的基础上更进一步，突破了传统儒家的伦理观念，确立了人作为独立个体思考的价值。心斋从自学阶段所遵从的这样一种理性思考方式，为之后创造与现代价值相契合的"身本论"学说奠定了思想基础。

在论述心斋的"身本论"思想之前，有必要对其以人为中心的万物一体的世界观做一番了解。其在《孝箴》中对"天""人"关系有如下的论述：

> 父母生我，形气俱全。形属乎地，气本乎天。中涵太极，号人之天。此人之天，即天之天。此天不昧，万理森然。动则俱动，静则同焉。天人感应，同体同然。天人一理，无大小焉。[①]

心斋将"天"与"人"统一起来，两者同体同理。此处的"天"是指自然意义或者物质意义上的"天"，而非程朱理学视域下的"义理之天"，在"天"与"人"均是自然的基础上，天地万物只是一体。心斋此说意为将人与自然相统一，将主观与客观相统一，而"天"不再是高高在上的具有形上意味的本体，而是客观存在的"自然之天"，"人"与"天"两者之间的距离被瞬间拉近。虽然阳明的民本思想也注重民心和民意，倡导在治国理政中以民为核心，采取对民生有利的举

---

① 王艮：《孝箴》，《王心斋全集》，第54页。

措，但心斋以人为本的思想与阳明民本思想的根本差别在于，前者是在理性精神的觉醒下，重视作为个体的人的主体性的挺立；后者则是在维护等级观念的前提下，提倡以民生为本的政治理念。所以，就不难理解为什么说心斋发出的宏大志向极大地彰显了个体存在的价值：

> 大丈夫存不忍人之心，而以天地万物依于己，故出则必为帝者师，处则必为天下万世师。出不为帝者师，失其本矣；处不为天下万世师，遗其末矣。进不失本，退不遗末，"止至善"之道也。①

故在上述意义下，心斋对《大学》"三纲领"中的"止于至善"有自己的发明：

> 问"止至善"之旨。（心斋）曰："明明德以立体，亲民以达用，体用一致，先生（指阳明）辨之悉矣。……止至善者，安身也，安身者，立天下之大本也。……是故身也者，天地万物之本也，天地万物末也。……身未安，本不立也。本乱而末治者，否矣。本既不治，末愈乱也。故《易》曰：'身安而天下国家可保也。'"②

阳明认为"明明德"是体，"亲民"是用，但在这种解释框架下，无法安置"止于至善"的地位，而心斋将"止至善"界定为"安身"，"'明明德'、'亲民'正是为了实现'安身'，以达到'止至善'之境界"③。既然"安身"的地位如此重要，那么何谓"身"？唐君毅认为："依吾之意，若与其他王门之学相较而论，当说泰州之学之精神，在直面对吾人一身之生活生命之事中讲学。"④ 可见，唐先生认为心斋的"安身论"与其他王门在"心"上做工夫不同，而是强调"生活生命"方面。劳思光则具体指出"'身'可专指现实世界之特殊形躯讲，亦可指有主

---

① 王艮：《语录》，《王心斋全集》，第13页。
② 黄宗羲：《明儒学案》（修订本）（下），第711页。
③ 吴震：《泰州学派研究》，中国人民大学出版社2009年版，第115页。
④ 唐君毅：《中国哲学原论·原教篇》，中国社会科学出版社2006年版，第247页。

宰性之自我讲",而取后者义时,"安身"则不可以离开"安心"说,但心斋却离开"安心"说"安身",故劳先生认为"所谓'身'只能专指特殊'形骸'或'形躯'如黄氏所议。"而在此意义上,心斋关于"身"的诸多理论则"皆下落至'利害层面'而丧失其德性层面之意义矣"。① 而吴震对"身"的解释既巧妙解决了劳先生的问题,同时也丰富和完善了"身"的意涵:"'身'几乎等同于整体的'人'——一种整全意义上的人身,而不是与心处于另一极端的肉体存在。"② 这种诠释路径下的"身"不仅包含了肉体的含义,也包含了其在德性层面做修养工夫的可能性。

心斋"身本论"的几个主要特征均有与现代价值相契合的因素。从思想层面来说,心斋强调首先需要树立"尊身"的意识:

> 圣人以道济天下,是至尊者道也,人能弘道,是至尊者身也。道尊则身尊,身尊则道尊,故轻于出则身屈而道不尊,岂能以济天下,自天子以至庶人,一是皆以修身为本……故出处进退,辞受取与,一切应用,失身失道,皆谓不"知本"……其于天下国家何哉?③
>
> 身与道原是一件,至尊者此道,至尊者此身。尊身不尊道不谓之尊身,尊道不尊身不谓之尊道。须道尊身尊,才是"至善"。④

自先秦以来,儒家皆强调"尊道",虽然并非不注重"身",但是"身"终究只是行道的载体,而心斋则将"尊身"提升到与"尊道"相同的地位,扭转了"身"与"道"的关系,可以说是开历史之先河。在心斋看来,如果失去了"身"的存在,则日常生活中的洒扫应对、待人接物都无"道"可言,这样一种对整全意义上的人身的强调,一方面突出了人作为主体对于"道"的身体力行,另一方面表明了"道"的弘扬对于人身的依赖关系,而在此意义上道与身才能更加圆融地合一。心斋将人的主体性的挺立落实到个体的"身"上,尊身尊道才是至善,

---

① 劳思光:《新编中国哲学史》(三卷上),广西师范大学出版社2005年版,第370页。
② 吴震:《泰州学派研究》,第117页。
③ 王艮:《年谱》,《王心斋全集》,第75页。
④ 王艮:《答问补遗》,《王心斋全集》,第37页。

继而由此指向了客体的家国天下的存在，而心斋在"齐家治国平天下"的角度上又提倡"安身""保身"：

> 修身，立本也，立本，安身也，安身以安家而"家齐"，安身以安国而"国治"，安身以安天下而"天下平"也。……不知安身便去干天下国家事，是谓"失本"也。就此失脚，将或烹身、割股、饿死、结缨，且执以为是矣。不知身不能保，又何以保天下国家哉？①
>
> 知保身者，则必爱身如宝。……若夫知爱人而不知爱身，必至于烹身割股，舍生杀身，则吾身不能保矣。吾身不能保，又何以保君父哉？此忘本逐末之徒，"其本乱而末治者否矣"。②

心斋的"安身"和"保身"思想实际上主要延伸出以肉体生命的存在作为关注中心的倾向，所以黄宗羲就指出心斋把安身定为根本，有些地方过分强调了肉身，力保自己不至于杀身，实际上这就背离了儒家传统意义上的舍生取义、以身殉道的精神。但是考虑到心斋作为一个来自下层社会的人，其首先需要处理的就是生存与生活的问题，这种思想实际上就引导着他必须尊重个体生命，并以谋生为重要的依托，处理好个体与社会、国家的关系。心斋认为个体和天下国家本来是一个统一的整体，但是个体的生命是本，而国家是末，个体才真正地构成了社会与国家的基础，这个思想完全可以说是基于现实而理性思考的结果，同时也具有现代性的特色。在处理好安身、保身的问题之后，心斋指出通过修身的工夫可以使人提高自己的道德修养，完善君子人格，继而以积极的主观能动性参与"齐家治国平天下"的建设：

> 故必修身为本，然后师道立。身在一家，必修身立本，以为一家之法，是为一家之师矣；身在一国，必修身立本，以为一国之法，是为一国之师矣；身在天下，必修身立本，以为天下之法，是为天下之师矣。③

---

① 王艮：《答问补遗》，《王心斋全集》，第34页。
② 王艮：《明哲保身论》，《王心斋全集》，第29页。
③ 黄宗羲：《明儒学案》（修订本）（下），第715页。

心斋将个人的修养问题与家国天下的社会责任联系到一起，突出了个人的道德精神需要贯彻于现实的社会生活。虽然我们说，个体的道德实践，本质上不在于行为上符合社会规范，而在于道德精神上的自觉与自足。但不可否认的是，道德实践的评判，固然有来自精神意志的裁定，但它最终的落实，毕竟是呈现在具体的行为上，作用于个体的实际存在。换言之，精神意志尚不是道德实践的最基本的层面，只有行为不失范才是最基本的要求。[1] 同时，心斋强调修身的工夫也是在为其以师道经世的社会讲学活动做准备，寄希望于通过自己的言传身教唤醒普通民众的主体意识继而自觉参与社会建设，这也是儒家一脉相承的"拯世救民、开物成务，以实现天下同善、人人君子之理想的思想精神"[2]。此点本文将在第二部分予以具体论述。

由上述可说，心斋"身本论"思想的尊身、安身、保身、修身四者之间的关系密不可分，和谐地形成了一个有机整体，共同建构了以人为本的现代性个体观念。以人为本主要有抬升人的主体性和肯定肉体生命两点。前者主要有两方面的体现：首先是突破天人对立，将天内化于人；其次是在身与家国天下的关系之中，树立了身为本的地位，也就是个人主体是本。另外通过以"身"释我，将肉体生命统摄于主体性之中，对主体性的呵护也就必然导致对身的呵护，这一点是对伊川"饿死事小，失节事大"的突破，伊川将二者关系对立，心斋的说法则体现了对个体生命的尊重。抬升主体性和由此推导的重视肉体生命的理性诉求，二者共同体现了以人为本的现代性价值。

二 有教无类的平民化儒学思想传播

在讨论心斋的平民化儒学思想之前，有必要厘定"平民儒学"的概念，在这里引入"精英儒学"的概念（也即传统或者正统意义上的儒学，或"士大夫之学"）加以对比说明。相同点在于，二者都是旨在宣扬儒家的理论学说，注重个人

---

[1] 参见何俊《西学与晚明思想的裂变》，第29—30页。
[2] 吴震：《泰州学派研究》，第49页。

的道德修养，终极理想都是落实到正确处理人与家国天下的关系中。二者的不同在于：第一，两者的授业群体不同。精英儒学的授业群体主要为士大夫或者社会中有名望的知识分子，是指基于长期知识滋养和学问训练等正统培养方式而成长起来的阶层；平民儒学的授业群体则不仅包括士大夫阶层，更多的是"农工商"等阶层中的儒者。以心斋来说，其并未受到长时间的正统儒家教育，前半生主要经商自学，后半生尽管经济情况和社会声望有了极大的提高，但却仍然拥有着"灶籍"的身份，因而只能说心斋是一位"布衣儒者"，邹守益、王畿、王襞在其合撰的《奠文》中说"心斋'名潜布衣而风动缙绅，迹避海滨而望隆远近'，这一评判可以视作是儒者士大夫对王心斋的社会身份——'布衣儒者'的认同，同时也是对心斋的思想与行为的社会影响所作出的积极评价"。[①] 第二，两者的受众群体不同。精英儒学的受众群体主要为士大夫阶层或者有资格接受正统儒家教育的群体，而平民儒学的受众群体则为社会中的各个阶层，对受众的身份并无严格的规定和要求。第三，两者的教学方式不同。首先，精英儒学的传授或者讲学往往注重仪式，而平民儒学则认为古礼已失，不必再复，且平民并不一定能够用到相关的礼仪，所以需要简化。以心斋为例，从李春芳记录一次讲学时发生的情形可见一斑："见乡中人若农若贾，暮必群来论学，时闻逊坐者。先生曰：'坐，坐，勿过逊废时。'嗟乎，非实有诸己，乌能诲人如此吃紧耶！"[②] 其次，精英儒学传授的内容比较精深，更加系统化；而平民儒学则将精英社群所使用的学术语言转化为平民易知易晓的生活语言，传授的内容则更多与下层民众的社会需求和生活方式相符。在心斋看来，"真正重要的，第一位的是人的现实生活，而非观念性的道德精神"[③]。

某种程度上来说，上述"平民儒学"的特点也是其得以兴起的一个重要因素。而结合当时的时代背景来看，晚明的经济形势发生了变化。由于商业的发展，城乡之间的物资交流日益扩大，"这些新因素是否可以对应西方社会的进程而被称之为'资本主义萌芽'姑且不论，但它们确非传统的中国社会结构所能轻易简单地包

[①] 吴震：《泰州学派研究》，第62页。
[②] 李春芳：《崇儒祠记》，《明儒王心斋先生遗集》卷4，转引自侯外庐、邱汉生、张岂之主编《宋明理学史》（下），第430页。
[③] 参见何俊《西学与晚明思想的裂变》，第31页。

容，它们对于晚明社会既有的生活方式、价值取向都产生了明显的冲击"。① 一方面，在此影响下，平民的价值观尤其是关于"义与利""理与欲"的看法更加理性化，心斋说："有心于轻功名富贵者，其流弊至于无父无君；有心于重功名富贵者，其流弊至于弑父与君。"② 虽然心斋认可儒家一直强调的不可过度追求功名利禄的思想，但不同的是，心斋还正面表明了追求功名利禄的合法性，反对刻意地轻视人欲，这完全可以说是基于现实生活理性思考后的结果。另一方面，随着生产的发展，社会底层的民众一定程度上获得了生产力的解放，可以有更多的时间追求思想上的进步，由日常的生命生活之事转而展开对政治权利和公民社会的思考。这种价值观的转变和要求进步的意识构成了平民化儒学传播的思想基础。此外，心斋早年奉父命行商山东，在物质生活上有所富足之后还在饥荒的时候接济乡邻，在讲学之余也积极参与乡间事务。心斋以儒者的身份劝说乡里的富绅以食粟赈灾，并与平民往来密集，体现了其作为布衣儒者所具有的士阶层的担当和责任意识，对社会来说有其积极意义。另外，当时明朝的商人也可以通过钱财的捐献而进入国子监学习，完成身份的转变。因而在当时，儒者、商人、平民三者之间的关系较为复杂，交织在一起形成了平民化儒学思想传播的群众基础。而阳明实际上已经开启了此种思想传播的契机。一方面，阳明提倡良知之学，肯定了人作为道德主体成圣的可能性，并主张知行合一与社会生活紧密结合；另一方面，阳明也热衷于讲学活动，他"及其弟子的讲学方式、内容，均与明代的学校教育不同，渐渐变成一种社会教育。尤其从阳明惜阴会开始，阳明弟子之讲会逐步脱离书院性质，成为一种社会演讲"③。至心斋创立泰州学派，则在上述阳明讲学的基础之上更进一步，"培养了一大批传人，包括农夫、陶者、樵子等，深入到社会下层民众中间，在日常事务上传授知识，讲论良知，彻底实现了孔子有教无类的理想"。④

而心斋的平民化儒学思想之所以能够这么广泛地传播，并取得如此之大的成果，就在于其核心思想为"百姓日用是道"，心斋常用"童仆之往来"的经典案例进行论述：

---

① 何俊：《西学与晚明思想的裂变》，第 25 页。
② 黄宗羲：《明儒学案》（修订本）（下），第 715 页。
③ 宣朝庆：《泰州学派：儒家精神与乡村建设》，江苏人民出版社 2018 年版，第 230 页。
④ 宣朝庆：《泰州学派：儒家精神与乡村建设》，第 230 页。

先生言百姓日用是道。初闻多不信，先生指童仆之往来，视听持行，泛应动作处，不假安排，俱自顺帝之则，至无而有，至近而神，惟其不悟，所以愈求愈远，愈作愈难。①

或问"中"，先生曰："此童仆之往来者，'中'也。"曰："然则百姓之日用即'中'乎？"曰："孔子云'百姓日用而不知'，使非'中'，安得谓之道？特无先觉者觉之，故不知耳。"②

心斋所言"百姓日用是道"是建立在良知现成，当下自足的基础之上的，其意为百姓的行为准则体现了道，而并不是将行为本身粗暴地等同于道。这一理论的阐述，对鼓舞人心，坚定可以成圣的信念有积极作用。即心斋所谓：

愚夫愚妇与知能行，便是道。
圣人之道，无异于百姓日用，凡有异者，皆谓之异端。
百姓日用条理处，即是圣人之条理处。圣人知，便不失；百姓不知，便会失。③

心斋用童仆、愚夫愚妇等这种一般被视作社会最底层的人代表广义上的平民，论述"道"同样蕴含在其行为之中，在此种意义上，程朱理学以及受此影响的官方所强调的与平民日常生活脱节的义理之学等就显然归于"异端"之类。而圣人与平民的区别就在于，前者知"道"，后者不知"道"，这与儒家一直强调圣人与平民之间存在巨大差异性不同。虽然儒家承认在先天道德方面圣人和平民是平等的，且平民有成为圣人的可能性，但圣人高高在上的地位却是从未动摇过的。如阳明所言："圣人如天。无往而非天，三光之上天也，九地之下亦天也。天何尝有降而自卑？"④ 一方面儒家声称"人皆可以为尧舜"，另一方面又说圣人未曾降尊就

---

① 王艮：《年谱》，《王心斋全集》，第72页。
② 王艮：《语录》，《王心斋全集》，第5页。
③ 黄宗羲：《明儒学案》（修订本）（下），第714—715页。
④ 陈荣捷：《王阳明〈传习录〉详注集评》，重庆出版社2017年版，第81页。

卑，实际上就表明了圣人与平民之间的不可逾越性。而心斋把圣人之道与百姓生活日用相联系，瞬间拉近了圣人与平民之间的距离。而之所以还要强调"百姓日用而不知"，一方面旨在说明尽管有这样的基础，但如果不在工夫层面努力，则最终不可能实现成为圣人的目标；另一方面，则旨在强调圣人的意义就是以"先觉者觉之"，使得平民通过后天学习能够认识到"日用而不知"的"道"。在某种意义上来说，这也是心斋以师道经世的一个缘由。由此，在学习教育方面，心斋一方面强调：

> 孔子虽天生圣人，亦必学《诗》学《礼》学《易》，逐段研磨，乃得明彻之至。①
> 人之天分有不同，论学则不必论天分。②

单独以"学习"而论并不存在贵贱和天赋高低之别，无论是士大夫阶层还是平民阶层都不是生而知之者，均需要通过认知体悟继而有所得。另一方面，心斋认为学习必须是自适且快乐的：

> 乐是乐此学，学是学此乐。不乐不是学，不学不是乐。乐便然后学，学便然后乐。乐是学，学是乐。呜呼！天下之乐，何如此学？天下之学，何如此乐？③

心斋推动平民化儒学思想的传播，结社讲学，主要是为了实现其理想："是故'人人君子，比屋可封'，'天地位而万物育'，此予之志也。"④ "人人君子，比屋可封"，可以从两个方面来看，前一句指向道德方面（也可以说指向"内圣"），后一句指向政治方面（也可以说指向"外王"）。在道德方面，正如上文所说，心斋认为人的道德精神思想无法脱离现实生活。心斋将道德的生活呈现于现实的生活，

---

① 王艮：《语录》，《王心斋全集》，第8页。
② 王艮：《语录》，《王心斋全集》，第9页。
③ 黄宗羲：《明儒学案》（修订本）（下），第718页。
④ 王艮：《勉仁方》，《王心斋全集》，第30页。

而后在"良知现成"的基础上直接以现实的生活为道德的生活,其"没有像王门的其他成员那样,将个体对现实生活的道德性的自觉通过个体精神上或行为上的自省、克制来完成,而是以身心的自适快乐为达道的见证"①。因为其道德性是建立在个人切实的生活体验的基础之上,那么对于现实生活中"困于贫而冻馁其身者"②则必不可能要求其做到精神上的愉悦,这就使得程朱理学所持有的一切说教和践履成为一种理论化和形式化的存在。心斋视现实生活为人生的唯一教科书,并借此在讲学过程中推广以主观意向性和现实感受性为基础的道德观。这一方面使得越来越多的平民觉醒主体意识;另一方面使得道德不再是空中楼阁式的纯说教理论,而更是结合实际的当下呈现,这就给予了道德实践无限的活力,因而具有现代性思维方式的特点。在政治方面,早在心斋与阳明初见面时的辩论就有所体现:

公(阳明)曰:"君子思不出其位。"先生(心斋)曰:"某草莽匹夫,而尧舜君民之心,未尝一日忘。"公曰:"舜居深山,与鹿豕木石游居,终身忻然,乐而忘天下。"先生曰:"当时有尧在上。"③

尽管心斋后来在经商当中财富上有所发展,取得了一定的经济权利,但由于家世背景和短暂的受教育经历,其社会地位并不能够使他进入明代社会中传统的精英阶层,而这样一种政治上的自我意识表达,表面上是对儒家传统教义"君子思不出其位"的反叛,但实际上是作为一个公民主体对当时政治的参与,在人与国家之间的关系中突出个体存在的重要作用,"将社会的良性存在的基础确定在构成社会的个体的良性存在上"④。此时的个体就不再仅仅是具有道德主体性的存在,而是具有权利意识的政治主体,在履行其作为公民所具有的政治义务时具有主动性。心斋独特的经历促使其形成了尊重个体生命和价值的理性精神,因而在取得相应的经济权利后更多地有了本应是士人阶层的社会担当和责任意识,这种担当不是应试科举,而是继承了阳明"觉民行道"的事业,着力于民间讲学。心斋致力于平民

---

① 何俊:《西学与晚明思想的裂变》,第32页。
② 黄宗羲:《明儒学案》(修订本)(下),第715页。
③ 王艮:《年谱》,《王心斋全集》,第70页。
④ 何俊:《西学与晚明思想的裂变》,第28页。

化儒学思想的传播，在社会普遍讲学，大大促进了各阶层的民众形成独立思考的主体意识，并自主参与到各种社会活动中，彰显了主体性的挺立和权利意识的理性诉求；其讲学所形成的这样一种世俗化"场域"，提供了平等学习和开放交流的平台，打破了"原有的以君臣、父子等纵向关系为主轴的社会交往网络"，为"发展横向的以平等、互信、友爱为特征的新型社会关系提供了初步的条件"，① 从而促使平民合作互助，自觉参与到各种社会建设中，体现了公民社会的特征。②

三　对梁漱溟乡村教育思想的影响

心斋在开展社会讲学活动的同时，更关注如何将理论学说向乡村地区进行推广，而实际上，心斋的努力已经打破了之前士农工商阶层相互区隔的状态。有教无类的原则和教学方式上的简化，使来自不同阶层的参与者联系更加紧密并逐渐形成了一个新的群体雏形；而心斋则在长期的讲学中致力于促进民众道德意识上的自我觉醒，鼓励群体内的成员对乡村事务平等交流，各抒己见，从而打破了各阶层闭门造车的困境，发展了以平等、友爱为特征的新型社会关系，推动了乡村地区的教育建设。一庵在此意义上认为其师心斋"直超孔、孟"：

> 自古士农工商业虽不同，然人人皆可共学。孔门弟子三千，而身通六艺者才七十二，其余则皆无知鄙夫耳。至秦灭学，汉兴，惟记诵古人遗经者，起为经师，更相授受，于是指此学独为经生文士之业，而千古圣人与人人共明共成之学，遂泯没而不传矣。天生我师，崛起海滨，慨然独悟，直超孔、孟，直指人心，然后愚夫俗子，不识一字之人，皆知自性自灵，自完自足，不暇闻见，不烦口耳，而二千年不传之消息，一朝复明。先师之功，可谓天高而地厚矣。③

---

① 宣朝庆：《泰州学派：儒家精神与乡村建设》，第280页。
② 参见沈瑞英、杨彦璟《古希腊罗马公民社会与法治理念》，中国政法大学出版社2017年版，第5—6页；党秀云《公民社会与公共治理》，国家行政学院出版社2014年版，第8—11页；周国文《"公民社会"概念溯源及研究述评》，《哲学动态》2006年第3期。
③ 黄宗羲：《明儒学案》（修订本）（下），第741页。

心斋的功劳是否"天高而地厚"暂且搁置不论，但可以说一庵对心斋创立泰州学派进而致力于社会讲学的评价诚然是客观的。追溯到孔、孟时代，并无平民儒学与精英儒学之分，孔子主张有教无类，孟荀也并未对接受教育的对象有门户之分。而自汉朝之后，儒学逐渐走向精英化，之后的历史上没有一个学派像泰州学派这样重视平民教育，因而一庵认为心斋承接孔子，在"千古圣人与人人共明共成之学"方面做出了重大的贡献。可以说，泰州学派是儒学平民化的真正开启者，同时也是儒学在乡村传播的实践者。以心斋为首的泰州学派传播儒学平民化思想，体现出一种强烈的社会担当意识，在他们对儒学的认知中，儒学必须适应社会的全面发展，以参与到乡村建设中来。儒学不但要改变自己，也要改善社会，其有必要化作整个社群的行为动力。而"就知识分子的立场来看，如何对学术性的语言进行转换，以及将知识运作的场域由中心转向边陲，借由启蒙教育来开导民智，不仅是明代泰州学派学者所重视的课题，即使是二十世纪初期中国的知识分子也是抱持同样的理想"。① 20 世纪初，传统政治制度和文化系统处于崩溃之际，在广大的农村地区，作为人口数量最多的农民群体，其道德意识和价值观念仍然深受传统影响，加之当时国内国外时局动荡民族危机严重，因而启蒙平民增强乡村教育进而改造社会实现自救就成为当时先进知识分子的首要任务。

在当时一众"乡村建设派"的社会活动家中，梁漱溟先生无疑是具有代表性的一位，而梁先生又曾多次提到泰州学派思想对其乡村建设理论的启发，这就促使人去探究梁先生与泰州学派之间的关系。纵观梁先生一生，其思想发生过两次重要转变，其自称"在我十几岁时，极接近于实利主义，后转入于佛家，最后方归于儒家"。② 在由佛转儒的过程中，梁先生表明"给我启发最大，使我得门而入的，是明儒王心斋先生"③，而"自己既然归宿于儒家思想，且愿再创宋明人讲学之风——特有取于泰州学派之大众化的学风——与现代的社会运动融合为一事……后此我之从事乡村运动即是实践其所言"④。梁先生认为中国不强盛的根本问题在于

---

① 周志煌：《梁漱溟与泰州学派》，《辅大中研所学刊》1996 年第 6 期，第 183 页。
② 梁漱溟著，中国文化书院学术委员会编：《三种人生态度》，《梁漱溟全集》第 2 卷，山东人民出版社 1989 年版，第 83 页。
③ 梁漱溟著，中国文化书院学术委员会编：《中西学术之不同》，《梁漱溟全集》第 2 卷，第 126 页。
④ 梁漱溟著，中国文化书院学术委员会编：《自述早年思想之再转再变》，《梁漱溟全集》第 7 卷，第 184 页。

文化，中国没有结合自身实际而是照搬西方的文化模式，导致政治经济方面的改良或者革命运动失败。中西文化相遇后，因为不敌西洋文化，而不得不学习西洋文化以应付西洋，但西洋已经由农业国家转向工业国家，国命所寄托已由乡村转向城市，但中国仍然是农业国家，以乡村为主。故在学习西洋城市文明的过程中，中国自己的城市不仅没有发展起来，反而破坏了乡村，因此，要解决中国的根本问题，实现"新局面的转变，就全靠我们的乡村建设"①。梁先生所谓之"乡村建设"，具体而言有两方面的含义：其一，"因乡村破坏而有救济乡村之意"，其二，"因中国文化要变而有创新文化之意"，或者概括为"创造新文化，救活旧农村"。② 梁先生认为乡村建设最要紧的无非两点：农民自觉以及乡村组织。前者可以理解为平民主体性的挺立和主观能动性的觉醒，后者则是指组织制度方面的建设。以"农民自觉"为例，梁先生认为：

> 什么叫农民自觉？所谓农民自觉，就是说乡下人自己要明白现在乡村的事情要自己去干，不要再和从前一样，老是糊糊涂涂地过日子，迷迷糊糊地往下混……必须我们自己起来想办法，去打算，必须自己去干。乡下人如果能明白了这个意思，这便叫做农民自觉；乡下人如果真能照此去干，这便叫做乡村自救。③

所谓不能与之前一样糊糊涂涂或者迷迷糊糊，与前文所述泰州学派建构以人为本的现代性个体观念相契合，无论是出于对个体生命生活的尊重还是公民主体对社会建设的参与，都旨在突出个人主体性的挺立。而"乡村组织"则有两个要义："一、如何使乡村里面的每个份子，对乡村团体的事情，都为有力地参加，渐以养成团体生活；二、如何使内地乡村社会与外面世界相交通，借以引进外面的新知识方法。"④ 乡村组织的具体办法就是村学乡学。而以村学乡学为例，梁先生的诸多乡村教育建设思想与泰州学派有相似之处。

---

① 梁漱溟著，中国文化书院学术委员会编：《梁漱溟全集》第1卷，第611页。
② 梁漱溟著，中国文化书院学术委员会编：《梁漱溟全集》第1卷，第615页。
③ 梁漱溟著，中国文化书院学术委员会编：《梁漱溟全集》第1卷，第618页。
④ 梁漱溟著，中国文化书院学术委员会编：《梁漱溟全集》第1卷，第650页。

二者均重视平民教育。泰州学派认为孔子所传之儒学并不唯独指"经生文士之业",而是面向社会中士农工商等所有阶层开放,遵循有教无类的原则;而自汉朝以后的官方儒学则过于强调精英儒学,忽视了平民儒学的推广。泰州学派在民间传播儒学思想,一方面,培养了平民独立自主的人格特征,对于乡村的发展能够自我参与,自我管理;另一方面,打破了君臣、父子等纵向关系为主轴的人际关系,发展横向的以平等、互信、友爱为特征的新型社会关系。同样,梁先生认为:

> 乡学村学以各该区域之全社会民众为教育对象而施其教育……一个乡学(或村学)要把一乡(或一村)的全社会民众,通统当做学生,把全乡(或全村)里头的男妇老幼一包在内,都算是乡学(或村学)的教育对象。①
> 村学乡学这个组织,他的目标就是"大家齐心学好,向上求进步"。②
> (甲)酌设成人部、妇女部、儿童部等,施以其生活必须之教育,期于本村社会中之各份子皆有参加现社会,并从而改进现社会之生活能力……(乙)相机倡导本村所需要之各项社会改良运动……兴办本村所需要之各项社会建设事业……期于一村之生活逐渐改善,文化逐渐增高,并以协进大社会之进步。③

从受教育群体来说,乡学村学要求男女老少均在其对象范围之内,所有平民都有接受教育的资格和要求;从教育内容来说,乡学村学不仅传授文化方面的科学知识,同时还要求在道德方面有进步意识,着重培养与他人的团结合作精神,树立建设乡村和改良社会的理想;从教育目的来说,乡学村学从实际出发,首先通过教育保障了平民物质生活上的自给自足,继而由个人自身转向群体合作,实现一村乃至大社会之进步。因而,梁漱溟先生说:

> 总结以上的话来说,村学乡学的功用是什么?我们安排这套组织,其用意就在:使乡村里面的每个份子对乡村的事都能渐为有力地参加,使乡村能有生

---

① 梁漱溟著,中国文化书院学术委员会编:《梁漱溟全集》第1卷,第666—667页。
② 梁漱溟著,中国文化书院学术委员会编:《梁漱溟全集》第1卷,第668页。
③ 梁漱溟著,中国文化书院学术委员会编:《梁漱溟全集》第1卷,第672—673页。

机有活气,能与外面世界相交通,吸收外面的新知识方法;能引进新知识方法,则乡村自能渐渐地向上生长进步,成为一个真的团体,扩展为一个新的社会制度。①

而正如上文所言,泰州学派平民化儒学思想的传播,建立在"百姓日用是道"的现实生活之上,促进了各阶层形成独立思考的主体意识,并自主参与到各种乡间事务中;同时发展了诸如"师友"等以横向人际关系为核心的新型称呼,② 各阶层不再区隔而逐渐形成一种新的群体雏形。可以说,泰州学派的平民教育思想和梁先生的乡学村学理论均体现了独立自主的理性精神以及互帮互助的合作精神。

二者均强调知识分子在乡村建设中的重要作用。心斋从"百姓日用是道"的角度将圣人与平民之间的区别阐释为前者知"道",而后者不知"道",士人阶层的意义就是以"先觉者觉之",使得平民通过学习能够觉醒主体意识,共同参与社会建设。心斋后半生的大部分时间都在讲学和授徒,并以布衣儒者的身份积极参与到乡村建设当中,泰州学派的其他成员如颜均、何心隐等人也承袭了心斋的讲学传统,以"讲学"为生命。同样,梁先生也强调知识分子在乡村建设中的重要性:

一社会知识智力之士,是社会头脑心思之所寄,社会众人离他不得。③

文化改造之任,不在一社会文化中心之知识分子,而又在谁?于此际也,先知先觉知识分子明明是主而不是宾矣。④

今所谓知识分子,便是从前所谓念书人。如我们所讲,他是代表理性,维持社会的。其在社会中的地位是众人之师,负着领导教化之责……如果不能尽其天志,只顾自己贪吃便宜饭,而且要吃好饭,那便是社会之贼。今之知识分子其将为师乎?其将为贼乎?于此二途,必当有所抉择。⑤

---

① 梁漱溟著,中国文化书院学术委员会编:《梁漱溟全集》第1卷,第720页。"成为",原作"成功",据文意改。
② 详见宣朝庆《泰州学派:儒家精神与乡村建设》,第280页。
③ 梁漱溟著,中国文化书院学术委员会编:《梁漱溟全集》第5卷,第215页。
④ 梁漱溟著,中国文化书院学术委员会编:《梁漱溟全集》第5卷,第213页。
⑤ 梁漱溟著,中国文化书院学术委员会编:《梁漱溟全集》第2卷,第482页。

知识分子作为上层动力，平民作为下层动力，这两者没有合成一力，是中国问题不能解决的根本所在，故在乡村建设中，梁先生呼吁知识分子到乡村中去，"与乡村居民打并一起，所构成之一力量"①，共同建设乡村。同时梁先生本人作为学者，也亲自投身于乡村建设，而他在自我评价时却在强调自己社会活动家的身份，旨在突出知识分子不能空谈论道，而要代表理性负责教化众人，去乡村实地参与："我很佩服王心斋，他是个盐工，出于其门下的也大多是劳工。他是本着思想而实践的人，所以他是个社会活动家。我自己也是个做社会运动的人，乡村建设就是社会改造运动。我不是个书生，是个实行的人。"②梁先生一直称自己为"社会活动家"而非"学者"，一生致力于实干，其在山东实施的乡村建设研究院邹平实验县在当时一众乡村建设运动中规模最大，时间最长，投入的人力最多，影响最广。梁先生认为知识分子在乡村建设中具有重要作用，并且本人投身到实践中去，这与心斋的人生经历何其相似。

心斋发出"出必为帝者师，处必为天下万世师"的豪言壮语，并在后半生致力于平民化儒学思想的传播，在乡村地区进行讲学活动，积极参与乡间事务，从物质生活与思想两个方面改善下层平民的生活，带动平民共同进步，从而向着"人人君子，比屋可封"的理想社会迈进。而梁漱溟先生受泰州学派思想影响，默然有省继而由佛转儒，深感当时乡村经济、文化被破坏之严重，投身到乡村建设运动中试图改造文化，探索通过农村的现代化带动整个中国走上现代化的道路，以期于实现民族自救。两位先生主动放弃"坐而论道"的"智性事业"，投身于救国醒民的运动中，彰显了强烈的社会责任感；同时，两者的乡村建设理论尤其是乡村教育方面的思想具有强大的活力，对当今中国的乡村问题以及儒学平民化的传播仍然有借鉴作用。

---

① 梁漱溟著，中国文化书院学术委员会编：《梁漱溟全集》第 5 卷，第 210 页。
② 王宗昱：《是儒家，还是佛家？——访梁漱溟先生》，载深圳大学国学研究所主编《中国文化与中国哲学》，东方出版社 1986 年版，第 562 页。

泰州学派的"讲学"特质及其现代价值

张舜清[*]

摘　要："讲学"是儒家特有的为学之法和工夫形式，具有特定的内涵。儒家高度重视讲学并将之视为弘道的基本手段。随着时代的发展，儒家的"讲学"传统分化出不同的形式，但基本的形式仍然是"讲贯诵绎"。泰州学派之讲学是儒家的讲学传统发展的高峰，他们不仅以讲学为一生志业，也对儒家传统的讲学做出了革新性、创造性的理解和应用。他们视讲学为生命的本质活动，以广大人民群众的生命实际为讲学的出发点，试图通过讲学将儒学精神与广大人民群众的生存实际结合起来，从而为儒学的发展培育了坚实的群众基础。泰州学派的讲学是以人民为中心、为导向的讲学，本质上是以人民为中心的思想运动，这使得泰州学派的讲学活动极富人民性、群众性，泰州学派讲学的这一特质，对于思考如何将理论转化为实践、增进教育的实效性，以及在整体上推进社会的精神文明具有重要的启发意义。

关键词：泰州学派　讲学　人民性　现代价值

泰州学派极为重视讲学，这在中晚明的思想史上表现得非常突出。从儒家讲学传统来看，泰州学派之讲学规模空前，影响巨大，这正如吴震先生在描述中晚明时期的讲学盛况时所言，泰州学派的讲学不仅在当时促成了"耸动天下的社会讲学风气"，而且毫不夸张地说，其讲学规模、声势以及所造成的社会影响也远超历史

---

[*] 张舜清，中南财经政法大学哲学院教授。

上的任何一个时期。① 而且，较之以往儒家的讲学，泰州学派的讲学也别具风格和自我特色。可以说，泰州学派不仅借助讲学使其思想主张深入人心，而且极大地推进了儒学由理论向实践的转化，为儒家学说的发展培养了深厚的群众基础。总体来看，泰州学派讲学，是一种自觉的生命实践活动，其目标明确，方法得当，效果显著。这不仅在当时产生了重要影响，在现代，对于人们从事思想教育、提升教学效果、理论转化为实践以及治国理政诸多方面也颇有启发意义，值得我们特别重视。

一

儒家素有讲学传统。这种传统的形成，大抵缘于孔子本人对讲学的重视。孔子曰："德之不修，学之不讲，闻义不能徙，不善不能改，是吾忧也。"（《论语·述而》）这句话，可以说构成了儒家信徒重视讲学的基本依据，也构成儒家以讲学为法传播儒家精神义理的纲领性言论。自孔子以后，讲学受到儒家的普遍重视，并形成了儒家一种基本的"为学之方"或"教人之法"，从而逐渐规范化、体系化，成为儒家传承和弘扬其学说义理的基本形式。它既有认识论的意义，也是儒家工夫论的重要范畴。作为一种特定的概念，儒家所谓"讲学"有它特有的内涵。

首先，儒家的"讲学"不同于今日普遍意义上的为讲授或讲解某种学问或某个道理的"讲学""讲课"。"讲课"或"讲学"之"讲"，强调的是讲者语言功能的发用，主要是"讲说"的意思。作为一种工夫论意义上的特定概念，儒家的"讲学"包含了这层意思，但并不限于此，这也不是其核心内涵，儒家所谓"讲学"，更多地体现为儒家启蒙人心、培育德性、实践道德的理性与实践活动。它与儒家经世济用的实践目标紧密相关。儒家的追求，简单来说，就是成德成教，培育起道德挺立的理想人格和实现安邦定国的政治抱负。而要实现这样的目标，儒家格外重视"学"，并由此发展出特有的"学"的形式和方法。所谓"讲学"，就其构成而言，一是"讲"，二是"学"。"学"是核心，是内容，是根本；"讲"则表明了对"学"的态度和"为学"的基本方式。因此，"讲学"有两个基本的内涵。

一是要高度重视"学"。这个意义上的"讲学"之"讲"，就是"高度重视"

---

① 吴震：《明代知识界讲学活动系年：1522—1602》，学林出版社2003年版，"引言"第3页。

的意思，一如今日所说"讲政治""讲卫生"之"讲"。这在儒学史上则表现为儒家对"学"的高度重视和对"学"的意义的深刻体认。比如孔子极为重视"学"，一部《论语》，反复论"学"或涉及"学"，说明孔子对"学"的高度重视。《荀子》则以《劝学》开篇，重点申明"学不可以已"。《礼记》也有专门的《学记》篇，提出"人不学，不知道"。总之，"君子学以致其道"（《论语·子张》）。

二是"讲学"意味着"为学"的基本方式或形式，里面蕴含着儒家特有的弘道意识和高度的责任感、使命感。由于儒家高度重视"讲学"，从而逐渐使"讲学"成为儒门传道授业的自觉，并发展出相应的体系和机制。这一意义上的"讲学"意味着讲者和听者基于共同的信念而弘道的自觉，它构成了儒门日常的义理传播和影响世人的存在状态，是儒家学派作为一个学派日常存在的基本形态之一。讲学的目的是"弘道"，正如王阳明所说："道必学而后明，非外讲学而复有所谓明道之事也。"① 以一种弘道意识而进行的"讲学"，这使得儒家的"讲学"明显具备了"布道"的特征。

其次，作为一种传统的儒家"讲学"，在不同的儒家那里也有不同的表现形式，这意味着尽管不同谱系的儒家都具有弘扬儒学的责任感和使命感，但其"讲学"的方式方法却可能存在不同。从儒学发展的历史来看，传统的儒家"讲学"主要表现为对经典文献的诵读、讲演、诠释和研习，也即所谓"讲贯诵绎"。宋儒吕祖谦说"讲贯诵绎，乃百代为学通法"②，即表现了这一思想史上的事实。但是这一方法到了宋代，受到了一定程度的革新性继承，也遭到了一定程度的反动。这突出表现在朱熹与陆九渊对"讲学"的不同理解和争议上。朱熹大体上沿袭了"讲贯诵绎"的基本形式，但对此有了更深入的系统理解和发展。即"为学"强调读书、研习经典，还强调要接触事物，通过"即物穷理"来达到领会、传承和弘扬儒学义理、实现儒家教学的目的。它的要旨在于主体对外界之"物"的"格"，从而获得对"天理"的认知，并反照内心从而提升生命境界，为齐家治国平天下建立心性基础、人格基础。如朱熹说："盖人心之灵，莫不有知；而天下之物，莫不有理。惟于理有未穷，故其知有不尽也。是以《大学》始教。必使学者即凡天

---

① 王阳明著，张怀承注译：《传习录》，岳麓书社2004年版，第209页。
② 吕祖谦：《吕祖谦全集》，浙江古籍出版社2008年版，第500页。

下之物，莫不因其已知之理而益穷之。"① 朱熹的这一讲学之法，尤为注重对既有知识的学习、诠释和研讨，重视对前人学问的积累和贯通，重视对事物之理的研究。由于朱熹的巨大影响力，这一方法一度成为士人普遍信守的为学之法。但陆九渊心学的产生，则提供了另外一种方法，即"发明本心"的教人之法。但这一方法由于不注重传统上的"讲贯诵绎"，因而被朱熹及其门人斥为"其病却是尽废讲学而专务践履"②。事实上，正如陆九渊自辩所言，"某何尝不教人读书，不知此后煞有甚事"。③ 陆九渊其实在一定程度上也重视"读书穷理"，正如王阳明所说，"今观象山文集所载，未尝不教其徒读书穷理"④，他所担心的其实是学者陷于物欲不能自拔或陷入陋闻异见而蒙蔽道心，从而偏离了儒家正道，即陆九渊所谓的"蔽于物欲而失其本心"⑤。

朱、陆之争，本质上是为学形式和方法之争，而不是重视不重视"讲学"、要不要"讲学"之争。这种争议沿袭到王阳明那里，本质上基本不变。但作为阳明后学的泰州学派，他们对于传统的"讲学"显然有了革新性的理解和创造性的运用，其"讲学"不仅有了不同于传统之"讲学"的地方，甚至也区别于阳明之"讲学"，从而别具特色。

二

泰州学派的"讲学"虽然承自其师阳明的"讲学"，但又有自己对"讲学"的革新性理解和运用，这是泰州学派对于儒学发展极为重要的贡献。从学派思想的渊源来说，泰州学派的思想是对阳明心学的继承和发展，泰州学派对讲学的重视以及对讲学内容和方法的革新性运用，客观地讲，也和阳明特别重视讲学并身体力行直接相关。据阳明弟子邹守益的记载，曾经有人谓阳明说，"古之名世，或以文章，或以政事，或以气节，或以勋烈，而公克兼

---

① 朱熹：《四书章句集注》，中华书局1983年版，第6—7页。
② 朱熹撰，朱杰人等主编：《朱子全书》，上海古籍出版社、安徽教育出版社2002年版，第21册，第1350页。
③ 陆九渊：《陆九渊集》，钟哲点校，中华书局1980年版，第470页。
④ 《王阳明全集》中，上海古籍出版社2011年版，第666页。
⑤ 陆九渊：《陆九渊集》，第9页。

之。独除却讲学一节,即全人矣"。而阳明答曰:"某愿从事讲学一节,尽除却四者,亦无愧全人。"① 这足见阳明对讲学的特别重视。阳明不仅极为重视讲学,也发展出一套以"讲之以身心,行著习察"为核心特征的讲学模式,将讲学视为一种切己的体道实践工夫。阳明发展出来的这种讲学模式,是对当时流行的以"讲之以口耳"式的"传习训诂"为核心特征的讲学模式的反对,在阳明看来,后者已经偏离了儒家切己的道德实践的要求,因而不是真正意义上的讲学。"世之学者稍能传习训诂,即皆自为知学,不复有所谓讲学之求,可悲矣。"② 泰州学派对讲学的理解,应当说,正是基于阳明对讲学的这一开拓性理解和模式的改革。但较之王阳明,泰州学派对于讲学的理解则显然又有发展,在一定程度上显示出革新的勇气来。

首先,泰州学派对于讲学,并不只是将之视为儒学义理之弘扬的一个方法,而是将之视为与人的生命实践相联系的生命本质活动,视为生命存在和价值的印证。在泰州学派这里,讲学事实上已经成为他们生命展开的现实活动,讲学过程就是其生命实践的过程。这表现在泰州学派诸先生不仅高度重视讲学,而且以讲学为乐,更是将生命价值和意义系于讲学,不因求生而废弃讲学,甚至把因讲学而失去生命视为殉道的一种形式。比如王艮驾蒲车、冠深衣北上讲学时曾曰:"千载绝学,天启吾师倡之,可使天下有不及闻此学者乎?"又曰:"欲同天下人为善,无此招摇做不通,知我者其惟此行乎!罪我者其惟此行乎!"③ 这不仅显示出王艮讲学具有明确的弘道意识,而且也显示出王艮其实是以生命在讲学。罗汝芳也视讲学乃"性命所关,不容自已"之事。④ 何心隐同样对于弘扬儒家之道具有充分自觉,但由于秉持"仲尼虽圣,效之则为颦,学之则为此丑妇之贱态"而"不尔为也"的姿态,⑤ 故而在讲学过程中表现出锐意革新的一面,而被反对者视为"离经叛道",最终何心隐虽然在根本上是"援孔子以为法",但"竟不幸为道以死也"。总之,泰州学派赋予了讲学以往不曾有的巨大意义,把讲学视为了生命的实践活动,是以

---

① 《王阳明全集》下,第 1739 页。
② 王阳明著,张怀承注译:《传习录》,第 209 页。
③ 参见袁承业编校《明儒王心斋先生遗集》卷3,转引自吴震《明代知识界讲学活动系年:1522—1602》,第 1 页。
④ 参见《罗近溪先生明道录》卷3,转引自吴震《明代知识界讲学活动系年:1522—1602》,第 1 页。
⑤ 李贽:《焚书·续焚书》,岳麓书社 1990 年版,第 88 页。

生命在讲学。对此，这正如吴震先生在评述王艮的讲学时所说，"心斋所理解的讲学，已经大大超出了'以文会友'这一先秦儒家所说的讲学涵义，而具有了某种普遍的意义，是贯穿于政治与学术之间的人的本质活动，甚至与人的生命贯穿始终"。①

其次，正是基于对讲学意义的生命化理解，泰州学派不仅自觉将讲学视为一生志业，而且对于"讲学"这一儒家传统进行了自觉地革新与发展，从而极大提升了这一工夫形式的效果与在世间的影响。比如泰州学派极大拓展了讲学的对象范围和地理范围，将传统上主要是士君子之学的讲学活动扩展到社会各阶层，尤其是底层民众上，在地理上也突破了传统书院讲学的限制，采取了随处即学堂的讲学模式，甚至举行大规模的如群众集会般的"会讲"活动，他们"不分社会等级、贫富贵贱之不同，或行商坐贾，或乡村野老，或缙绅先生，或衣冠大盗，一概迎而不拒，'平等'待之；其次，不论是大江南北，还是穷乡僻壤，行迹所至，'周遍乡县'"。②又比如在讲学内容上，泰州学派的讲学几乎是完全抛弃了书院式的思辨和传统的章句注疏的形式，而采取了更贴近普通民众认知和理解水平的通俗化理论说教来吸引民众和开启民智，从而体现出人民性、群众性的思想特征。总体来看，尽管我们可以从不同角度讨论泰州学派对儒家传统讲学的发展、革新，但最为突出的一点，也最能体现泰州学派对儒学发展的贡献的，还是泰州学派对儒学的民间化和世俗化的推动。应当说，泰州学派对儒学的民间化和世俗化推动是一种自觉行为。为此，他们不仅在讲学形式上抛弃了传统的"传习训诂"，也在内容上创建了更适合群众的理论内容，从而使得他们的讲学为群众喜闻乐见。比如他们将王阳明的"心本论"发展或革新为"身本论"，将人的身体之存在视为天下之本，所谓"身与道原是一件"，"身也者，天地万物之本也"，③并在行为的伦理评价上，公开宣扬"穿衣吃饭即是人伦物理"④的思想，加之他们不避贵贱的行为作风，从而使他们的讲学活动极富亲民色彩。客观地讲，泰州学派讲学的这种平民化、世俗性的特点，不仅构成了他们讲学的思想特

---

① 吴震：《泰州学派研究》，中国人民大学出版社 2009 年版，第 171 页。
② 吴震：《明代知识界讲学活动系年：1522—1602》，"引言"第 29 页。
③ 参见袁承业编校《明儒王心斋先生遗集》卷 1，清宣统二年东台袁氏据原刻本重编校排印本。
④ 李贽：《焚书·续焚书》，第 4 页。

质,而且也极富当代价值,值得我们进一步地研究。

三

泰州学派讲学活动所蕴含的当代价值,可以从社会学、教育学、历史学等多个学科角度加以探讨,但笔者以为最重要的,则体现为泰州学派的讲学思想对于我们如何更好地认识到蕴含在人民群众身上的"精神生产力",从而充分发挥他们的生产积极性、创造力以促进发展方面的积极意义,以及对于我们如何改进思想教育的方式方法,从而更好地提升公民思想道德教育的效果的重大作用上。

首先,就一般意义而言,泰州学派讲学思想及其实践的现代价值,正如许多论者指出的那样,体现在它的启蒙价值上。泰州学派的这一价值,在中国向现代社会转型过程中,尤其为学界所重视,时至今日,仍然没有失去其思想意义。泰州学派的讲学之所以具有启蒙性,从思想史的角度看,乃在于他们大大发挥了传统儒家的民本思想,将之结合人的实际生命需求和体验转化成具有现代意义的人本主义或者说具备了开人本主义的理论先河的意义。重视以民为本,这本是孔孟以来儒家的思想传统,但是随着儒学与政治的联姻,儒家的"民本"思想由重视人民的生存权利渐渐转化为统治阶级自上而下的一种统治理念,人民在其思想体系中的主体地位也逐渐让位为君主或国家的统治需要。宋朝以后,随着封建专制主义的加强,"民本"彻底演化为"御民之术",也即统治者将对人民的思想控制和身体控制视为统治的根本。与此相应,在思想上,服务于封建统治的知识分子也开始宣扬"人欲"与"天理"的相对性,以减少人民因物质供给的不足而可能引发的社会动荡和对统治阶级地位的威胁。理学家宣扬"存天理去人欲",其初衷未必有限制人的正当物质需要之意,但随着封建专制的加强,"天理"和"人欲"的对立逐渐成为教条,"人欲"被看成"天理"暗昧不彰的根本原因,这固然在一定程度上缓解了因"人欲"与物质资源的有限之间的矛盾可能引发的社会问题,有利于统治阶级盘剥百姓而麻痹反抗意识,但另一方面,也极大削弱了人民的创造性,束缚了社会生产力的发展。而泰州学派通过讲学,则使人民意识到了生存权和发展权的重要性,意识到了物质追求正是生命的本质需求的内容之一。比如,他们将人的自然性视为天理的表现,宣扬"天理者,天然自有之理也。才欲安排如何，便是人欲"①，将人的自然生命需求看作天理的要求，从而促使人们意识到了自身价值的实现其实也和自身创造物质财富的能力与积极性深刻相关。一旦这种认识成为人们自觉实现生命价值的精神基础，它就会极大激发人们的创造性和生产能力，从而为社会的发展提供了极为重要的思想基础。对于泰州学派诸贤而言，民众的需求就是生存的需要，来自本性，故而引导民众发家致富，提高生活水准，这就是合乎天理的行为。政策的合法性也系于此。因为只有以人为本的政策才能顺应民心。对于民众而言，没有获得物质保障的权利，没有生存的权利，就谈不上拥有什么权利。而对于政府而言，不解决民众的贫困状态，所谓保障人民的平等、自由，所谓人民当家作主，所谓建立一个和谐、公正的社会，也只是奢谈。

我们可以看到，泰州学派通过讲学向社会大众传达的这种理念，其实要旨是将人的生存权、发展权视为人之为人的本质权利，视为人性彰显的重要方面，它蕴含着只有鼓励人们创造物质财富才可能具有真正意义上的社会发展的思想内涵。这种思想，对于调动群众的生产积极性和创造力从而促进发展显然能起到积极作用。当今的中国十分强调发展，强调"发展是解决一切问题的总钥匙"②，而要实现持久的发展，充分发挥群众的创造力和生产积极性无疑是非常重要的。而要做到这一点，离不开我们对人民群众利益的高度重视。习近平同志讲"解决好人民群众最关心最直接最现实的利益问题"③，应当说，正是看到了发展与蕴含在人民群众身上的这种"精神生产力"之间的紧密关系。显然，充分挖掘泰州学派这种思想，对于我们更好地认识这一关系原理和发挥人民群众的力量，是极有裨益的。

其次，泰州学派的讲学活动，在一定程度上呈现出人民性、群众性的特征，他们实际上是以人民为中心来开展讲学活动。换句话说，泰州学派之讲学并非为了追求部分君子式、圣人式的人格建构（固然这是儒家的目标），而是力图通过讲学影响所有人，特别是改善最广大人民群众的精神状况和物质生存条件，从而使整个社会建立一种合乎儒家追求的群众性的心理基础。而要做到这一点，就必

---

① 《黄宗羲全集》，浙江古籍出版社2005年版，第7册，第835页。
② 《习近平谈治国理政》第2卷，外文出版社2017年版，第512页。
③ 《习近平谈治国理政》第2卷，第364页。

须把讲学的重点放到最广大的人民群众的身上。只有借助普遍的群众性的力量，才能真正实现其欲求的目的。泰州学派的讲学活动，显然使他们意识到了群众的力量，因而他们的讲学才更多地体现为"平民性"特征，其讲者、讲的内容和方式都力争贴近人民群众的思想实际和经济状况，从而才能最广泛地影响世人。在这个意义上，我们可以说，泰州学派的讲学活动，是旨在唤醒蕴含在人民群众身上的巨大精神力量和物质力量的运动，本质上是以人民为中心的思想运动。这表现在：

其一，从儒学的发展史角度说，泰州学派讲学固然有弘扬儒学的动机，但他们弘扬儒学的对象，却是最广大人民群众。他们关心普通群众的利益，接纳从事各种职业和劳动的普通群众，以切近普通群众容易理解的话语体系讲授道理，内容实际而不玄奥。如泰州学派创始人王艮，其讲学实际以维护人民群众的生存利益为出发点，将儒家理论与人民群众实际的生存状态和需求联系起来。强调"即事即学，即事即道。人有困于贫而冻馁其身者，则亦失其本而非学也"[1]。他们不以人的富贵而失去服务于人民群众的本心，表现出了较高的人格境界。

其二，化抽象的高深理论为人民群众乐于理解和接受的形式，一反传统的寻章摘句的枯燥说教，而紧密结合群众当下的生存实际来讲学，如王襞对那些故作高深、咬文嚼字的经院派学问家进行了严厉的责问："舍却当下不理会，搬弄陈言，此岂学究讲肆耶？"[2] 泰州学派十分注重从人民群众的实际思想水平和生活习惯角度来讲学，将儒家的理想、追求化为人民群众的生活实践，从而使儒家理论容易被人民群众所掌握，继而为儒学的广泛传播和发展培养了群众基础。这对于我们当今从事思想教育、提升教育效果是非常富有启发意义的。在当今，增强国家文化软实力，建设社会主义文化强国是我们的重要目标之一，而要实现这一点，就需要从事理论宣传和哲学社会科学的工作者能够及时有效地将思想文化的成果转化为人民群众的精神食粮。而要有效地将理论性的成果转化为人民群众实际的精神力量，就务须做到迎合人民群众的实际的心理与需求，以人民群众喜闻

---

[1]《王心斋先生遗集》卷1。
[2]《黄宗羲全集》，第7册，第841页。

乐见的形式表达出来，做到以人民为中心。正如习近平同志所指出的那样，"脱离了人民，哲学社会科学就不会有吸引力、感染力、影响力、生命力。我国广大哲学社会科学工作者要坚持人民是历史创造者的观点，树立为人民做学问的理想……自觉把个人学术追求同国家和民族发展紧紧联系在一起，努力多出经得起实践、人民、历史检验的研究成果"。[①]

[①] 习近平：《在哲学社会科学工作座谈会上的讲话》，人民出版社2016年版，第12—13页。

泰州学派研究综述

泰州学派近三年学术史述评

魏彦红[*]

摘　要：泰州学派以其独特的学术价值及重要的借鉴意义被学界所关注。通过对近三年泰州学派相关研究成果的梳理，发现学者们的研究主要体现在六大领域："泰州学派"思想主旨及相关研究、对泰州学派代表人物的研究、泰州学派与平民儒学研究、泰州学派的影响研究、泰州学派渊源与考辨研究、泰州学派学术史评价研究。既有对泰州学派的重新评价与价值定位，也有对学派代表人物的再审视；既有宏观的俯瞰，也有深入的挖掘；既有著名学者的深入解读，也有年轻学子的初步涉入。泰州学派近三年学术研究呈现良好态势。

关键词：泰州学派　王艮　李贽　罗汝芳　何心隐　平民儒学

对 2019 年至今（2021 年 6 月）公开发表的泰州学派研究的相关文献进行检索，据不完全统计，共有 80 余篇相关文章及硕士论文。以下对这些研究成果进行梳理，以了解泰州学派近三年的学术研究状况，并为后续研究提供一定的借鉴和参考。因相关文献篇目较多，本文只对其中较有影响力和具有代表性的文章予以学术史的梳理。

泰州学派主题研究涉及领域较广。通过对检索文献的梳理，根据研究内容进行分类，现从以下六方面进行述评。

---

[*] 魏彦红，《衡水学院学报》主编，董子学院执行院长、教授。

一 "泰州学派"思想主旨及相关研究

(一) 对泰州学派思想内涵的研究

泰州学派作为阳明心学发展的重要一脉，得到了诸多学者的关注与研究。对泰州学派思想内涵的探讨始终是学者们关注的焦点，尤其是随着泰州学派的发展及该学派对当今儒学传承所展现出来的重要借鉴意义，对学派思想的再探讨成为学界的主题。

杨国荣先生在《中国思想中的泰州学派》中宏观地总结并评价了泰州学派的特点及其意义。他认为，在中国思想史中，泰州学派展现了其独特的个性。它趋向于使儒学走向民间、走向大众，从而在儒学的演化中表现了其自身特点。儒学本来有注重日用常行、肯定日用即道的传统，在泰州学派中，这一传统得到了比较突出的发展。泰州学派首先比较重视个体之"身"，并提出了"保身"的观念："知保身，则必爱身如宝。"杨国荣先生进而认为，泰州学派对身的注重，无疑为接受近代思想提供了重要的源头。泰州学派十分重视行为的自愿原则，以肯定个体的价值为前提，把个体提升到非常重要的地位。"以天地万物依于己"，意味着在本体论的层面，将个体放在本源性的位置。泰州学派的思想在历史上确实构成了传统与近代之间沟通的思想中介。在今天看来，它的思想，包括对个体意愿的重视和关切以及其中展现的对人的自由的向往，对人的创造性的肯定，更广义上对平民化的追求以及平等意识等，依然呈现多方面的意义，这些观念在经过转换之后，可以成为建构当代社会主义价值体系的重要理论资源。[①]

张再林也强调了"身"的重要性。其文《身的挺立：泰州学派的思想主旨及其理论的现代效应》，把"身本"作为泰州学派的最主要宗旨。他认为，以一种身的挺立，标志着中国哲学从"理学"向"后理学"思潮的根本性、战略性转移。正是基于以身为本的思想，泰州学派才有对个体存在的发现、对利益原则的肯定、对解构思潮的开创、对情本主义的彰显、对超越理论的发明、对儒侠精神的弘扬。因此，以身为本的思想，不仅使泰州学派代表了对唯心主义、唯识主义的理学的反

[①] 杨国荣：《中国思想中的泰州学派》，《江海学刊》2020年第1期。

动，而且使泰州学派开启面目一新的中国现代思潮的真正先声。以至于可以说，若没有这种以身为本的思想，也就没有内源性的中国的现代思潮。中国现代几乎各种思潮都可以在这种以身为本的思想中找到其本土来源，找到其连接古今的思想之桥。①

童伟在《任道与任情共生——审美现代性视域下泰州学派的"身""道"两难》中，以独特的视角对泰州学派"身""道"两难进行了分析。他认为，在明代"身"与"道"崩裂的时代难题下，泰州学派标举知行合一、践履儒家道统、突出士人之"身"的自觉反思意识，在"身""道"互动中重塑士人主体的审美感知经验——自任于道的担当意识、恃道持道的自尊自信以及觉民行道的极致乐感。而越是自觉地践履儒家审美理想的"身""道"一贯性，则"身""道"两难带来的风险累积越盛，"任道"在很大程度上导致"害身""杀身"。在对"任道"后果无法回避的自觉体认中，泰州学派反向强化了"爱身""保身"的私性自主意识，从而加速了任情纵欲等自然情性话语的"旅行"，促成了中国审美现代性独特的双重指征：任道与任情共生。②

Lin Linglai 对泰州学派的教育思想的特质进行了研究，其文"On the Characteristics of Taizhou School's Educational Thought"认为，泰州学派是明中叶以后第一个启蒙学派。它不仅使阳明心学走向世界，而且在中国思想史上占据重要地位。它既得益于其平民儒学的哲学特色，又得益于平民教育的实践。该文从教育地位、教育价值、教育起点、教育理念、教育方法等方面论述了泰州学派教育思想的特点。③

陆嘉呈在其硕士学位论文《泰州学派劝善运动的理念与实践研究》中认为，泰州学派被誉为中国的启蒙学派，在明中晚期思想史的研究中有着重要的地位。泰州学派的劝善运动继承了阳明学重实践的特质，将思想运动与社会改良相结合，走出了独特的社会改良道路。④

以上几位学者重点关注了泰州学派对"身"的重视，高度评价了"身"的重

---

① 张再林：《身的挺立：泰州学派的思想主旨及其理论的现代效应》，《江苏社会科学》2020年第2期。
② 童伟：《任道与任情共生——审美现代性视域下泰州学派的"身""道"两难》，《江苏社会科学》2021年第1期。
③ Linling Lai, "On the Characteristics of Taizhou School's Educational Thought", International Journal of Social Scienceand Education Research, No. 5, March 2020.
④ 陆嘉呈：《泰州学派劝善运动的理念与实践研究》，硕士学位论文，南京大学，2020年。

要理论意义与实践价值，甚至认为"身本"思想成为中国现代思潮的先源。

（二）王门派别相关研究

泰州学派又称"王学左派"或"左派王学"，说法不一。针对王门的分派及与"黔中王门学派"的关系，张立文先生撰文《王门分派与黔中王门学派之要义梳理》进行了分析。张先生指出，黄宗羲《明儒学案》从浙中、江右、南中、楚中、北方、粤闽、止修、泰州等地域角度来划分阳明后学之派别，并逐一为之设立学案。立足于"平民"身份写泰州学派王艮及其后学，肇始于容肇祖《明代思想史》，之前曾有人将此派思想称作"王学左派"或"民间派儒学"。嵇文甫先生以"左派王学"为书名，影响较大。立足于学者思想倾向分派，以冈田武彦《王阳明与明末儒学》为代表，论及现成派系统、归寂派系统、修证派系统、湛门派系统、批判派与复古派、东林学和刘蕺山六大系统。以上三种王学派分，各有坐标，各有特色，但均有一共同点，即不列"黔中王门学派"。但黔中王门学派之存在，历历可考，不容忽视。①

于闽梅针对王学左派做了研究，其文《王学左派的欲望观及其现代性》认为，王学左派的欲望观开启了宋明以来儒学的全新局面，成为中国儒学现代性转型的标志之一。王学左派所走的道路，是在欲望问题上思考身体与主体的"私欲"同天道、天理之间的关联度，并强调身体与私欲的不亚于天道、天理，王学左派的思考的确更具现代性，是传统儒学发展中更具现代性倾向的一派。②

二　对泰州学派代表人物的研究

（一）对泰州学派创始人王艮其人其学的研究

作为泰州学派创立者，王艮始终是学者们热衷于探讨的主要方向之一。对王艮的研究成为近年泰州学派研究的热点和焦点。

单杨在《泰州学派王艮的哲学思想研究》中认为，王艮基于阳明心学，提出

---

① 张立文：《王门分派与黔中王门学派之要义梳理》，《北京行政学院学报》2019年第2期。
② 于闽梅：《王学左派的欲望观及其现代性》，《吉林师范大学学报》（人文社会科学版）2020年第3期。

了"良知致"的学说,并进一步提出"天理良知""日用良知"的观点,强调"良知"本然、良知在百姓日用生活中;又提出了其独特的淮南格物论,强调尊身立本、明哲保身,更加注重对个人价值的宣扬。王艮在承继阳明心学的基础上,大胆创新,尤其对"良知说"和"格物论"有自己独特的见解。他将视角贴近平民的生活,呈现出儒学平民化的特点,对儒学乡村化具有至关重要的意义。①

张爱萍的文章《圣学视域下王艮大成之学的特质》认为,王艮大成之学的特质表现为日用性、中正性、成圣性。日用即道,为人人君子之理提供了先天的存在基础。中正所至,个体才能突破局限达到真正的自由。但个人的自由并非大成之学的目标,至善亲民才是其追求的价值取向。这展现了他毕生致力于"万物一体"的儒学信念和"经世致用"的济世情怀。②

朱义禄先生对王艮及颜钧的"大成学"也进行了研究。他在《论王艮的"大成学"及其接续者颜钧的"大成仁道"说》中得出如下结论:王艮在晚年,想以"大成学"来概括自己的学说。他一直想用口授心传的办法,把"大成学"传给徐樾,结果是传给了替代徐樾来探视病情的颜钧。颜钧接过王艮的"大成学",发展为"大成仁道"说。颜钧此说由"大中哲学""耕心樵仁"与"制欲非体仁"三部分组成。颜钧的"大成仁道"说上承王艮"大成学",下启其学生罗汝芳"赤子之心"说。颜钧是泰州学派的文脉得以薪火相传的重要人物。③

殷勇从明代方志内容总结了王艮学说"正统化"的三方面的表现:《从明代方志看王艮学说的"正统化"》认为,在中国传统多元社会,王艮学说流布之广、影响之深的一个重要原因是其存在着"正统化"趋向,获得了具有儒学教养的官绅的认同。王艮学说"正统化"在明代方志中表现得尤为明显,主要有三方面:一是"百姓日用即道"成为明代《泰州志》编纂主旨;二是王艮卒后归入方志"理学"传;三是王艮祭祀列入地方祀典。④作者这一观点吸引了学界的目光,让人眼前一亮,对以往的观点有所突破和创新。

---

① 单杨:《泰州学派王艮的哲学思想研究》,《现代交际》2020年第15期。
② 张爱萍:《圣学视域下王艮大成之学的特质》,《内蒙古电大学刊》2020年第5期。
③ 朱义禄:《论王艮的"大成学"及其接续者颜钧的"大成仁道"说》,《贵阳学院学报》(社会科学版)2021年第1期。
④ 殷勇:《从明代方志看王艮学说的"正统化"》,《中国地方志》2020年第5期。

唐东辉选定王艮周易研究中的某个点进行了探讨，他在《王艮对〈周易〉"时"智慧的政治实践》中认为，《周易》极富"时"的智慧，以"时中"为用时原则，以待时而动、与时偕行、时穷则变为用时方法。王艮将《周易》"时"的智慧运用于政治实践，提出要待时而动，"出必为帝者师"；时穷则变，"处必为天下万世师"。这种"出处为师"的政治实践活动，以其"淮南格物"论为学理依据。"淮南格物"强调"进不失本"，故须待时而动，"出必为帝者师"；强调"退不遗末"，故须时穷则变，"处则必为天下万世师"。①

高正乐在《王心斋晚年工夫论新探》中，认为王艮根据古本《大学》，明确将"八条目"划分为三个次第：一是"格物致知"，即在以身格家国天下的过程中认识到吾身为本，并认识到吾身应当达到的至善境界；二是诚意，即躬身践履，把"格物致知"的内容实现出来；三是正心以及修齐治平，即在践履过程中自觉本心，使本心在吾身与世界的交接过程中真体存存，进而将本心推扩到一家、一国乃至天下，最终达到至善之境。王艮的工夫论特重践履，对阳明心学的发展具有重要意义。②

朱义禄教授撰文《论王艮身本论及其对罗汝芳的影响》，认为王艮是王阳明的亲传弟子，其思想"多发明自得"。出身灶丁的经历，是他提出"身尊道尊"论与"仕禄害身""明哲保身"说为主要内容的身本论的原委。从中国哲学史发展历程言，身本论有别于以往的气本论、理本论与心本论，为一种新的理论形态。罗汝芳在构建自身思想体系时，兼容了身本论与王阳明的"良知"说，提出了令人耳目一新的"赤子之心"作为自己学说的宗旨。宗旨各异的新哲学思想的出现，是在连续性与非连续性的矛盾统一中实现的。③

李承贵教授在《王艮对王阳明心学的独特贡献——兼及若干相关问题》用一系列反问句高度评价了王艮对阳明心学的独特贡献："信奉阳明心学而感叹知之者甚少，于是身着异服，驾一蒲轮，由南而北讲说不倦，宁可遭人嘲讽，亦毫无惧色，此非'以身殉道'之境界？体恤阳明讲学及事务繁杂、劳累，于是设法旦夕陪侍阳明左右，勤勉启蒙学者而毫无怨言，此非'尊师重道'之品质？忧心同门

---

① 唐东辉：《王艮对〈周易〉"时"智慧的政治实践》，《鹅湖月刊》2020年第3期。
② 高正乐：《王心斋晚年工夫论新探》，《孔子研究》2019年第4期。
③ 朱义禄：《论王艮身本论及其对罗汝芳的影响》，《教育文化论坛》2019第4期。

及求学者不能安心切磋交流，于是致力阳明书院的筹建，周旋其中而乐此不疲，此非'学术乃公器'之胸怀？期待阳明之学快速生长于民心，于是四处布道，用心诠释阳明心学宗旨，通俗其内容，此非'以传道为业'之鸿志？惧怕学者自立门户、学术分裂，于是谨述'良知''天理'之同，协调湛、王以共倡圣人之学，此非'以公心辩'之气象？寄望阳明心学后继有人，于是广招弟子，培养学术新秀而不遗余力，创立泰州学派，从而成为阳明心学脉络中不可或缺而又最耀眼一环，此非'以道统自任'之担当？嗟嗟，心斋者，真人也，豪杰也，义人也，大儒也！环顾当世道场，鼓噪喧嚣者有之，多言乱语者有之，浑浑噩噩者有之，趋炎附势者有之，精致利己者有之，辱师废学者亦有之！独不见心斋也。此非谓心斋之于当世有似空谷之足音乎？"[1]

邬雯琳的硕士论文《王艮儒学思想平民化特色初探》，首先梳理了王艮从目不识丁的手工业者逐渐成为一名心系平民的儒家学者。其次，阐述王艮与王阳明一脉相承的学术气质，以及他对于阳明心学的平民化改造。再次，阐述了王艮发展出了自己独特的"百姓日用"的天理良知说，以及"尊身立本""明哲保身"的淮南格物论；王艮还发挥了王阳明"乐是心之本体"的学说，并作《乐学歌》来驳斥朱熹的"存理灭欲"，同时将儒家的伦理活动平民化。[2]

陈鑫的硕士论文《王艮明哲保身论和泰州学派的政治参与》认为，王艮"明哲保身"是其身本论中最具争议性的概念。面对明中后期严峻的政治生态，王艮针对士大夫群体提出"明哲保身"来应对当时的政治现实。以其师阳明所倡之"良知"为理论依据，主张保身而后可保天下国家。认为在注重泰州学派世俗性与民间性的同时，也不应该忽略泰州学者政治活动的多样性与丰富性。[3]

对王艮著述进行研究也是一个重要的研究视域。刘佩德撰文《王艮著述传承述略》认为，作为泰州学派开派鼻祖，王艮一生著述不多。在他去世之后，其后人先后数次编纂，经过语录、年谱、诗文汇编等多次编纂，终成集王艮生平著述之大成的《王心斋先生遗集》流传于世，是为全集本。全集本自明万历间始有刻本

---

[1] 李承贵：《王艮对王阳明心学的独特贡献——兼及若干相关问题》，《贵阳学院学报》（社会科学版）2019年第6期。
[2] 邬雯琳：《王艮儒学思想平民化特色初探》，硕士学位论文，内蒙古大学，2020年。
[3] 陈鑫：《王艮明哲保身论和泰州学派的政治参与》，硕士学位论文，武汉大学，2020年。

传世，清末传入日本，又有和刻本回传中国。①

杨浩撰文《"印证吾心"与"本义自足"——王艮对四书的理解》，认为王艮并不注重从历代的注释来理解四书文本，而是强调文本自身的"本义自足"，同时将四书文本的阅读作为"印证"自心的手段。王艮对《大学》最为重视，不仅表现在他颇为独特的"淮南格物"说上，同时也体现在对"止于至善""诚意"工夫的特别重视上。王艮对《中庸》的"中"也很重视。②

（二）对泰州学派其他代表人物的研究

罗汝芳，字惟德，号近溪，学者称为近溪先生，泰州学派的重要代表，学界对其进行研究的也不乏其人。

郭淑新、秦瑞波对罗汝芳的生命观进行了研究，认为罗汝芳生命哲学在阳明后学中别具一格。他以阳明心学为本，纳佛道思想为己用，以"赤子之心"替代阳明的良知本体，追求"万物一体之仁"的生命境界。研究罗汝芳的生命观，不仅仅是对心学研究的拓展与深化，对把握心学走向有重要意义，更在于能够借此为解决现代人的生存焦虑提供理论借鉴，为当今社会进行生命教育提供学理启示与实践导引。③

耿加进对罗汝芳的教育思想及其当代价值进行了研究。他认为，罗汝芳在丰富的教育实践中形成了既具有理论性又具有实践性的教育思想。罗汝芳以求仁为学问宗旨，以孝悌慈为教育内容，注重正面引导，强调唤醒人心。罗汝芳承继了泰州学派的乐学思想并加以深化，把"生""仁"等思想注入其中，从而使乐学合乎孔子求仁宗旨。在学习方法上，罗汝芳重立志、重觉悟、重当下。④

高志强在其硕士论文中针对罗汝芳的"赤子之心"和"孝悌慈"思想进行了新的总结，认为罗汝芳的思想对当前时代具有一定的启发：树立正确的核心价值观，发扬"孝悌慈"的精神；加强对传统道德的教育，提高全民素质。⑤

---

① 刘佩德：《王艮著述传承述略》，徐向明主编《泰州学术》（2018），南京出版社2019年版，第39—48页。
② 杨浩：《"印证吾心"与"本义自足"——王艮对四书的理解》，《儒家典籍与思想研究》（第十一辑），北京大学出版社2019年版，第228—244页。
③ 郭淑新、秦瑞波：《罗汝芳生命观发微》，《理论与现代化》2019年第6期。
④ 耿加进：《明代大儒罗汝芳的教育思想及其当代价值》，《淮阴工学院学报》2020年第2期。
⑤ 高志强：《罗汝芳"赤子之心"与"孝悌慈"思想研究》，硕士学位论文，西北民族大学，2020年。

石霞、翟奎凤的《易学与仁学的融通——以泰州学派罗近溪为例》，文章认为，罗近溪三十四岁学《易》而悟太极生生为画前本质，由此将四书五经融会贯通，并以《易》作为五经之源。在此基础上，将乾坤作为生生的根源，认为乾坤本体的"生生"之理就是天命之性，就是仁，就是心，由此构建了心学体系中仁、良知、德性等基本观念的本体论依据并赋予其形上含义。从乾坤本体的生生之理又引申出"复以自知"的工夫论，以复卦统言工夫，主张通过"逆觉体证""不动心""自然"的"不远复"工夫来求仁、致良知、尊德性。在易理"一以贯之"、四书五经融通之中，罗近溪构建起了心学为本、天人物我、天道与人道双向贯通的一体圆融之学。[①]

李慧琪的《唐君毅对罗近溪思想的诠释》一文认为，透过唐君毅先生对罗近溪思想的诠释，可提供"即生即身言仁""复以自知"这两条线索来掌握罗近溪的本体论与工夫论。此外，唐君毅还讨论了罗近溪与明道、阳明、心斋、龙溪的关联，但对于罗近溪从知爱知敬言良知和受佛学影响之处论述较少。虽然唐君毅先生与牟宗三先生对罗近溪宗旨有不同意见，但皆能展现罗近溪学问特色。[②]

何心隐是明代中后期的思想家、哲学家、平民社会改革实践家，泰州学派的杰出代表。

陈诗师以《何心隐理欲观论析》为题进行了探讨。认为泰州学派一方面继承了阳明之学，另一方面也被批判为一个与王学渐行渐远的学派，其主要原因在于理欲观的冲突。何心隐在继承泰州学派思想的基础上进一步对人欲进行了深刻的思考和较为全面的探讨，肯定"欲"存在的合理性，批判"无欲"，主张"寡欲""育欲""与百姓同欲"，启迪了人们长期被禁锢的思想，形成了其更具启蒙意义的理欲观。[③]

李贽是泰州学派重要代表。近年对李贽的研究也出现了不小的热度，既有名家对其进行重新评价，也有学界新人选定李贽思想为研究方向，还有学者对李贽编辑的文献进行研究，选题范围较为宽广。

[①] 石霞、翟奎凤：《易学与仁学的融通——以泰州学派罗近溪为例》，《金陵科技学院学报》（社会科学版）2020年第1期。
[②] 李慧琪：《唐君毅对罗近溪思想的诠释》，《宜宾学院学报》2019年第8期。
[③] 陈诗师：《何心隐理欲观论析》，《哈尔滨学院学报》2019年第10期。

吴震教授对泰州学派重要代表李贽的思想进行了重新定位，他在文章《"名教罪人"抑或"启蒙英雄"？——李贽思想的重新定位》中说，李贽至今仍是颇有争议性的人物。时人称他"背叛孔孟""名教罪人"，近人则以为他是"启蒙英雄"，是前近代中国启蒙思想运动的一面旗帜。其实，这两种看法都过高估计了李贽思想的历史地位。历史真相也许是李贽只是晚明时代的悲剧性人物，其性格乖张、言论刻薄、愤世嫉俗，故难以容人；其思想承续了阳明学的批判性精神，与泰州学派推动的儒学世俗化运动的时代气息比较契合；然其学说思想缺乏理论系统性，不宜过分夸大其思想对社会的影响。若认定李贽是反传统的思想英雄，显然是源自现代性的观念预设或"启蒙情结"，而非真实的历史判断。若为李贽思想做历史定位，则可说其近承王畿、远绍阳明、学主童心、融通三教。①

近三年来，以李贽为研究主题作硕士学位论文的也不乏其人。肖宁的硕士学位论文《李贽庄学思想研究》认为李贽的庄学思想立根心学，依傍泰州学派，面向大众日用，不空谈心性，要求冲破社会文化的网罗，富有开放、自由、自我的精神。从其思想体系来看虽深受心学、释、道等多家思想的影响，但从其个性张扬，反对礼乐制度，批判"伪道学"等方面不难看出其中与庄学的关联。李贽作《老子解》和《庄子解》，也并不拘泥于传统的解注方式，更注重借助解老解庄的形式抒发己意，创构新说。②

田翔辉的硕士学位论文《李贽"真心"思想及其伦理价值研究》观点如下：李贽认为"真心"本身就包含着"人心"的内涵。他的"童心说"就是要将"真心"从"天理"的神圣性中拉回到当下现存的物质世界中来，用"童心"扩充了原来的"真心"内涵。"童心"就是"真心"。李贽的"真心"思想要求人要认可并按照"童心"行动，那么就要承认并接纳"自我"，反对"天理"对人的束缚。李贽的"自我"蕴含着人的"主体性"价值。"真心"通过对人的"自我"、人的主体性价值的认可，所引出的"个体性"伦理价值就是只有把人当作目的，而不是外在的价值观为目的，才能在纯粹的自然中寻找人本然的幸福。③

张山梁以《李贽和他的〈阳明先生道学钞〉》为题进行了研究。认为，李贽晚

---

① 吴震：《"名教罪人"抑或"启蒙英雄"？——李贽思想的重新定位》，《现代哲学》2020年第3期。
② 肖宁：《李贽庄学思想研究》，硕士学位论文，河北师范大学，2020年。
③ 田翔辉：《李贽"真心"思想及其伦理价值研究》，硕士学位论文，上海师范大学，2019年。

年于山东济宁辑编的《阳明先生道学钞》是众多阳明后学古籍中一部重要文献。该文阐述了该书文章取舍、编排体例所具有的独到之处,对今人研究李贽思想、阳明后学文献等具有积极的意义。[①]

阳明心学的万物一体观有着丰富的生态伦理意涵,这一点在其后学的思想中有着进一步的展开,并逐渐与佛教、道教的思想更加紧密地结合起来。刘增光以《万物一体义的生态内涵——以泰州学派杨起元为视角》为题对泰州学派的杨起元进行了研究。认为,杨起元在论述"群生之性一也"时,将万物皆视作有性、有知之物,从而将人之所以异于物的"几希"更加淡化了。动植物皆有"知",那么就理应尊重"他们"而非"它们"的生存权和发展权。正是这样的思路,使得重视生命、爱护一草一木的生态伦理的观念呼之欲出。而人作为"天地之生德",理应发挥其"育物"之特性和参赞天地之能力,为营造和谐共生的世界而努力。[②]

对泰州学派人物的研究不仅表现在以上的针对某个人的研究,也有对学派代表的集体性研究。晚明文人、学者中出现了一批"狂士",而以王阳明及其后学最为突出。王阳明提出的"狂者胸次",对阳明后学的影响至为深远。朱义禄教授对阳明后学之"狂"进行了集体性研究。他在文章《论王阳明及其后学的"狂者胸次"》中认为,王阳明及其后学对"狂"灌注了积极的含义,但内涵却各具特色。在王阳明与王畿那里,"狂"为光明磊落、富于进取与独立人格;王艮、颜钧的"狂",为出位之思及由此而来的行动;何心隐之"狂",体现在对理想社会的践履上,不惜以身殉道;李贽自居"疏狂",向世人挑明了对"直行己志"的独立人格的追求。除王畿外,其他四人在不同程度上发展与丰富了王阳明的"狂者胸次"的思想。他们不变更自我的志向以攀附权贵,高尚人格得到后世的好评,他们是晚明时代学者中追求理想与个性解放的真实反映,是研究王阳明及其后学的重要方面。[③]

三 泰州学派与平民儒学研究

泰州学派最大的特点就是开启了儒学的平民化、大众化,使儒学走进平民生

---

① 张山梁:《李贽和他的〈阳明先生道学钞〉》,《福建史志》2019年第8期。
② 刘增光:《万物一体义的生态内涵——以泰州学派杨起元为视角》,《惠州学院学报》2019年第2期。
③ 朱义禄:《论王阳明及其后学的"狂者胸次"》,《贵阳学院学报》(社会科学版)2019年第2期。

活，进而对平民儒学产生了重要影响。泰州学派平民儒学的理论与实践对当今儒学的研究与传承具有较强的借鉴价值，为此，平民儒学成为研究热点也是必然。多位学者选择了这个视角对泰州学派进行了研究。

最具代表性的文章是陈来先生的《泰州学派开创民间儒学及其当代启示》。陈来先生认为，泰州学派的许多代表人物是未出仕任职而只在地方活动的阳明学运动的参与者，他们或只有较低的功名，或是平民，皆属纯粹地方精英，从而他们的文字形式与内容所合成的话语，非常贴近民间，明显是非中心、非主流、非上层、非精英、非正统理学的话语，与士大夫王学的话语面貌有相当大的距离，形成了当时的民间儒学形态。由此可知，泰州学派的实际作用和意义，在于自觉地把社会主流价值和思想民间化、生活化、大众化、普及化、通俗化，在教化和传播主流价值方面取得了明显的成功。当前，我们面临着推进马克思主义中国化、时代化、大众化的任务，我们可以泰州学派为借鉴，吸取其有益经验，用接近人民的语言，用群众喜闻乐见的方式，把社会主义核心价值普及到亿万人民群众中去，鼓励民间儒学的发展，把社会主义核心价值、中华文化价值与人们对美好生活的向往追求结合起来，不断把我们的工作开拓出新的局面。[1]

钱成《论泰州学派"平民儒学观"对通俗文艺思潮之影响》一文选定了"通俗文艺思潮"作为研究领域，认为泰州学派"百姓日用即道"思想，推动了晚明儒学平民化时代通俗文艺思潮的形成与流行。明清以来泰州戏曲"倍盛于前"，成为"江南文脉"视域下地域文化的突出代表，也成为"江南文化"渡江北上的现实体现。泰州戏曲文化的勃兴，一定程度上根源于泰州学派"百姓日用"平民儒学思想和"言情"文化思潮。泰州学派的文艺思想深刻影响了晚明以降诸多艺文活动，是社会转型时期启蒙思想积极、主动推动文化发展的生动实践，在社会教化和文艺发展进程中有着独特的地位和影响。[2]

颜炳罡教授通过对"乡村儒学"由来的梳理赋予了泰州学派重要地位和意义，他在《"乡村儒学"的由来与乡村文明重建》中认为，真正的儒学民间化运动始于明代。泰州学派的崛起，标志着民间儒学、乡村儒学、乡村教化走向理论自觉和实

---

[1] 陈来：《泰州学派开创民间儒学及其当代启示》，《江海学刊》2020年第1期。
[2] 钱成：《论泰州学派"平民儒学观"对通俗文艺思潮之影响》，《常州大学学报》（社会科学版）2021年第2期。

践自觉，完成体系化建构。泰州学派因此成为乡村儒学的真正源头。20世纪以梁漱溟为代表的乡建运动，作为解决中国强盛问题的一种方案，是泰州学派的新发展。①

王格以《王学中的三种庶民教化形式》为题进行了探讨。他认为，以王阳明的《南赣乡约》为代表的庶民教化是通过乡村社区组织化的形式向底层民众布教，贯彻的是自上而下的言教方式；以泰州王学为代表的庶民讲学，则是基于"圣愚无间"的平等观，通过扩大原本仅限于士人精英的讲学活动，让庶民自觉其道德；以黄宗羲的《明夷待访录》为代表的则是以国家的行政手段，通过"学校"制度对庶民教化内容进行严格的管控。②

唐东辉撰文《"孝弟慈"——论泰州学派平民讲学的"实落处"》，认为泰州学派的平民讲学活动以罗近溪的"孝悌慈"思想为"实落处"。王艮的身本孝道观为其"孝悌慈"思想奠定了理论基础，颜钧对"圣谕六条"的阐释为其"孝悌慈"思想奠定了实践基础。罗近溪在此基础上发展出泰州学派独树一帜的"孝悌慈"思想：在理论上，以本末观贯穿"孝悌慈"，既以"孝悌慈"修己立本，又以"孝悌慈"率人达末；在实践上，则以乡约为载体，着力阐发"圣谕六条"。罗近溪的"孝悌慈"思想，最大的实践意义在于，为泰州学派的平民讲学找到了落脚点；理论意义在于，一方面为儒家的内圣外王之道提供了一种新的诠释方式，另一方面也为"四民异业而同道"找到了更加坚实的理论依据。③

四 泰州学派的影响研究

（一）泰州学派思想对社会、政治与学术的影响研究

泰州学派影响深远。其思想架构、实践方式等从不同的角度对社会多个领域产生了影响。一个学派的价值所在恰恰从它产生的各种影响中凸显出来。所以，研究泰州学派不能不研究它产生的各种各样的影响。

---

① 颜炳罡：《"乡村儒学"的由来与乡村文明重建》，《深圳大学学报》（人文社会科学版）2020年第1期。
② 王格：《王学中的三种庶民教化形式》，《中国研究》2019年第2期。
③ 唐东辉：《"孝弟慈"——论泰州学派平民讲学的"实落处"》，《贵阳学院学报》（社会科学版）2019年第2期。

焦若水的文章《历史叙事中的国家与社会关系再审思——以泰州学派为考察》，以明代泰州学派为考察对象，探究中国公共性生成的历史线索。明代中后期市场经济的兴起颠覆了士农工商的固有社会等级秩序，经济社会结构变迁造就了一批民间知识分子，泰州学派的良知之学、"淮南格物说"和泰州门人的宗族建设实践，以公共性达成了国家与社会的权力互动，催生出兼具时空结构和底层意识的社会雏形，超越了国家—社会范畴的二元对立关系，为解释中国社会公共性生产提供了一种新的分析范式。①

《论泰州学派对日本明治维新思想的影响——以梁启超〈节本明儒学案〉为中心的考察》的作者朱义禄先生认为，《节本明儒学案》是梁启超在流亡日本时所刊行的书籍。梁启超编撰此书的目的，是修身养心。但此书关于泰州学派的批语，表明梁启超关于泰州学派对日本明治维新思想的影响有着较为深刻的分析。梁启超认为，有着维新思想的日本志士仁人，"行事与泰州学派相近"，"可为今日我辈之模范多也"。②

韩荣钧从学派关系的视角进行了探讨，其文《太谷学派与阳明心学、泰州学派的关系》认为，太谷学派是晚清民间化儒家学派，以儒学为宗，出入于阳明、宋学，旁通佛老，与阳明心学及泰州学派有密切关系。太谷学派虽宗宋学，不妨其兼宗王学。在传播形式、思想倾向方面，太谷学派与泰州学派有诸多的共同点。由于地域的一致性、思想的相似性，泰州学派深刻影响着太谷学派的学术面貌。③

（二）泰州学派对后世名人思想的影响研究

泰州学派重要的学术与实践价值必然对后世学脉及思想产生影响，有学者在这方面进行了探讨。

张宏敏撰文《黄绾与泰州学派之关联》认为，《明儒学案》之《泰州学案》

---

① 焦若水、马治龙：《历史叙事中的国家与社会关系再审思——以泰州学派为考察》，《暨南学报》（哲学社会科学版）2021年第3期。
② 朱义禄：《论泰州学派对日本明治维新思想的影响——以梁启超〈节本明儒学案〉为中心的考察》，《贵州文史丛刊》2021年第1期。
③ 韩荣钧：《太谷学派与阳明心学、泰州学派的关系》，《贵阳学院学报》（社会科学版）2020年第3期。

所论选阳明门人即泰州王门学者，因该学派创始人王艮系南直隶泰州人，故名之曰"泰州学派"。其成员主要指江苏泰州一带的阳明学者，但还包括与泰州王学所倡学术宗旨相近、有学脉传承的一批江西、四川、广东、浙江籍的阳明学人。黄绾为浙中王门学者，与泰州王门学者有所交游。黄绾与王艮为"教养"阳明先生遗孤而尽心尽力，黄绾与徐樾、林春、杨名"定日会聚于庆寿山房"。①

通过林志鹏的文章《阳明后学袁黄师承、交游及著述考略》可知，袁黄（号了凡）师承上是阳明高第王龙溪的及门弟子，亦推崇泰州学派罗近溪之学，属于阳明后学的一员。交游方面，他与晚明阳明学派学者、社会贤达及佛道二教中人过从甚密。②

温祥国在《方以智与泰州学派：以〈药地炮"庄"〉为中心》中认为，《药地炮"庄"》是方以智表达"融汇三教归于《易》"思想的经典作品，是他对所处时代学术环境的反应。《药地炮"庄"》中多次出现泰州学派人物的思想观点，方以智对此既有赞成也有批评。这既是对学术环境的反映，也是由于方氏家族与泰州学派有渊源，同时也体现了方以智"融汇三教"、不立门派的思想主张。③

梁漱溟先生也深受泰州学派思想的影响。

乐爱国教授在《梁漱溟对阳明学的阐发与吸取》一文中认为，作为新文化运动以来，倡导陆王之学最有力量的人，梁漱溟推崇阳明后学泰州学派王艮所言"'良知'者，不虑而知、不学而能"，据此以"直觉"释"仁"；又吸取王艮对王阳明所言"乐是心之本体"的发挥，将孔子之"乐"与"仁"统一起来；并通过分析王阳明的知行观，而将其"知行合一"解读为"知行本来合一"。梁漱溟对阳明学的阐发与吸取，其意并不只是在阳明学或泰州学派本身，更是要由此对儒学做出新的诠释，以批评当时对于儒学的种种误解。④

江文思的硕士学位论文《梁漱溟儒佛人生论》中也说明了泰州学派对梁漱溟产生的深刻影响。梁漱溟在泰州学派的影响下，完成了思想上持佛入儒的转变，从儒家的立场上对柏格森哲学的"直觉""理智"等进行了重新定义，形成了从儒家

---

① 张宏敏：《黄绾与泰州学派之关联》，《朱子学研究》2019 年第 2 期。
② 林志鹏：《阳明后学袁黄师承、交游及著述考略》，《贵阳学院学报》（社会科学版）2019 年第 2 期。
③ 温祥国：《方以智与泰州学派：以〈药地炮"庄"〉为中心》，《学海》2020 年第 5 期。
④ 乐爱国：《梁漱溟对阳明学的阐发与吸取》，《湖北大学学报》（哲学社会科学版）2020 年第 2 期。

角度理解的人生哲学思想。①

五　泰州学派渊源与考辨研究

（一）泰州学派渊源研究

任何一门思想学派都有其特有的思想渊源与传承脉络，泰州学派也不例外。

蒋宁的文章《海陵十仙、胡瑗和泰州学派——地方视角下中国文化中的"大小传统"互动》认为，唐宋以来，随着门阀士族的解体和整个社会的平民化趋向，在以"大小传统"为代表的不同层次文化频繁互动下，以儒、道、释为主体的传统文化，由先前的经院化、贵族化逐步走向世俗化和大众化。这一过程中，神圣的宗教权威和经典教条对人们思想的禁锢逐渐被打破，个人主体意识不断成长。但同时，中国文化史上的这种世俗化变迁又是渐进的，常态化的，很容易被人忽视。海陵十仙、胡瑗以及泰州学派是传统文化世俗化在泰州地方文化中的反映。从地方文化史着眼，可以在相对微观的层面，为更加清晰地观察传统文化世俗化变迁的产生和发展过程提供一个新视角。②

刘芷玮从书院的视角进行了研究，《安定书院与泰州学派：尊崇胡瑗的泰州儒学传统及其与心学的离合》一文，发现纪念胡瑗的安定书院与王艮的异时空交会，分别对于明末泰州学派的诞生与宋代以来泰州儒学典范中的胡瑗，提供了新的解析与观点。安定书院是为纪念胡瑗而建，王艮曾在泰州安定书院讲学，泰州学派创始之初，有赖书院讲学的活动聚集群众，安定书院对王艮此生的帮助很大，尽管王艮本人及其后学并没有积极地表述其学承自胡瑗，其人平生唯一一篇书院记即是《安定书院记》。安定对于心斋，泰州对于泰州学派的诞生，是有地域文化因素的。③

---

① 江文思：《梁漱溟儒佛人生论》，硕士学位论文，西南大学，2019年。
② 蒋宁：《海陵十仙、胡瑗和泰州学派——地方视角下中国文化中的"大小传统"互动》，徐向明主编《泰州学术》（2019），南京出版社2020年版，第94—104页。
③ 刘芷玮：《安定书院与泰州学派：尊崇胡瑗的泰州儒学传统及其与心学的离合》，《中国文化》2019年第2期。

（二）泰州学派人物考辨研究

对泰州学派人物进行考辨，是唐东辉博士近年关注的方向之一。《赵大洲非泰州学派考辨》是该研究之一，他认为，自黄宗羲在《明儒学案》中将赵大洲归入《泰州学案》后，学界一直沿袭黄说，将赵大洲视为泰州传人。但经过考辨发现：在师承上，徐樾与赵大洲非师徒关系，而是"同志友"关系；在思想上，赵大洲以性命为宗，融合三教，成一家之言，对王艮—徐樾一系的现成良知说、尊身立本说甚为陌生。故赵大洲非泰州学派明矣。①

他的另一篇文章《耿天台非泰州学派考辨》认为，自黄宗羲在《明儒学案》中将耿天台归入《泰州学案》后，学界一直沿袭黄说，将其视为泰州学派中人，但经过考辨发现：从师承来看，耿天台与泰州学派之王艮、王襞并无师承关系；从同门意识来看，耿天台对颜钧与何心隐二人并未表现出特别的同门意识；从思想来看，耿天台的学术宗旨即"真机不容已"并非承自泰州一派。由此可以判定，耿天台并非泰州学派中人，而应该被界定为汲汲卫道的广义的王门弟子。②

六　泰州学派学术史评价研究

近三年的相关研究文献中，只有一篇对泰州学派学术史进行研究与评价的文章，即孙钦香的《早期启蒙思想抑或传统修身学说？——泰州学派研究述评及现代儒学研究路径探析》。文章从三方面进行了述评。第一，关于早期启蒙思想与近代性格的研究，作者认为，从"早期启蒙思潮"或"近代性格"角度来阐述泰州学派，不绝如缕，泰州学派特别是何心隐、李贽等思想中突破传统儒学框架的一面得到充分的解读。在现代中国的思想构建过程中，通过挖掘和阐释泰州学派中个性解放、唯情主义等思想，传统儒学也正在积极参与到当代中国思想的建构过程中。第二，关于工夫自然与传统修身论的研究，作者认为，泰州学派"现成良知"说并未消解工夫论，尽管泰州学派工夫论有别于其他阳明后学；在有关泰州学派的工

---

① 唐东辉：《赵大洲非泰州学派考辨》，《贵阳学院学报》（社会科学版）2020年第6期。
② 唐东辉：《耿天台非泰州学派考辨》，《济宁学院学报》2020年第4期。

夫论阐释中，饱受争议的是王艮"安身论"。有关泰州学派的工夫论研究逐渐呈现学术化和专题化的特点，王艮"安身论"、罗汝芳"静坐制欲"等工夫论话题获得深入的阐述。从工夫论视角对泰州学派进行阐释，有力地凸显传统儒学的实践哲学特质。第三，当下泰州学派乃至儒学研究呈现不同维度的检释面貌，说明儒学研究路径（范式）仍处于生成过程中。这要求进一步使儒学世界化，在中西文化的激荡中寻得出路，积极在现当代的哲学文化思想对话和交融中做出积极而有建设性的贡献，融合创造出更高层次的文明形态。[1]

综上，近三年来泰州学派研究呈现良好态势，对其思想主旨及其价值的再探讨成为学界主流，这与泰州学派思想的独特性有着直接的关系。泰州学派的"保身"观念、对个体自愿原则的秉持、对平民儒学的坚守，都体现了泰州学派的重要意义与价值。研究泰州学派必然能得到儒学在当下发展与传承的最好借鉴，我们不妨再次借用陈来先生的观点，以此成为今后泰州学派进一步研究的指导性原则："泰州学派的实际作用和意义，在于自觉地把社会主流价值和思想民间化、生活化、大众化、普及化、通俗化，在教化和传播主流价值方面取得了明显的成功。当前，我们面临着推进马克思主义中国化、时代化、大众化的任务，我们可以以泰州学派为借鉴，吸取其有益经验，用接近人民的语言，用群众喜闻乐见的方式，把社会主义核心价值普及到亿万人民群众中去，鼓励民间儒学的发展，把社会主义核心价值、中华文化价值与人们对美好生活的向往追求结合起来，不断把我们的工作开拓出新的局面。"[2]

---

[1] 孙钦香：《早期启蒙思想抑或传统修身学说？——泰州学派研究述评及现代儒学研究路径探析》，《朱子学研究》2020年第1期。

[2] 陈来：《泰州学派开创民间儒学及其当代启示》，《江海学刊》2020年第1期。

泰州学派研究的省思与定位

常　新

摘　要：泰州学派是阳明之后一个主要学术流派，在阳明生前逝后有着非常重要的影响。由于泰州学派成员地域分布广泛，学术思想杂驳，同"名教"所认同的"中行"相悖，自晚明以来就受到理学内部的批判。在近现代学术研究中，对泰州学派的学派归属问题存在分歧；另外由于特定的政治与文化背景，研究者将泰州学派视为近代中国思想启蒙的"先驱"，是同传统社会相决裂的"革命者"。这些问题在当代学术研究中存在重新省思的必要，通过学术省思，批判特定话语体系，回归学术研究的理性精神，还原泰州学派的儒者本色。

关键词：泰州学派　学术研究　省思　定位

在阳明后学中泰州学派无疑是一个具有争议性的学派，在黄宗羲的《明儒学案》中就言"阳明先生之学，有泰州、龙溪而风行天下，亦因泰州、龙溪而渐失其传"[1]，明末清初的刘宗周对阳明学进行反思时言"今天下争言良知矣。及其弊也，猖狂者参之以情识，而一是皆良，超洁者荡之以玄虚，而夷良于贼"[2]。这两条关于泰州学派的主要文献为后世学者对泰州学者进行学术定位产生了深远影响，引发学界对泰州学派的归属问题和学术思想进行激烈讨论，时至今日，关于泰州学

---

* 本文原载《船山学刊》2022年第3期。
** 常新，西安交通大学人文社会科学学院哲学系教授，博士生导师。
[1] 黄宗羲：《泰州学案一》，《明儒学案》卷32，沈芝盈点校，中华书局1985年版，第703页。
[2] 黄宗羲：《蕺山学案》，《明儒学案》卷62，第1572页。

派诸多问题的讨论仍未衰息,显示出这一学派学术思想多元性的特征,本文就当代泰州学派研究中的学派定位、思想启蒙、反理学先驱等问题进行省察,力图将泰州学派思想置于特定历史时期,还原其本来面目。

一 泰州学派的学派归属

近现代以来关于阳明后学学派出现了诸多的名称,大致有唯心论、唯物论、保守派、开明派、左派、右派、现成派、归寂派等。如岛田虔次先生视泰州学派为左派,与之相对的被称为右派,右派是士大夫阶层,是名教的捍卫者,随着左派的活跃,右派逐渐靠近朱子学。[1] 蔡仁厚先生对这种学派的分类表示不满,认为这种分类带有随意性,属于贴标签、加颜色、混淆视听。[2]

泰州学派是否为阳明学说的传承者目前在学界仍然存在争议,争议大致分为三类:其一,肯定泰州学派为阳明思想者的地位;其二,否定泰州学派阳明学说继承者地位;其三,泰州学派思想驳杂,王艮继承了阳明学说,而王艮后学则背离阳明学说而呈现"异端化"趋势。这三种观点都通过文献梳理与比较研究皆找出立论依据,成一家之言。

肯定泰州学派为阳明学说的继承是学界的主流,尽管自晚明以来对泰州学派的批评之声不绝于耳,但好多学者并未否定泰州学派作为阳明后学的身份及地位。钱穆先生言:"守仁的良知学,本来可以说是一种社会大众的哲学。但落到社会大众手里,自然和在士大夫阶层中不同。单从这一点来讲,我们应该认泰州一派为王学的唯一真传。"[3] 我们顺着这条思路,泰州学派主张"百姓日用是道"[4] 显示出他们对当下世俗世界的关注。泰州学派的创立者王艮门下多有樵夫、陶匠、农夫、商贾等,以陶瓦为业的韩贞是王襞的弟子,其"以化俗为任,随机指点农工商贾,从之游者千余"[5],在世俗社会教化具有十分强大的力量。相较于王龙溪所传的王学,

---

[1] [日]岛田虔次:《朱子学与阳明学》,蒋国保译,陕西师范大学出版社1986年版,第96—97页。
[2] 蔡仁厚:《王学流衍》,人民出版社2006年版,"绪论"第5页。
[3] 钱穆:《宋明理学概述》,九州出版社2012年版,第295页。
[4] 黄宗羲:《泰州学案一》,《明儒学案》卷23,第710页。
[5] 黄宗羲:《泰州学案一》,《明儒学案》卷32,第720页。

泰州学派似乎并不构成形上与形下断裂的危机,① 同阳明所主张在日用常行间呈现良知的观念相一致,是阳明学派的后继者。

在晚明时期,理学内部就认识到王畿和王艮作为阳明弟子在学说方面的差异,且认为王艮与阳明尽管存在师承的关系,但在学承方面存在较大差异,王畿的发展没有能够脱离王学的轨道,所以他被当作了浙中王门的代表,王艮则脱离了王学的轨道,形成了自立的泰州学派。② 王艮的学术思想虽然受到了王学的深刻影响,但是却与王学有着明显的不同。它最突出的特征便是主张学行实,他主张"百姓日用即道"。这与王守仁用统治者的道德规范去启发人的良知,约束人的行为有根本的不同。③ 既然王畿被视为阳明学说的代表,而王艮是阳明学说的"异端",其表象是由于王艮比王畿怪诞多了,他讲学立意并不遵守阳明的规范;他的一些新说,如对于格物的讲法,也只是一说而已,并无义理上的轨道,④ 其由是"艮本狂士,往往驾师说上之,持论益高远,出入于二氏"⑤。泰州学派代表人物王艮思想深受阳明影响,但其主体思想与王学很不相同,乃至违异,正因为如此,泰州学派才能成为一个有别于王学的独立学派。⑥

泰州学派是明代儒学中的重要一派,但它是否属于阳明后学在学界存在争议,但它不属阳明后学。除其创始人王艮尝师事阳明,其余皆自有授受,非王门中人。其所关注之问题,亦多不与阳明弟子同。泰州后学中,布衣之士多,特立独行者多,行侠仗义者多,故其学较少在良知含义上争论,较少对《诗》《书》等经典解释发挥。对儒家学说之诠释,不尚玄远,多与自己日常修为有关。⑦ 泰州学派门弟子众多,仅民国初年东台袁承业所辑之《心斋先生弟子师承表》,即列心斋弟子四百八十余人。"上自师保公卿,中及疆吏、司道、牧令,下逮士庶、樵陶、农吏,几无辈无之。考诸贤所出之地,几无省无之。先贤黄梨洲谓阳明之学得心斋而风行天下,于斯可证。"⑧

---

① 郑宗义:《明清儒学转型探析:从刘蕺山到戴东原》,香港:香港中文大学出版社2000年版,第15页。
② 商传:《明代文化史》,东方出版社2007年版,第305页。
③ 商传:《明代文化史》,第304页。
④ 牟宗三:《从陆象山到刘蕺山》,台北:联经出版事业股份有限公司2020年版,第232页。
⑤ 张廷玉等:《王艮传》,《明史》卷283,中华书局1974年版,第7275页。
⑥ 侯外庐、邱汉生、张岂之编:《宋明理学史》,西北大学出版社2018年版,第1108页。
⑦ 张学智:《中国儒学史》(明代卷),北京大学出版社2011年版,第307页。
⑧ 王艮:《王艮全集》,陈寒鸣编校,上海古籍出版社2022年版,第239—240页。

上述分类形成的冲突显示出泰州学派本身的复杂性，这一情况在黄宗羲撰写《明儒学案》时就已经考虑到，《明儒学案》中学派归属划分标准不一，或以地域，或以人物。在人物归属问题方面基于师承与学术思想的传承。泰州学派的特征，就像已经在心斋那里所见到的那样，在于实践理论和信念的直率性。当这种直率性与"为生民立命"的淑世精神和以儒先的道理格式为道的绊脚石的英雄气概相结合时，在布衣颜山农那里，不拘泥于儒家矩矱和士大夫名教自由奔放活动思想就能开展起来，这就卷入了"游侠"之风。① 牟宗三不否定王艮的"乐学"境界及王襞"鸟啼花落，山峙川流、饥食渴饮，夏葛冬裘"式的内在超越，但对黄宗羲对王襞提出"先生之学未免在光景中作活计"的批判持支持态度，认为泰州学派只有罗近溪达到了这一境界，② 这种似平常而实是最高境界便成为泰州学派的特殊风格，亦即成了它的传统宗旨。③ 另外泰州学派中的王襞、周海门从学于王畿，在黄宗羲为刘宗周所撰写的行状中说"浙河东之学，新建一传而为王龙溪畿，再传而为周海门（汝登）、陶文简"④，"泰州学派"一词可以局限于学术史范围，而并不宜将"泰州学派"夸大为独立于阳明心学之外的思想学派。⑤

二　近代开端抑或传统社会

日本学者沟口雄三在《作为方法的中国》中将 16 世纪以来的明末清初视为中国近代的开端，⑥ 在后人诸多的文献中对明代正德前后学术与思想的变化多有描述："盖弘（宏）、正以前之学者，惟以笃实为宗，至正、嘉之间，乃始师心求异"⑦，"道术尚一，而天下无异习，学士大夫视周程朱子之说如四体然，惟恐伤之"⑧。正德朝"自北地始也，理学之变而师心也，自东越始也。北地犹寡和，而

---

① ［日］岛田虔次：《中国近代思维的挫折》，甘万萍译，江苏人民出版社 2010 年版，第 82—83 页。
② 牟宗三：《从陆象山到刘蕺山》，第 237 页。
③ 牟宗三：《从陆象山到刘蕺山》，第 233 页。
④ 刘宗周：《子刘子行状》，《刘宗周全集》第六册，浙江古籍出版社 2007 年版，第 6 册，第 42 页。
⑤ 吴震：《泰州学派研究》，中国人民大学出版社 2009 年版，第 426 页。
⑥ ［日］沟口雄三：《作为方法的中国》，孙军悦译，生活·读书·新知三联书店 2011 年版，第 112 页。
⑦ 永瑢等：王廷相《雅述》提要，《四库全书总目》上册，中华书局 1965 年版，第 1069 页。
⑧ 黄佐：《眉轩存稿序》，载黄宗羲编《明文海》卷 239，第三册，中华书局 1987 年版，第 2461 页。

东越挟勋名地望以重其一家之言，濂洛、考亭几为位摇撼"①。

"嘉靖中，姚江之书虽盛行于世。而士子举业尚谨守程、朱，无敢以禅窜圣者。自兴化（李春芳）华亭（徐阶）两执政尊王氏学，于是隆庆戊辰《论语程义》首开宗门，此后浸淫，无所底止。科试文字大半剽窃王氏门人之言。阴诋程、朱。"② 商品经济的发展，出现"弃儒从贾"的现象，另外专制皇权恶化所造成的政治僵局堵塞了儒家欲凭借朝廷以改革政治的旧途径。这种社会转型潜伏着文化转型和精神裂变的过渡。大体而言，这是儒学内在动力和社会、政治的变动交互影响的结果。

岛田虔次先生受到嵇文甫先生影响，开始关注"阳明左派的存在"③，认为其吸收了新兴社会的热量，作为被极大地扩张了其事业的近代中国的精神的一个高潮，可以被视为近代中国精神极限来理解。④ 杨国荣将泰州学派视为中国社会由传统向近代过渡的中介，它既从一个方面为中国传统思想与近代思想的沟通提供了历史前提，也为中国近代接受启蒙思想提供了传统的根据。⑤ 在晚明以来"近代性"问题研究中"平民"与"市民"问题颇具有争议性。

岛田虔次将万历三十年三月礼部尚书冯琦给万历皇帝的一个奏折及万历皇帝的批复作为士大夫与庶民对立的一个标志性事件。在奏折中冯琦批评了"以名教为桎梏，以纲纪为赘疣"的士风，尤其批评李贽的"惑世诬民"之罪，万历皇帝认同冯琦的奏折，认为奏折"深于世教有裨"。⑥ 学者借用西方近代市民与贵族的对立现象，将"庶民"（平民）视为西方的市民，其对官吏与官府的反抗具有资产阶级的性质。泰州学派观点与宋明理学颇多异义，在一定程度上反映了市民阶层的要求。⑦ 随着商品经济的萌芽和发展，明清之际的思想、文化领域涌现了代表市民阶层的启蒙思潮。这一思潮带有民主主义和个人主义色彩，在怀疑君主专制制度和宗法伦理道德的同时，呼吁男女平等，鼓吹个性自由，肯定个人的"私欲"和物质

---

① 董其昌：《合刻罗文庄公集序》，《容台文集》卷1，明崇祯董庭刻本。
② 顾炎武著，黄汝成集释：《举业》，《日知录集释》十八，栾保群、吕宗力点校，上海古籍出版社2006年版，第1055页。
③ ［日］岛田虔次：《中国近世思维的挫折》，第9页。
④ ［日］岛田虔次：《中国近世思维的挫折》，第165页。
⑤ 杨国荣：《中国思想中的泰州学派》，《江海学刊》2020年第1期。
⑥ 顾炎武著，黄汝成集释：《科场禁约》，《日知录集释》卷18，第1060页。
⑦ 朱贻庭：《中国传统伦理思想史》，华东师范大学出版社2003年版，第437页。

追求的道德意义。①

明代中晚期江南地区商品经济有较大的发展，人们的思想观念与社会风俗同传统相较也出现变化，但这未从根本上改变中国的传统根基，西方文艺复兴前后出现的商业城市及市民阶层并未在中国出现，中国的商人及"庶民"同中国传统社会没有本质的区别。造成这一结果的原因是中国自给自足的农耕文明有着强大的根基，江南地区商品经济发展还不足以撼动传统经济基础。另外，西方近代以来市民阶层形成所需要的经济独立与所引发的追求政治自决在中国缺乏土壤与根基。就城市发展而言，中国城市同西方城市一样是商业和手工业中心，乡村也有村祠保护下的市场权，不存在受国家特权保护的市场垄断权。中国城市同西方城市截然不同之处是没有城市的政治特点②和相应的法律基础、政治军事权力③。

关于资本主义何以在西方出现问题，马克斯·韦伯在《新教伦理与资本主义精神》一书中有经典论述，其观点也被学界广泛接受。马克斯·韦伯用"入世苦行"概括新教伦理，尤其以卡尔文教为例，说明通过勤奋工作与积累财富，获取来世救赎，并认为这是资本主义精神的主要来源。中国儒教尽管有"理性"与"入世"，但不同于新教的"入世苦行"，因此不能出现资本主义的精神。

旧中国的社会，是士大夫的社会，庶民从原理上来说不过是欠缺状态的士大夫，是不完全的士大夫，或者说是士大夫的周边现象而已。心学即使被说成是开放的、革新的场合，也不能马上以此来作为庶民意识的自觉表现、庶民原理的自觉表白。④ 庶民性的东西或者不如更正确地说是非士大夫性的东西浸润到了社会的各个方面，这确实是历史的必然。但是，它最终还是没有作为独立的势力集结起来。即中国近世的庶民，没能像西欧新教徒那样，自觉到"无文朴茂"才是人真正应该具有的存在方式，没能站到彻底憎恶诗酒官场，彻底否定教养的生活原理上来。商业的繁荣，都市中市民风气的横溢，绝不意味着都市是"市民的都市"。作为市民

---

① 魏义霞：《理学与启蒙：宋元明清道德哲学》，商务印书馆2009年版，第235页。
② [德] 马克斯·韦伯：《中国的宗教：儒教与道教》，王容芬译，商务印书馆1999年版，第58页。
③ [德] 马克斯·韦伯：《中国的宗教：儒教与道教》，第64页。
④ [日] 岛田虔次：《中国近世思维的挫折》，第168页。

权的使命自治团体的都市最终在中国的近世没有出现。① 作为个人性的社会，即作为有威胁性的新兴阶级的确立，实际上还是不够的。②

泰州学派中的平民儒者一系，从它的开创者王艮开始，由于出身低微，为生计所苦，大都没有接受过正规而系统的儒学教育。正是出于这样的原因，反而使他们对于学习充满着非同一般的热情。除此之外，即便是曾为"诸生"的平民儒者们，也大多对那种体制内的教育充满着厌恶和反抗。他们的"政治社会化"过程，与正统儒家文化"学而优则仕"的修、齐、治、平的规范体制设计有所不同，带有更多的自我教化的色彩。因而一般而言，元、明时人大致在15岁之前"小学书、四书诸经正文，可以尽毕"③。但对于泰州学派哺育出大量平民儒者，形成了中国儒学发展上独具特色的平民儒学一脉，具有民间自我教化的特征。

洪武二十八年朱元璋罢中书省，废除了秦汉以来的宰相制度，宋代的"得君行道"君臣共治模式走进了历史，士人只能通过"移风易俗"开辟参与政治的新途径。王阳明的"致良知"和王艮的"明哲保身"就是这一转变的表现。王艮提出"出则必为帝者师，处则必为天下万世师"④ 及"舜于瞽瞍，命也"，而"而明道以淑斯人，不谓命也，若天民则听命矣，故曰，大人造命"⑤，反映了下层民众独立人格的尊严及进取精神，冲击了儒家天赋予命，天命不可改变的传统。他们的这种精神仍然局限于儒家士人的政治诉求，并未形成西方近代市民的自决要求，黄宗羲认为王艮"于遁世不见知而不悔之学，终隔一层"的评价反映出王艮作为士人阶层的理论勇气比起具有工商背景的民众精神来说，尚有一段距离。⑥

三 启蒙抑或理学的自救

启蒙运动在近代西方是一个重要的文化现象，西方文艺复兴之后反对宗教独断主义和封建特权专制的启蒙运动，开辟了欧洲的新时代。近代以来启蒙成为国人观

---

① ［日］岛田虔次：《中国近世思维的挫折》，第151页。
② ［日］岛田虔次：《中国近世思维的挫折》，第168页。
③ 程瑞礼：《程氏家塾读书分年日程》，黄山书社1992年版，第40页。
④ 王艮：《心斋语录》，《王心斋全集》，第12页。
⑤ 王艮：《心斋语录》，《王心斋全集》，第7页。
⑥ 王国良：《明清时期儒学核心价值的转换》，安徽大学出版社2002年版，第173页。

察社会的一个视角，他们试图通过启蒙的话语方式形成一种理论体系和改革模式以挽救民族的危亡。晚清以来形成的这套中国史学的启蒙话语当然对应着当时的生存状态。对晚清的知识分子来说，将中国社会的发展路径纳入世界的体系之中，尤其是欧洲社会的发展体系当中，是当时挽救中国社会并实行资本主义式变革的一个重要手段。梁启超视启蒙为对旧思潮的反动与破坏，① 将晚明理学之弊比作欧洲中世纪黑暗时代之景教，视"狂禅""满街皆是圣人""酒色财气不碍菩提路"等王门后学为道德堕落之极端，将顾炎武视为清初的学术思想的启蒙者，② 而泰州学派只是宋明理学晚期形态而已。

梁启超在《节本明儒学案》关于泰州学派的眉批中将泰州学派称为"活用阳明之学者"，而"阳明活用孔孟之学"。③ 刘师培有着大致相似的学术判定，在其《清儒得失论》中将包括泰州学派在内的明儒与清儒对举，认为"明儒之学，用以应事；清儒之学，用以保身。明儒直而愚，清儒智而谲；明儒尊而乔，清儒弃而湿"④，"明儒之学以致用为宗，而武断之风盛；清儒好学以求是为宗，而卑者或沦于裨贩"⑤。刘师培在《王艮传》的末句言"昔《孟子》以伊尹为圣之任，吾于先生亦云"⑥。作为清末民初的著名学者，梁启超与刘师培并未将泰州学派视为与理学决裂的启蒙者与革命者。

20世纪50年代以来诸多的学术著作将泰州学派视为中国近代以来的思想启蒙者。美国学者狄百瑞将心斋及其所代表的泰州学派之思想视作明代思想史上提倡"个人主义"的典型。⑦ 萧萐父先生是20世纪中叶以来对中国启蒙问题用力甚勤的学者，他认为中国有自己的文艺复兴或哲学启蒙，中国封建社会在特定条件下展开的"自我批判"在16世纪中叶伴随着资本主义萌芽的生长而出现新的哲学动向，其中泰州学派是他考察的主要对象。到17世纪在特定条件下掀起强大的反理学思潮这一特殊理论形态，17世纪中国崛起的早期启蒙思潮就其一般的政治倾向和学

---

① 梁启超：《清代学术概论》，上海古籍出版社1998年版，第2页。
② 梁启超：《清代学术概论》，第8—9页。
③ 梁启超编：《节本明儒学案》，彭树欣整理，上海古籍出版社2018年版，第519—521页。
④ 章太炎、刘师培等：《中国近三百年学术史论》，上海古籍出版社2019年版，第171页。
⑤ 章太炎、刘师培等：《中国近三百年学术史论》，第180页。
⑥ 章太炎、刘师培等：《中国近三百年学术史论》，第281页。
⑦ 狄百瑞：《晚明思想中的个人主义和人道主义》，《中国哲学》第七辑，生活·读书·新知三联书店1982年版，第178页。

术倾向看已显然区别于封建传统思想，具有了对封建专制主义和封建蒙昧主义实行自我批判的性质。① 由于早期启蒙思潮是作为理学的对立面出现的，早期启蒙思想家从一开始就自觉地对理学加以反思和批判。这一角度和使命使他们在质疑理学合理性的同时，从总体上否定了理学的存在价值。② 在此基础上学界出现了将泰州学派视为同西方世界相似启蒙先驱者，认为王艮希望唤醒民众，煽动风暴，以使万民冲破罗网，显然带有早期的启蒙思想的色彩，流露出朦胧的革命意识。③ 何心隐提出的"农工商贾可超而为士"，"相交而友，相友而师"的平等观念无疑是对封建等级制度的抗议和挑战，具有资产阶级启蒙的性质，创立的"聚和堂"实际上相当于人人有自主权的民主社会，是正在兴起的市民社会追求个人利益的要求在哲学上的反映。④ 李贽具有反封建的启蒙意义，带有一定程度上早期的民主色彩。⑤ 揭去封建道德的温情面纱，李贽宣扬一种自由竞争弱肉强食的新道德，表明李贽对自由竞争的商品经济必然代替封建主义自然经济的历史规律已有深刻洞察，表明明代社会确已到了社会形态的转变时期。⑥

明代晚期启蒙问题研究出现了新动向，认为晚明的泰州学派并不具有西方近代启蒙运动的文化形态和政治主张，认为泰州学派诸人思想仅仅是理学内部文化自救运动。就平民儒者的社会政治实践而言，他们言行中体现的履行政治义务的主动性，鲜明表达他们对国家权威及政治秩序、法律秩序的认知和认同。而"实践理论和信念的直率性"正是泰州学派的特征。⑦ 王艮说："古之人欲仕，出疆必载贽，'三月无君则吊'，君臣大伦岂一日可忘？"⑧ 他论"王道"时说："夫所谓王道者，存天理，遏人欲而已矣。天理者，父子有亲、君臣有义、夫妇有别、长幼有序、朋友有信是也。人欲者，不孝不弟，不睦不姻，不任不恤，造言乱民是也。"⑨ "为人君者，体天地好生之心，布先王仁民之政，依人心简易之理，因祖宗正大之规，象

---

① 萧萐父：《中国哲学启蒙的坎坷道路》，《中国社会科学》1983 年第 1 期。
② 魏义霞：《理学与启蒙：宋元明清道德哲学》，商务印书馆 2009 年版，第 239 页。
③ 加润国：《中国儒教史话》，河北大学出版社 1999 年版，第 298 页。
④ 加润国：《中国儒教史话》，第 308—310 页。
⑤ 朱贻庭：《中国传统伦理思想史》，华东师范大学出版社 2003 年版，第 440 页。
⑥ 加润国：《中国儒教史话》，第 314 页。
⑦ [日] 岛田虔次：《中国近代思维的挫折》，第 57 页。
⑧ 王艮：《答宗尚恩》，《王艮全集》，第 27 页。
⑨ 王艮：《王道论》，《王艮全集》，第 51 页。

阴阳自然之势，以天下治天下，斯沛然矣。"① 在心斋的心目中，王道政治能否实现，一切希望都寄托在"人君"身上。

仔细阅读何心隐的文字，其思想还是以实践儒家理想为主。他率同族所建"聚合会"，实际上是在实践儒家的亲亲之义；在北京建"复孔堂"目的是恢复孔子的道统，在湖广建"求仁书会馆"，则是践行孔子仁学理念的体现。② 罗汝芳讲学，秉承泰州学派浅近、平实风格，所讲多为《四书》中之熟义，尤以《大学》为多，居官以教化乡里、移风易俗为首务。李贽在其友人焦竑看来是"其书满架，非师心而实以道古；传之纸贵，未破俗而先以惊愚"③。思想对社会、现实、制度等层面虽有正面和负面的影响，但绝不能夸大这种影响，毋宁说这种影响在整个帝制中国是微不足道、极其有限的，作为晚期帝国的明代亦概莫能外。④

总之，从学术思想的内在逻辑看，明末清初的启蒙思潮是明末心学激进派的继续、发展及变异形态。随着清初遗民的相继离去和清朝专制政策的加强，南宋以来的心学思潮渐趋寂灭。直到晚清时期，由于西方资本主义的刺激，心学思潮才得以重新活跃起来，成为近代资产阶级启蒙运动的重要思想来源。"启蒙话语"在第一次世界大战之前的意义就在于这种救亡的目的。当然，20世纪80年代以来中国学界开始强调中国社会发展的独特性的目的也出于某种意义上的"救亡"心理，只不过两个时期所面临的问题语境截然不同而已。⑤ 泰州学派从表面上看是伦理与哲理之结合，同宋明儒其他流派一样，其思想是通贯社会的伦理礼法、内心修养、宗教精神及形而上学的综合，⑥ 是地主阶级的自救运动，⑦ 它并不具有同西方近代以来启蒙运动在学理上的一致性及实践的可行性，它仍然是理学内部的一种思想"改良"运动。

---

① 王艮：《王道论》，《王艮全集》，第54页。
② 邹元标《梁夫山传》中言："及闻王心斋先生良知之学，竟芥视子衿，乃慨然曰：'道在兹矣'。遂师颜山农，即以继孔孟之传。爰谋众族众，捐赀千金，建学堂于聚和堂之旁，设率教、率养、辅教、辅养之人，延师礼贤，族之文学以兴。计亩收租，会计度支，以输国赋。凡冠婚丧祭，以及孤独鳏寡失所者，悉裁以义，彬彬然礼教信义之风，数年之间，几一方之三代矣。"（容肇祖整理：《何心隐集》附录，中华书局1960年版，第120页）
③ 焦竑：《焦弱侯荐李卓吾疏》，《澹园集》附编一，李剑雄点校，中华书局1999年版，第1183页。
④ 吴震：《泰州学派研究》，中国人民大学出版社2009年版，第97页。
⑤ 杨念群：《中层理论：东西方思想会通下的中国史研究》，江西教育出版社2001年版，第51—52页。
⑥ 刘志琴编：《文化危机与展望：台湾学者论中国文化》上册，中国青年出版社1989年版，第65页。
⑦ 嵇文甫：《左派王学》，上海三联书店2014年版，第124页。

四　狂狷抑或革命者

泰州一派既然有平民化、实践化的倾向，故此多少带有社会革新的性质和冲破礼教的精神①。他们满怀激情与抱负，投身于他们所理解的社会政治活动之中，以自己的实践表现出对体制的某种批判性认识，或对这种体制表现出不积极主动予以合作的态度。王艮、王襞父子坚持不走仕途便是最典型的表现。体制内的道路，是通过"学而优则仕"而实现儒者修、齐、治、平的政治抱负。而他们所选取的修、齐、治、平道路，是直接面对平民阶层的社会政治实践。泰州学派的政治实践由于出现与"名教"所主张的"中行"相背而追求人生解脱与受用的倾向，故而他们行止缺少传统道德之检束而呈现出"自然流行"的一面。在20世纪泰州学派研究中出现了关于泰州学派"革命性"与"革命者"的思想表述，将泰州学派视为传统社会的颠覆者。这些思想观念夸大了泰州学派"叛逆"与"狂狷"的一面，忽略或弱化了泰州学派诸人坚守儒家底色的一面。

在晚明时期，由于泰州学派颜山农、何心隐、李贽等人"狂狷"一面被放大，在许多晚明保守的士人眼中泰州学派后学是儒家秩序的叛逆者和破坏者，泰州学派后学受到严厉指责。王世贞《嘉隆江湖大侠》中言："嘉隆之际，讲学者盛行于海内。而至其弊也，借讲学而为豪侠之具，复借豪侠而恣贪横之私。其术本不足动人，而失志不逞之徒，相与鼓吹羽翼，聚散闪倏，几令人有黄巾五斗之忧。盖自东越（王守仁）之变为泰州（王艮），犹未至大坏，而泰州之变为颜山农，则鱼馁肉烂，不可复支。"② 从引文中看出王世贞是阳明讲学的批评者，将阳明及其后学的讲学视为类似东汉末年具有宗教性质的黄巾起义。阳明讲学与东汉末年黄巾起义，二者之间存在莫大差异，前者是文化思想的民间普及，是维护明王朝统治的有益补充，后者是反叛汉王朝统治的民众行为，二者不具可比性。另一王学的批判者张烈在《王学质疑》中言："其高者脱略职业，以歇睡名庵。而卑者日沉迷于酒色名利，以为才情真率。案有《楞严》《南华》者为名士。挟妓呼庐裸而夜饮者为高

---

① 容肇祖：《明代思想史》，河南人民出版社2016年版，第220页。
② 王世贞：《嘉隆江湖大侠》，《弇州史料后集》卷35，明万历四十二年刻本。

致；抗官犯上，群噪而不逊者为气节；矫诈嗜杀，侥幸苟利者为真经济。谨纲常重廉隅者为宋头巾。举天下庠序之士如沸如狂；入则诟于家，出则哗于朝，闯、献之形，日积于学士大夫之心术，而天下不可为。"① 这段引文明显针对民间传说的李贽放荡不羁的行为而言，实际上李贽虽有狂狷之气，但举止行为没有那么不堪，这些都是理学内部一些人对阳明及泰州学派的丑化。

劳思光先生对泰州学派也是批评的，他尖锐地指出泰州祖师心斋必须对晚明思想的混乱负责："泰州学派日后有颜山农、何心隐之流，随利欲之念而横行无忌，皆心斋混乱不明之说所启也。黄梨洲但谓泰州学派下诸人'非名教所能羁络'，尚属宽恕之词。实则颜、何诸人荒诞邪僻，但凭意气横行，全失儒学规矩；自以为能'立本'又能'安天下'，而不过自堕为狂妄诡诈一派，卒之身亦不能保，可笑亦可叹也。"② 所以说，心斋实是"阳明学之旁支异流"，"启后学之大颠倒之迷乱说法"③。此说缺乏同情了解之精神。

理学内部对泰州学派的激烈批判一方面基于其维护"名教"的传统，另一方面阳明及泰州学派的狂狷之气在一定程度上超越了那个时代普通士人的认知范围。"王文成，匹士游侠之材也"④，"明儒自姚江留泽后，满腔皆是狂气"⑤，"不无张皇过焉"⑥。泰州学派王艮、罗汝芳、李贽、陶望龄诸人，均带有狂狷圣贤气象、洒脱自由的性情和名垂不朽的意念，这些反映出他们具有自我适意与渴望不朽的圣人情结，这是中国古代士人的两种最基本追求。⑦王艮"帝者师"的观念遭到士大夫阶层的过敏反应，"今之学者，未少有得，则皆好为人师，至南面抗颜，号召后生，猖狂鼓舞，自为大于一时"⑧。颜山农、何心隐、罗近溪皆有游侠气质，好急人之所难。他们不是自然发生的没有思想的游侠，而是自负于儒学正统的游侠。他

---

① 张烈：《读史质疑四》，《王学质疑》附录，中华书局1985年版，第10—11页。
② 劳思光：《新编中国哲学史》卷三上，生活·读书·新知三联书店2019年版，第473页。
③ 劳思光：《新编中国哲学史》卷三上，第475页。
④ 章太炎：《议王》，《检论》卷4，《章太炎全集》，上海人民出版社1984年版，第3册，第460页。
⑤ 管东溟：《孔门诸贤不可轻视》，《从先维俗议》卷4，《四库全书存目丛书》，齐鲁书社1995年版，子部，第88册，第395页。
⑥ 管东溟：《悌见二龙辨义》，《悌若斋集》卷1《悌见二龙辨义》，万历二十四年刻本。
⑦ 左东岭：《李贽与晚明文学思想》，天津人民出版社1997年版，第118页。
⑧ 胡直：《重刻王心斋先生遗录序》，《衡庐精舍藏稿》卷10，《胡直集》，张昭炜编校，上海古籍出版社2020年版，第217页。

们一边称赞儒学正统，堂堂地展开自己的理论，而一边又进行无视儒家气象、士大夫道德的肆无忌惮的行动。[1] 赵大洲被贬广西，颜山农与之同行。山农师徐波石平定苗乱战死于沅江府，颜山农寻其遗骸，归葬乡里。何心隐授计蓝道行用乩术使严嵩父子失势。后蓝道行因事发败露而死于诏狱，何心隐辗转逃亡南京、福建、湖北、四川、杭州、安徽等地，在朝廷不断发布逮捕令的情况下，罗近溪、钱同文（字怀苏，福建兴华人，官至刑部主事，为泰州学人）、耿天台、程学颜等泰州同门义无反顾予以照顾。颜山农因事下狱，有杀身之虞，罗近溪卖光田产营救颜山农，甚至放弃了科举考试最后关头的廷试，在狱中服侍。何心隐被处以死刑时，程学颜已经去世，程学颜之弟程学博说"梁先生以友为命，友中透于学者，钱文同外，独吾兄耳"[2]。程学博将何心隐与其兄合葬。

泰州学派的"侠气"在某种程度上是儒家的"狂狷气象"。根据宋儒的解释，所谓狂，就是"智者过之，行有不掩"；所谓狷，则为"贤者过之，见有未明"[3]。就狂来说，何心隐之狂堪称典型一例。正如万历年间周良相所言，何心隐本来就旷达天成，"或大其贞于动乎险中之狂，或出入于巍巍浩浩之狂"。但心隐之狂，并非完全越传统道德与礼教之狂，其本心还是不过悯其学之异同，原其心不过悯其学之异同，"终不敢少贬其中立于身家之统脉，以求殉乎人"。正因如此，不但"举世非之而弗顾，极而至于大有弗堪于人情者亦弗之顾"。可见，何心隐之狂，是"独狂于观过知仁之狂，独狂于当仁不让之狂，独狂于固穷俟命之狂"，而不是堕落于骄泰世俗之狂，更不是行为放荡之狂。[4]

20世纪50年代以来，由于受到特定的文化背景影响，学术界将泰州学派视为反封建、反传统的先驱，宣扬其"革命精神"与"革命思想"。侯外庐先生在其《中国思想通史》中以"阶级性与人民性"的视角将王艮派视为社会底层的劳动人民，[5] 心斋所开创的泰州学派具有"平民性"特征，是一个不同于阳明学派的独立学派，其思想特质表现为"尊身""安身"等主张，肯定"私欲"的合理性，反映

---

[1] ［日］岛田虔次：《中国近代思维的挫折》，第93页。
[2] 黄宗羲：《泰州学案》序，《明儒学案》卷32，第707页。
[3] 程若庸辑：《善恶》，《性理字训》第四，伯岳《历代启蒙读物集三十六种》，陕西人民教育出版社1991年版，第79页。
[4] 何心隐：《祭梁夫山先生文》，《何心隐集》，容肇祖整理，中华书局1981年版，第134—135页。
[5] 侯外庐：《中国思想通史》第四卷，下册，第958页。

了庶民阶层的利益和要求，极大地推动了晚明社会的思想解放。他还称泰州学派的何心隐思想具有社会乌托邦性质，反映了泰州学派要求冲破封建礼教的罗网，反封建的坚决和机智，[1] 李贽具有战斗性的一生与革命性的思想。[2] 泰州学派"宣扬劳动人民的'利欲'，鼓励劳动人民为争取这本然'利欲'的满足而斗争"，"具有首尾一贯的人民性与破坏封建主义的进步意义"。[3] 朱贻庭先生也认为李贽不愧是中国16世纪末17世纪初的一位敢于冲击礼教禁锢，反对"道学"统治的志士和勇士。他的思想具有反封建的启蒙意义，在伦理学思想史上具有崇高的地位。[4] 明末清初，在最早的具有反传统品格的思想家中，最杰出的当首推李贽。[5] 萧萐父认为这一时期合乎规律出现的早期启蒙思潮，曲折反映当时市民反封建特权的要求。[6]

"革命"首先是打破一种旧制度、旧思想，然后建立一种新制度与新思想，就此而言，泰州学派不具有"革命"的意欲与行为，他们的行为与思想仍然属于儒家的"弘道"传统与思想观念。自孔子起始，儒学诸子无不怀有崇高的社会政治理想，拥有明确的志向和社会责任感。孔子本人即明示世人，他的政治理想是实现秩序井然的"有道"社会，追寻"博施济众"的仁爱之世。孔子有时也流露出"道不行，乘桴浮于海"（《论语·公冶长》）的无奈和失望，但这只是瞬间的软弱。从总体上看，孔子始终保持着"匹夫不可夺志也"（《论语·子罕》）的自信，怀有满腔"知其不可而为之"（《论语·宪问》）的殉道悲壮情怀。孟子以孔子为榜样，张扬"大丈夫"气概，要"居天下之广居，立天下之正位，行天下之大道"（《孟子·滕文公下》），并且扬言"如欲平治天下，当今之世，舍我其谁也！"（《孟子·公孙丑下》）孔、孟堪为后学表率。他们倡言的理想和志向代代相沿，成为激励士人弘道济世、忧国忧民的精神驱动力。"心斋的良知学，是一种自我为中心的快乐主义者，而彼所谓乐，又只是一种为天下万世师的心乐。只有内心估价，不受外市折扣，如此则自然要使泰州学派走上狂者的路子。"[7]

---

[1] 侯外庐：《中国思想通史》第四卷，下册，第1003页。
[2] 侯外庐：《中国思想通史》第四卷，下册，第1031页。
[3] 侯外庐：《中国思想通史》第四卷，下册，第326—366页。
[4] 朱贻庭：《中国传统伦理史》，第446页。
[5] 朱贻庭：《中国传统伦理史》，第440页。
[6] 萧萐父：《中国哲学启蒙的坎坷道路》，《中国社会科学》1983年第1期。
[7] 钱穆：《中国学术思想史论丛》（七），九州出版社2011年版，第191页。

就平民儒者的社会政治实践而言，他们言行中体现的履行政治义务的主动性，鲜明表达出他们对国家权威及政治秩序、法律秩序的认知和认同。而"实践理论和信念的直率性"正是泰州学派的特征。① 黄宗羲《泰州学案》明确地指出这一点。颜山农的生命体验具有"神道设教"的心路历程，其《急救心火榜文》《七日闭关·开心孔昭》《耕樵问答·七日闭关法》《自传》等篇详细地描述了他的神秘体验。颜钧之所以如此自信狂放地以布衣身份，希图以他所理解、承继的"道脉"，从"正心"入手，来"挽救"这批求取功名的士子们的"焚溺"，很大程度上在于从王艮那里得到了那种勇于承担的平民儒者风骨。"今农愤悱继统于后，盖有得于受传，遂放乎四海，思天下焚溺，由己焚溺也。"② 何心隐被捕后坚持认为自己是"为讲学被毒事"③，而官方称其"为缉大盗犯"④，此外还有"逆犯""妖犯"等罪名⑤。李贽以何心隐为例，将其比拟成为道而死的典范。一般说来人莫不畏死，但心隐不怕死，于是有人认为，心隐之死"直欲博一死以成名"。但李贽不以为然。他认为，心隐不是不畏死，而是任之而已。他是一个诵法孔子之徒，孔子之法，有易有难。孔子之道，其难在于以天下为家而不有其家，以群贤为命而不以田宅为命。所以，心隐之死，并非欲求死以成名，而是殉孔子"仁人志士，有杀身以成仁之道，是死得其所"⑥。何心隐一死，"斯文遂丧"⑦。"世之言学者亦绝矣"⑧。李贽专写《高洁说》一篇，以明自己好高、好洁的性格，以及如何被人误解为狷隘、倨傲。其中云："余性好高，好高则倨傲而不能下。然所不能下者，不能下彼一等倚势仗富之人耳；否则稍有片长寸善，虽隶卒人奴，无不拜也。余性好洁，好洁则狷隘而不能容。然所不能容者，不能容彼一等趋势谄富之人耳；否则果有片善寸长，纵身为大人王公，无不宾也。"⑨

颜钧与何心隐一派"并未逾越名教藩篱"，名教代表的是"士大夫儒学的思

---

① ［日］岛田虔次：《中国近代思维的挫折》，第57页。
② 颜钧：《告天下同志书》，《颜钧集》，黄宣民点校，中国社会科学出版社1996年版，第3页。
③ 何心隐：《上新建张大尹书》，《何心隐集》卷4，第85页。
④ 何心隐：《上岭北道项太公祖书》，《何心隐集》卷4，第91页。
⑤ 参见《何心隐集》卷4《上赣州蒙军门书》，《何心隐集》卷4，第98页。
⑥ 李贽：《与耿克念》，《续焚书》卷1，中华书局1975年版，第20页。
⑦ 何心隐：《何心隐论》，《何心隐集》，第10—11页。
⑧ 何心隐：《书梁夫山先生集》，《何心隐集》，第131—132页。
⑨ 李贽：《高洁说》，《焚书续焚书》卷3，第105页。

想、行为方式，他的话正是代表正统儒家士大夫对于世俗民间儒者的排斥"①。何心隐"所事讲学以事生平事者，事孔孟所讲所学事以事也"②。李贽强调"自敬伊何？戒谨不睹，恐惧不闻，毋自欺，求自慊，慎其独。孔圣人之自敬者盖如此。若不能自敬，而能敬人，未之有也。所谓本乱而求末之治，无是理也"③。这些都是儒家的道德理论与道德实践的主要方面，何心隐与李贽都认同这种理论与实践，而没有将其视为"革命"的对象。

五　结论

阳明心学与泰州学派的出现同明代以来程朱理学僵化所导致的思想缺乏活力、人性逐渐虚伪的背景相关。阳明心学虽然在程朱理学疲惫之时为理学注入新的活力，因而风行一时，但不可否认的是阳明后学所追求的感性情欲对传统道德操守产生了冲击。泰州学派是这一过程的参与者并最终形成"制欲非体仁"的基本为学方式与保持赤子之心的人格追求，他们在人生的层面上是最为接近阳明致良知内涵的。④ 王艮之后的学人渐渐远离阳明心学主旨，呈现出复杂的面向。在泰州"狂狷气象"的背后是儒家的仁学与忠孝，是对封建王权的维护与对民生的关注。他们的民间讲学是一种自下而上的儒家伦理教化运动，维系的仍是传统的封建统治秩序，因此泰州学派并非传统社会的"掘墓者"，而是"守护者"，只不过他们的身份具有"庶民"的特征罢了。

泰州学派研究中的"近代问题"与"革命问题"具有十分鲜明的时代烙印。关于"近代性"问题研究主要以岛田虔次先生的《中国近代思维的挫折》为最，该著对日本汉学与中国大陆学者影响甚大。这一研究是基于西方学术界对西方中世纪、近代、现代的断代传统，在20世纪日本汉学家山井涌及丸山真男同岛田虔次持有大致相同的观点。沟口雄三同岛田虔次等观点相左，他将太平天国作为中国传

---

① 陈来：《中国近世思想史研究》，生活·读书·新知三联书店2010年版，第470页。
② 何心隐：《又上湖西道吴分巡书》，《何心隐集》卷4，第89页。
③ 李贽：《答耿司寇》，《焚书续焚书》卷1，第34页。
④ 姚文放：《泰州学派美学思想史》，社会科学文献出版社2008年版，"序二"第8页。

统与近代的分界线，而将阳明视为"中国近代的远源"①，虽然沟口雄三的断代更接近中国近代社会变迁与社会的转型实际，但"实际上都没有脱出'西欧中心主义'的价值观和时代分期论，是用欧洲模式来套中国历史"②。当代中国学者研究认为明代中后期已经逐渐走出西方断代传统的影响，将明代中晚期视为中国封建社会转型的一个阶段，其研究不能单纯以欧洲的文艺复兴作为参照物来进行，而是要将其置于中国文化思维与文化土壤中，以还原那个时代思想与社会生活的复杂性与生动性。

鸦片战争以来，中国面临"三千年未遇之大变局"③，东渐的西学对传统文化形成巨大冲击，传统的政治与文化受到前所未有的冲击，清政府处于风雨飘摇之中，其间经过洋务运动与戊戌变法，但它们都未能挽救清政府的覆亡，其后革命风起云涌。自此至改革开放期间对泰州学派的研究往往贴上"反封建的革命"标签，这一研究范式带有明显的时代印记，淡化了泰州学派的儒者身份，将泰州学派的传统改良运动视为推翻传统的革命行为，用近代西方资产阶级革命与俄国十月革命比附泰州学派的讲学实践与思想传播，其所得到的研究结果与泰州学派的实际情况存在巨大差异。

当代泰州学派的研究已经摆脱西方中心主义历史思想观，"革命性"的研究视角与方法已经逐渐隐退，取而代之的是以理性与实事求是的精神对泰州学派进行研究，尽管一些问题还存在争议，但其方向与方法更加符合学术的规范与发展趋势，这正是对泰州学派研究不断进行深思的结果。

---

① [日]沟口雄三：《中国前近代思想的曲折与展开》，龚颖译，生活·读书·新知三联书店2019年版，第95页。
② 葛兆光：《"前近代"、"亚洲出发思考"与"作为方法的中国"》，载《思想史研究课堂讲录》三编（增订本），生活·读书·新知三联书店2019年版，第103页。
③ 梁启超：《李鸿章传》，湖北人民出版社2004年版，第94页。